Cuisine SAVOUREUSE
DE
POL MARTIN

BRIMAR

A B R É V I A T I O N S			
cm	centimètre	kg	kilogramme
po	pouce	g	gramme
L	litre	lb	livre
mL	millilitre	c. à t.	cuillerée à thé
oz	once	c. à s.	cuillerée à soupe

Directrice de projet Angela Rahaniotis

Révision Dominique Chauveau
Sylvie Beaudoin

Coordonnatrice Josée Halna du Fretay

Conception graphique Zapp

Typographie Conversion Plus inc.

Photographie Melissa du Fretay;
Studio Pol Martin (Ontario) Ltée.

Les appareils ménagers sont une courtoisie de KitchenAid®

LES ÉDITIONS BRIMAR
338 Saint-Antoine Est
Montréal, Québec, Canada H2Y 1A3
Tél. (514) 954-1441
Fax (514) 954-1443

ISBN 2-89433-018-9

Imprimé et relié au Canada
par Métropole Litho inc.

TABLE DES MATIÈRES

SALADE D'AVOCAT AUX POMMES

(POUR 4 PERSONNES)

2	avocats mûrs, coupés en deux, dénoyautés, pelés et émincés	2
2	pommes, évidées et émincées avec la peau	2
5 mL	moutarde forte	1 c. à t.
30 mL	jus de citron	2 c. à s.
60 mL	huile d'olive	4 c. à s.
15 mL	persil frais haché	1 c. à s.
50 mL	amandes effilées grillées	1/4 tasse
	sel et poivre	

■ Mettre avocats et pommes dans un bol; réserver.

■ Mettre moutarde, jus de citron et huile dans un petit bol. Saler, poivrer et mélanger au fouet jusqu'à épaississement.

■ Verser la vinaigrette sur les avocats et pommes. Parsemer de persil. Ajouter les amandes. Assaisonner, mêler délicatement et servir.

1 PORTION : 383 CALORIES 21 g GLUCIDES 4 g PROTÉINES
32 g LIPIDES 4,8 g FIBRES

SALADE DE FLÉTAN AUX LÉGUMES

(POUR 2 PERSONNES)

1	darne de flétan, cuite et émiettée	1
½	grosse tomate, en quartiers	½
250 mL	fleurettes de chou-fleur cuit	1 tasse
30 mL	persil frais haché	2 c. à s.
6	olives vertes farcies, émincées	6
8	petites carottes cuites	8
30 mL	vinaigre de vin	2 c. à s.
1	gousse d'ail, épluchée, écrasée et hachée	1
45 mL	huile d'olive	3 c. à s.
	sel et poivre	
	rondelles d'œufs durs	

■ Mettre le flétan dans un bol. Ajouter tomate, chou-fleur, la moitié du persil, olives et carottes. Saler, poivrer.

■ Mettre vinaigre, ail et reste de persil dans un petit bol. Saler, poivrer; bien mélanger au fouet. Incorporer l'huile graduellement, en mélangeant constamment au fouet.

■ Verser la vinaigrette sur la salade de poisson et mêler délicatement. Garnir de rondelles d'œufs durs. Servir sur des feuilles de laitue fraîche, si désiré.

1 PORTION : 450 CALORIES 26 g GLUCIDES 22 g PROTÉINES
29 g LIPIDES 8,0 g FIBRES

SALADE DE CAROTTES AUX AMANDES GRILLÉES

(POUR 4 PERSONNES)

45 mL	mayonnaise	3 c. à s.
30 mL	crème à 35%	2 c. à s.
15 mL	persil frais haché	1 c. à s.
4	carottes épluchées, coupées en julienne et cuites	4
1	laitue Boston, lavée et essorée	1
50 mL	amandes effilées, grillées	¼ tasse
	quelques gouttes de sauce tabasco	
	quelques gouttes de jus de citron	
	sel et poivre	

■ Mélanger mayonnaise, crème, persil, sauce tabasco et jus de citron dans un bol. Assaisonner au goût.

■ Ajouter les carottes et mélanger délicatement.

■ Effeuiller la laitue. Disposer les feuilles dans une belle assiette de service. Placer les carottes au milieu de la laitue. Parsemer d'amandes grillées. Servir.

1 PORTION : 183 CALORIES 8 g GLUCIDES 3 g PROTÉINES 16 g LIPIDES 3,4 g FIBRES

SALADE DE POMMES DE TERRE AU THON

(POUR 4 PERSONNES)

184 g	thon émietté en conserve, égoutté	6,5 oz
3	grosses pommes de terre cuites, chaudes et en cubes	3
60 mL	oignon rouge haché et cuit	4 c. à s.
2	oignons verts, hachés	2
1	poivron, en cubes	1
1	branche de céleri, en dés	1
30 mL	vinaigre de vin	2 c. à s.
30 mL	jus de citron	2 c. à s.
25 mL	moutarde forte	1½ c. à s.
50 mL	crème à 35%	¼ tasse
	sel et poivre	

■ Mettre le thon dans un grand bol. Ajouter les légumes et mélanger.

■ Verser vinaigre et jus de citron dans un petit bol. Ajouter la moutarde. Saler, poivrer et mélanger ou fouet.

■ Incorporer la crème. Verser la sauce sur la salade et bien mélanger. Laisser mariner 15 minutes avant de servir.

1 PORTION : 238 CALORIES 30 g GLUCIDES 16 g PROTÉINES 6 g LIPIDES 3,2 g FIBRES

RADDICHIO ET ENDIVE EN SALADE

(POUR 4 PERSONNES)

1	petit raddichio, lavé et essoré	1
1	laitue Boston, lavée et essorée	1
1	endive, lavée et essorée	1
125 mL	olives vertes farcies (facultatif)	½ tasse
2	œufs durs, tranchés	2
15 mL	moutarde forte	1 c. à s.
1	gousse d'ail, blanchie, épluchée, écrasée et hachée	1
45 mL	vinaigre de vin	3 c. à s.
125 mL	huile d'olive	½ tasse
30 mL	crème à 35%, fouettée	2 c. à s.
375 mL	croûtons	1½ tasse
	sel et poivre	

■ Mettre raddichio, laitue et endive dans un grand bol à salade. Ajouter olives et œufs; mettre de côté.

■ Mettre moutarde, ail et vinaigre dans un petit bol; saler, poivrer et mélanger au fouet.

■ Incorporer l'huile, en un mince filet, tout en remuant constamment au fouet. Ajouter la crème fouettée et bien mélanger. Rectifier l'assaisonnement.

■ Verser la vinaigrette sur la salade et bien incorporer. Ajouter les croûtons, mélanger et servir.

1 PORTION : 387 CALORIES 11 g GLUCIDES 6 g PROTÉINES 36 g LIPIDES 1,7 g FIBRES

SAUCE AU PARMESAN ET AU LAIT DE BEURRE

(POUR 8 À 10 PERSONNES)

375 mL	lait de beurre	1½ tasse
15 mL	poivre vert écrasé	1 c. à s.
45 mL	fromage parmesan râpé	3 c. à s.
50 mL	mayonnaise	¼ tasse
30 mL	crème sure	2 c. à s.
15 mL	persil frais haché	1 c. à s.
	quelques gouttes de tabasco	
	quelques gouttes de jus de citron	
	pincée de paprika	
	sel	

■ Bien mélanger tous les ingrédients dans un bol. Corriger l'assaisonnement. Servir sur de belles feuilles de laitue.

1 PORTION : 65 CALORIES 3 g GLUCIDES 2 g PROTÉINES 5 g LIPIDES 0 g FIBRES

MAYONNAISE

(POUR 4 À 6 PERSONNES)

2	jaunes d'œufs	2
5 mL	moutarde forte	1 c. à t.
300 mL	huile d'olive	1¼ tasse
	jus de 1 citron	
	sel et poivre	

■ Placer les jaunes d'œufs dans un bol. Ajouter la moutarde et bien mélanger. Saler, poivrer.

■ Ajouter l'huile, goutte à goutte, en mélangeant constamment au fouet. Dès que la mayonnaise commence à épaissir, continuer d'incorporer l'huile en un mince filet, en mélangeant constamment.

■ Ajouter le jus de citron lorsque la mayonnaise est très épaisse.

Note : si vous désirez conserver la mayonnaise 2 jours au réfrigérateur, ajoutez 15 mL (1 c. à s.) d'eau chaude, et fouettez bien.

1 PORTION : 519 CALORIES 1 g GLUCIDES 1 g PROTÉINES 57 g LIPIDES 0 g FIBRES

1

Placer les jaunes d'œufs dans un bol.

2

Ajouter la moutarde.

3

Bien mélanger. Saler, poivrer.

Ajouter l'huile tout en mélangeant constamment au fouet.

Ajouter le jus de citron lorsque la mayonnaise est très épaisse.

Pour conserver la mayonnaise au réfrigérateur, ajouter 15 mL (1 c. à s.) d'eau chaude.

SAUCE À LA MOUTARDE FORTE

(POUR 4 PERSONNES)

1	échalote sèche, épluchée et finement hachée	1
30 mL	moutarde forte	2 c. à s.
30 mL	jus de citron	2 c. à s.
125 mL	crème à 35%	½ tasse
	pincée de paprika	
	sel et poivre	

■ Mettre échalote, moutarde et jus de citron dans un bol. Saler, poivrer et bien mélanger au fouet.

■ Ajouter la crème en un mince filet, tout en mélangeant constamment au fouet. Saupoudrer de paprika. Corriger l'assaisonnement.

■ Verser la sauce sur la salade. Servir.

1 PORTION : 120 CALORIES 4 g GLUCIDES 1 g PROTÉINES 11 g LIPIDES 0 g FIBRES

SALADE DE POMMES DE TERRE AUX FINES HERBES

(POUR 4 PERSONNES)

4	grosses pommes de terre cuites avec la peau, épluchées et en dés	4
1	oignon, finement haché	1
2	œufs durs, hachés	2
30 mL	persil frais haché	2 c. à s.
5 mL	estragon frais haché	1 c. à t.
45 mL	mayonnaise	3 c. à s.
	jus de 1/4 de citron	
	sel et poivre	

■ Mettre pommes de terre, oignon et œufs dans un grand bol. Ajouter persil et estragon; bien mêler.

■ Ajouter la mayonnaise et arroser de jus de citron. Saler, poivrer et mélanger de nouveau. Servir.

1 PORTION : 275 CALORIES 38 g GLUCIDES 6 g PROTÉINES 11 g LIPIDES 0 g FIBRES

TOMATES ET CREVETTES RÉMOULADE

(POUR 6 À 8 PERSONNES)

8	petites tomates, évidées	8
375 g	crevettes cuites, décortiquées, nettoyées et hachées	¾ lb
½	branche de céleri, en petits dés	½
2	oignons verts, finement hachés	2
30 mL	piments doux rôtis, hachés	2 c. à s.
5 mL	raifort	1 c. à t.
15 mL	moutarde forte	1 c. à s.
30 mL	persil frais haché	2 c. à s.
45 mL	vinaigre de vin	3 c. à s.
50 mL	huile d'olive	¼ tasse
	jus de ½ citron	
	sel, poivre, paprika	

■ Saler, poivrer l'intérieur des tomates. Mettre de côté.

■ Placer crevettes, céleri, oignons verts et piments doux rôtis dans un bol. Saler, poivrer. Mettre de côté.

■ Mélanger raifort, moutarde et persil dans un petit bol. Saler, poivrer. Saupoudrer de paprika. Incorporer le vinaigre au fouet. Ajouter l'huile, en mince filet, tout en mélangeant constamment au fouet.

■ Verser la sauce sur les crevettes et bien mélanger. Incorporer le jus de citron. Farcir les tomates du mélange. Servir.

1 PORTION : 156 CALORIES 7 g GLUCIDES 14 g PROTÉINES
8 g LIPIDES 1,0 g FIBRES

SALADE À L'ESPAGNOLE

(POUR 4 PERSONNES)

1	botte de cresson frais, lavé et essoré	1	
1	laitue Boston, lavée et essorée	1	
2	endives effeuillées, lavées et essorées	2	
1	pomme, évidée et émincée	1	
250 mL	cantaloup en petites boules	1 tasse	
30 mL	vinaigre à l'estragon	2 c. à s.	
30 mL	mayonnaise	2 c. à s.	
30 mL	crème sure	2 c. à s.	
	sel et poivre		
	jus de 1/2 citron		
	pincée de sucre		

■ Mettre le cresson dans un grand bol. Briser la laitue en morceaux et la mettre dans le bol. Ajouter endives, pomme et cantaloup; bien assaisonner.

■ Mélanger vinaigre, mayonnaise, crème sure, jus de citron et sucre dans un petit bol. Assaisonner au goût et verser sur la salade.

■ Mêler pour bien incorporer. Servir.

1 PORTION : 110 CALORIES 13 g GLUCIDES 3 g PROTÉINES
5 g LIPIDES 2,5 g FIBRES

SALADE CHAUDE DE HARICOTS BLANCS

(POUR 4 PERSONNES)

15 mL	beurre	1 c. à s.
2	échalotes sèches, épluchées et hachées	2
1	gousse d'ail, épluchée, écrasée et hachée	1
500 mL	haricots blancs cuits	2 tasses
15 mL	persil frais haché	1 c. à s.
30 mL	vinaigre de vin blanc	2 c. à s.
5 mL	moutarde forte	1 c. à t.
75 mL	huile d'olive	5 c. à s.
	sel et poivre	

■ Faire chauffer le beurre dans une casserole, à feu moyen. Ajouter échalotes et ail; cuire 2 minutes.

■ Ajouter haricots et persil. Saler, poivrer et cuire 4 minutes, à feu doux, en remuant de temps à autre.

■ Retirer du feu. Verser dans un bol et mettre de côté.

■ Verser le vinaigre dans un petit bol. Ajouter la moutarde et mélanger. Ajouter l'huile et bien mélanger au fouet.

■ Verser la vinaigrette sur les haricots chauds, mélanger et servir.

1 PORTION : 317 CALORIES 26 g GLUCIDES 8 g PROTÉINES 21 g LIPIDES 7,7 g FIBRES

JULIENNE DE FROMAGE GRUYÈRE

(POUR 4 PERSONNES)

250 g	fromage gruyère, en julienne	½ lb
1	branche de céleri, en julienne	1
125 mL	noix de pecan, en moitiés	½ tasse
125 mL	noix du Brésil, en moitiés	½ tasse
15 mL	persil frais haché	1 c. à s.
15 mL	zeste de citron haché	1 c. à s.
2	oignons verts, finement hachés	2
1	recette de sauce à la moutarde forte (page 14)	1
	sel et poivre	

■ Bien mélanger tous les ingrédients, sauf la sauce, dans un bol.

■ Corriger l'assaisonnement. Ajouter la sauce et bien incorporer.

■ Servir sur des feuilles de laitue.

1 PORTION : 605 CALORIES 10 g GLUCIDES 24 g PROTÉINES 53 g LIPIDES 2,4 g FIBRES

SALADE CÉSAR, CLEARWATER CITY

(POUR 6 PERSONNES)

15 mL	moutarde forte	1 c. à s.
4	filets d'anchois, en purée	4
3	gousses d'ail blanchies, épluchées et en purée	3
2	jaunes d'œufs	2
45 mL	vinaigre de vin	3 c. à s.
75 mL	huile d'olive	1/3 tasse
60 mL	fromage parmesan râpé	4 c. à s.
2	grosses laitues romaines, lavées et essorées	2
300 mL	croûtons à l'ail	1 1/4 tasse
5	tranches de bacon cuit croustillant, haché	5
	jus de 1 citron	
	quelques gouttes de sauce Worcestershire	
	sel et poivre	

■ Frotter d'une gousse d'ail les parois d'un grand bol à salade. Mettre moutarde, anchois, purée d'ail et jus de citron dans le bol. Bien mélanger avec le dos d'une cuillère pour obtenir une purée.

■ Ajouter sauce Worcestershire et jaunes d'œufs; bien mélanger au fouet.

■ Ajouter le vinaigre et mélanger. Incorporer l'huile, en un mince filet, tout en mélangeant constamment au fouet. Ajouter la moitié du parmesan et mélanger de nouveau.

■ Détailler les feuilles de laitue en morceaux et les mettre dans le bol. Saler, poivrer et bien mélanger tous les ingrédients. Ajouter du jus de citron, si désiré.

■ Ajouter croûtons et bacon et mélanger. Saupoudrer de parmesan et servir.

1 PORTION : 218 CALORIES 9 g GLUCIDES 8 g PROTÉINES 17 g LIPIDES 2,5 g FIBRES

1

Frotter d'une gousse d'ail les parois d'un bol à salade.

2

Ajouter moutarde, anchois, purée d'ail et jus de citron.

3

Bien mélanger avec le dos d'une cuillère pour obtenir une purée.

Ajouter sauce Worcestershire et jaunes d'œufs; mélanger au fouet.

Ajouter le vinaigre et mélanger.

Incorporer l'huile, en un mince filet, tout en mélangeant constamment au fouet.

SALADE DU PORT ST-AUGUSTIN

(POUR 4 À 6 PERSONNES)

250 g	haricots verts, cuits	½ lb
2	tomates, en quartiers	2
2	œufs durs, en quartiers	2
125 mL	petits pois, cuits	½ tasse
125 mL	mayonnaise	½ tasse
1	grosse laitue romaine, lavée et essorée	1
	quelques gouttes de sauce Worcestershire	
	quelques gouttes de jus de citron	
	sel et poivre	

■ Mettre haricots, tomates, œufs et petits pois dans un grand bol à salade. Saler, poivrer.

■ Ajouter mayonnaise, sauce Worcestershire et jus de citron. Bien mélanger et corriger l'assaisonnement.

■ Servir sur des feuilles de laitue.

1 PORTION : 260 CALORIES 12 g GLUCIDES 6 g PROTÉINES
21 g LIPIDES 4,7 g FIBRES

SALADE IMPÉRIALE

(POUR 4 PERSONNES)

500 g	haricots verts, cuits	1 lb
2	carottes, épluchées, coupées en julienne et blanchies	2
1	pomme pelée, évidée et coupée en julienne	1
50 mL	vinaigrette au jaune d'œuf (page 28)	1/4 tasse
	jus de citron	
	sel et poivre	

■ Mélanger légumes et pomme dans un grand bol. Saler, poivrer et arroser de jus de citron.

■ Ajouter la vinaigrette et bien incorporer. Servir.

1 PORTION : 188 CALORIES 18 g GLUCIDES 3 g PROTÉINES 12 g LIPIDES 5,4 g FIBRES

SALADE BÉATRICE

(POUR 4 PERSONNES)

1	poitrine de poulet, cuite	1	
2	pommes de terre, cuites avec la peau	2	
1	botte d'asperges, cuites	1	
75 mL	mayonnaise	⅓ tasse	
	quelques gouttes de sauce Worcestershire		
	sel et poivre		

■ Enlever la peau de la poitrine de poulet, désosser et couper en julienne.

■ Éplucher les pommes de terre et les émincer. Couper les asperges en morceaux de 2,5 cm (1 po).

■ Placer poulet, pommes de terre et asperges dans un grand bol. Saler, poivrer.

■ Ajouter la mayonnaise et bien incorporer. Assaisonner de sauce Worcestershire. Servir sur un lit de laitue.

1 PORTION : 276 CALORIES 18 g GLUCIDES 17 g PROTÉINES 15 g LIPIDES 2,7 g FIBRES

SALADE DE CHOU MARINÉ

(POUR 6 À 8 PERSONNES)

1	petit chou blanc	1
1	grosse carotte, épluchée et râpée	1
90 mL	vinaigre blanc	6 c. à s.
250 mL	eau froide	1 tasse
75 mL	mayonnaise	1/3 tasse
2 mL	moutarde en poudre	1/2 c. à t.
50 mL	lait	1/4 tasse
	jus de 1/2 citron	
	quelques gouttes de sauce tabasco	
	pincée de sucre	
	sel et poivre blanc	

■ Retirer le trognon du chou. Couper le chou en quatre et l'émincer. Mettre dans un bol. Ajouter carotte, jus de citron et 45 mL (3 c. à s.) du vinaigre. Ajouter l'eau, bien mélanger et laisser mariner 1 heure.

■ Mettre la mayonnaise dans un petit bol. Ajouter moutarde et reste de vinaigre. Saler, poivrer et bien mélanger.

■ Ajouter lait, sauce tabasco et sucre. Assaisonner et bien mélanger.

■ Enlever le chou de la marinade et bien le presser. Mettre dans un bol et ajouter le mélange à la mayonnaise. Mélanger et rectifier l'assaisonnement. Servir.

1 PORTION : 87 CALORIES 3 g GLUCIDES 1 g PROTÉINES
8 g LIPIDES 1,0 g FIBRES

SALADE DE RIZ AUX CREVETTES

(POUR 4 PERSONNES)

500 mL	riz cuit	2 tasses
250 mL	ananas frais en dés	1 tasse
250 mL	chair de crabe cuite	1 tasse
250 g	crevettes cuites, décortiquées, nettoyées et en moitiés	½ lb
2	tomates, pelées, épépinées et en dés (facultatif)	2
125 mL	maïs cuit, bien égoutté	½ tasse
125 mL	vinaigrette au choix	½ tasse
	sel et poivre	
	pincée de paprika	

■ Mélanger tous les ingrédients (sauf la vinaigrette) dans un grand bol. Saler, poivrer et ajouter la vinaigrette. Laisser mariner 10 minutes.

■ Servir sur des feuilles de laitue ou dans des demi-ananas évidés.

1 PORTION : 435 CALORIES 37 g GLUCIDES 29 g PROTÉINES 19 g LIPIDES 3,1 g FIBRES

SALADE BAGATELLE

(POUR 4 PERSONNES)

1	grosse botte d'asperges, cuites	1	
3	carottes, épluchées, coupées en julienne et blanchies	3	
250 g	champignons, nettoyés et émincés	½ lb	
50 mL	mayonnaise mousseline (page 44)	¼ tasse	
	jus de citron		
	sel et poivre		

■ Couper les asperges cuites en morceaux de 2,5 cm (1 po). Mettre dans un bol. Ajouter carottes et champignons. Saler, poivrer.

■ Ajouter la mayonnaise mousseline et mélanger.

■ Arroser de jus de citron, mélanger et rectifier l'assaisonnement.

1 PORTION : 168 CALORIES 12 g GLUCIDES 4 g PROTÉINES 12 g LIPIDES 4,4 g FIBRES

VINAIGRETTE AU JAUNE D'ŒUF

(POUR 4 À 6 PERSONNES)

1	jaune d'œuf	1
15 mL	moutarde forte	1 c. à s.
15 mL	persil frais haché	1 c. à s.
30 mL	échalotes sèches, épluchées et hachées	2 c. à s.
50 mL	vinaigre de vin rouge	¼ tasse
175 mL	huile d'olive	¾ tasse
	quelques gouttes de jus de citron	
	sel et poivre	

■ Placer le jaune d'œuf dans un bol. Ajouter la moutarde et mélanger.

■ Ajouter persil, échalotes et vinaigre. Saler, poivrer et bien mélanger au fouet.

■ Ajouter l'huile, en un mince filet, tout en mélangeant constamment au fouet. Ajouter quelques gouttes de jus de citron. Mélanger et corriger l'assaisonnement. La vinaigrette doit être de consistance épaisse.

Note : cette vinaigrette peut se conserver 3 jours au réfrigérateur.

1 PORTION : 330 CALORIES 2 g GLUCIDES 1 g PROTÉINES 36 g LIPIDES 0 g FIBRES

1

Mettre le jaune d'œuf dans un bol.

2

Ajouter la moutarde.

3

Mélanger au fouet.

4

Ajouter persil et échalotes.

5

Ajouter le vinaigre. Saler, poivrer et mélanger au fouet.

6

Ajouter l'huile, en un mince filet, tout en mélangeant constamment au fouet.

SALADE CHOU-FLEUR

(POUR 4 PERSONNES)

1	chou-fleur, cuit et en fleurettes	1
8	tomates cerises, coupées en 2	8
1	pomme rouge, évidée, finement émincée avec la peau	1
2	carottes, épluchées, en julienne et cuites	2
12	haricots verts, coupés en 2	12
4	fonds d'artichauts, émincés	4
2	petits oignons cuits, en dés	2
15 mL	persil frais haché	1 c. à s.
125 mL	vinaigrette à la française	½ tasse
	sel et poivre	
	jus de citron au goût	
	feuilles de laitue	
	œufs durs, en quartiers	

■ Mettre tous les légumes dans un bol. Ajouter la pomme et parsemer de persil. Arroser de vinaigrette et bien incorporer.

■ Saler, poivrer et arroser de jus de citron; mélanger de nouveau.

■ Servir dans un bol à salade garni de feuilles de laitue. Décorer d'œufs durs.

1 PORTION : 278 CALORIES 27 g GLUCIDES 7 g PROTÉINES 16 g LIPIDES 5,3 g FIBRES

SALADE MOSCOVITE

(POUR 6 PERSONNES)

2	pommes de terre cuites, en dés	2
2	carottes cuites, en dés	2
250 g	haricots verts cuits, en dés	½ lb
¼	navet cuit, en dés	¼
½	poivron vert, en dés	½
½	poivron rouge, en dés	½
15 mL	ciboulette fraîche hachée	1 c. à s.
75 mL	mayonnaise	⅓ tasse
45 mL	sauce chili	3 c. à s.
15 mL	graines de céleri	1 c. à s.
	sel et poivre	
	jus de citron au goût	

■ Mélanger tous les légumes en dés dans un grand bol. Saler, poivrer et ajouter la ciboulette; bien mélanger et mettre de côté.

■ Mélanger mayonnaise et sauce chili dans un petit bol. Ajouter graines de céleri et jus de citron. Saler, poivrer et bien incorporer.

■ Verser le mélange à la mayonnaise sur les légumes, bien mélanger, rectifier l'assaisonnement et servir.

1 PORTION : 164 CALORIES 18 g GLUCIDES 2 g PROTÉINES 9 g LIPIDES 2,3 g FIBRES

SALADE DE HARICOTS VARIÉS

(POUR 4 À 6 PERSONNES)

125 mL	pois chiches cuits	½ tasse
125 mL	haricots rouges cuits	½ tasse
75 mL	haricots noirs cuits	⅓ tasse
1 mL	piment chili, finement haché	¼ c. à t.
2	oignons verts, hachés	2
12	tomates cerises, en moitiés	12
1	échalote sèche, épluchée et finement hachée	1
1	poivron vert, en dés	1
1	gousse d'ail, épluchée, écrasée et hachée	1
15 mL	pâte de tomates (facultatif)	1 c. à s.
45 mL	vinaigre de vin	3 c. à s.
15 mL	moutarde forte	1 c. à s.
105 mL	huile d'olive	7 c. à s.
	jus de ½ citron	
	sel et poivre	

■ Mettre pois chiches et haricots dans un grand bol. Ajouter chili, oignons verts, tomates, échalote et poivron vert. Saler, poivrer, bien mélanger et mettre de côté.

■ Placer l'ail dans un petit bol. Ajouter sel, poivre, pâte de tomates, vinaigre et moutarde. Bien mélanger.

■ Ajouter l'huile et mélanger au fouet. Corriger l'assaisonnement.

■ Verser la sauce sur les légumes, mélanger et arroser de jus de citron. Laisser mariner 30 minutes avant de servir.

1 PORTION : 289 CALORIES 23 g GLUCIDES 6 g PROTÉINES 20 g LIPIDES 1,4 g FIBRES

SALADE DE PÂTES AU POULET ET AU GRUYÈRE

(POUR 4 PERSONNES)

750 mL	pâtes cuites (spirales, plumes, etc.)	3 tasses
250 mL	petits pois cuits	1 tasse
1	poitrine de poulet entière, cuite, sans peau et en dés	1
250 mL	fromage gruyère en dés	1 tasse
15 mL	cari	1 c. à s.
75 mL	mayonnaise légère	1/3 tasse
	sel et poivre	
	jus de 1/2 citron	
	pincée de paprika	

■ Mettre tous les ingrédients de la salade dans un grand bol et bien mélanger. Ajouter épices et mayonnaise et bien incorporer.

■ Servir froid.

1 PORTION : 520 CALORIES 35 g GLUCIDES 34 g PROTÉINES 27 g LIPIDES 2,2 g FIBRES

SALADE CHAUDE DE POULET AU RIZ

(POUR 4 À 6 PERSONNES)

45 mL	huile d'olive	3 c. à s.
1	poitrine de poulet sans peau, désossée et coupée en gros cubes	1
½	poivron vert, émincé	½
1	courgette, émincée	1
1	gousse d'ail, épluchée, écrasée et hachée	1
15 mL	sauce soya	1 c. à s.
500 mL	riz cuit	2 tasses
4	grosses olives, dénoyautées et hachées	4
30 mL	piments doux rôtis, hachés	2 c. à s.
15 mL	persil frais haché	1 c. à s.
15 mL	vinaigre de vin	1 c. à s.
	jus de citron	
	sel et poivre	

■ Faire chauffer, à feu vif, 15 mL (1 c. à s.) d'huile dans une poêle à frire. Ajouter le poulet et cuire 3 minutes. Ajouter poivron, courgette et ail; mélanger et cuire 4 minutes.

■ Ajouter la sauce soya et cuire 1 minute.

■ Placer poulet et légumes cuits dans un grand bol. Ajouter le reste des ingrédients. Saler, poivrer et mélanger. Laisser mariner 15 minutes. Servir.

1 PORTION : 222 CALORIES 20 g GLUCIDES 13 g PROTÉINES 10 g LIPIDES 1,6 g FIBRES

LA CANAILLE

(POUR 4 PERSONNES)

3	tomates, en quartiers	3
1	botte d'asperges, cuites, en morceaux de 2,5 cm (1 po)	1
1	oignon rouge, en rondelles	1
1	branche de céleri, coupée en julienne de 2,5 cm (1 po)	1
1	banane, tranchée	1
250 mL	riz cuit	1 tasse
50 mL	mayonnaise assaisonnée de moutarde	1/4 tasse
30 mL	crème sure	2 c. à s.
	quelques gouttes de sauce Worcestershire	
	sel et poivre	

■ Mélanger légumes, banane et riz dans un grand bol. Saler, poivrer.

■ Mettre la mayonnaise dans un petit bol. Ajouter la crème sure. Arroser de sauce Worcestershire; mélanger. Assaisonner au goût.

■ Verser la sauce sur la salade et bien mélanger. Servir.

1 PORTION : 225 CALORIES 28 g GLUCIDES 5 g PROTÉINES 11 g LIPIDES 4,5 g FIBRES

SALADE ANDALOUSE

(POUR 4 À 6 PERSONNES)

2	échalotes, hachées	2
15 mL	persil frais haché	1 c. à s.
15 mL	moutarde forte	1 c. à s.
1	gousse d'ail, épluchée, écrasée et hachée	1
45 mL	vinaigre de vin rouge	3 c. à s.
125 mL	huile d'olive	½ tasse
1	œuf dur, haché	1
15 mL	crème fouettée	1 c. à s.
3	tomates, en quartiers	3
2	poivrons verts, émincés en julienne	2
½	oignon rouge, émincé en rondelles	½
250 mL	riz blanc cuit	1 tasse
	sel et poivre	

- Mettre échalotes et persil dans un bol. Ajouter moutarde et ail. Ajouter le vinaigre et bien mélanger. Saler, poivrer.
- Ajouter l'huile, en un mince filet, tout en mélangeant constamment au fouet.
- Ajouter l'œuf haché et mélanger. Incorporer la crème fouettée.
- Mettre légumes et riz dans un grand bol, mélanger et assaisonner au goût.
- Ajouter la vinaigrette, bien mélanger et servir.

1 PORTION : 308 CALORIES 18 g GLUCIDES 4 g PROTÉINES
25 g LIPIDES 2,0 g FIBRES

1

Mettre échalotes et persil dans un bol.

2

Ajouter moutarde et ail.

3

Ajouter le vinaigre et bien mélanger. Saler, poivrer.

Ajouter l'huile, en un mince filet, tout en mélangeant constamment au fouet.

Ajouter l'œuf dur haché.

Incorporer la crème fouettée.

SALADE DE FRUITS BOSTON

(POUR 4 PERSONNES)

1	grosse laitue Boston, lavée et essorée	1
500 mL	fraises nettoyées, équeutées et coupées en moitiés	2 tasses
250 mL	sections de mandarines	1 tasse
1	poire, pelée et émincée	1
60 mL	mayonnaise	4 c. à s.
45 mL	crème sure	3 c. à s.
50 mL	noix de coco râpée	¼ tasse
	quelques gouttes de jus de citron	
	poivre du moulin	

■ Détailler les feuilles de laitue en morceaux et les mettre dans un bol à salade. Ajouter fraises, mandarines, poire, mayonnaise et crème sure. Bien mélanger.

■ Arroser de quelques gouttes de jus de citron et poivrer. Mélanger de nouveau.

■ Parsemer de noix de coco râpée. Servir.

1 PORTION : 219 CALORIES 20 g GLUCIDES 2 g PROTÉINES 15 g LIPIDES 4,7 g FIBRES

SALADE DE POIVRONS GRILLÉS

(POUR 4 PERSONNES)

1	poivron jaune, en moitiés	1
1	poivron rouge, en moitiés	1
1	poivron vert, en moitiés	1
60 mL	huile d'olive	4 c. à s.
2	gousses d'ail, épluchées, écrasées et hachées	2
1	échalote sèche, épluchée et hachée	1
30 mL	persil frais haché	2 c. à s.
5 mL	estragon frais haché	1 c. à t.
45 mL	vinaigre de vin à l'estragon	3 c. à s.
	jus de ½ citron	
	sel et poivre	

■ Préchauffer le four à GRIL.

■ Placer les poivrons, le côté coupé vers le bas, dans un plat à rôtir et les arroser de quelques gouttes d'huile d'olive. Saler, poivrer. Placer au milieu du four et griller 10 à 15 minutes. Retirer du four et mettre de côté.

■ Mettre ail, échalote, persil, estragon, huile, vinaigre et jus de citron dans un petit bol. Saler, poivrer et bien mélanger au fouet.

■ Verser la vinaigrette sur les poivrons. Rectifier l'assaisonnement et laisser refroidir avant de servir.

1 PORTION : 145 CALORIES 6 g GLUCIDES 1 g PROTÉINES 13 g LIPIDES 1,0 g FIBRES

SALADE DE HARICOTS À LA VINAIGRETTE VERTE

(POUR 4 PERSONNES)

250 mL	haricots rouges en conserve, égouttés	1 tasse
250 mL	pois chiches, bien égouttés	1 tasse
500 g	haricots verts frais, nettoyés et cuits	1 lb
3	œufs durs	3
2	échalotes sèches, épluchées et finement hachées	2
30 mL	persil frais haché	2 c. à s.
5 mL	estragon	1 c. à t.
1	gousse d'ail, épluchée, écrasée et hachée	1
45 mL	vinaigre de vin	3 c. à s.
90 mL	huile d'olive	6 c. à s.
	sel et poivre	
	jus de ½ citron	
	quelques gouttes de sauce tabasco	

■ Mélanger haricots rouges, pois chiches et haricots verts dans un grand bol.

■ Couper les œufs en deux, en long, et retirer le jaune. Mettre de côté. Hacher les blancs et les incorporer à la salade. Saler, poivrer.

■ Placer le reste des ingrédients, sauf les jaunes, dans un petit bol et bien incorporer le tout au fouet.

■ Verser la vinaigrette sur la salade, bien mélanger et laisser mariner 15 minutes, à la température de la pièce.

■ Au moment de servir, placer la salade dans les assiettes de service. Forcer les jaunes d'œufs à la fine passoire, en les parsemant sur la salade.

1 PORTION : 488 CALORIES 45 g GLUCIDES 17 g PROTÉINES
27 g LIPIDES 4,9 g FIBRES

BROCOLI ET POMMES DE TERRE EN SALADE

(POUR 4 PERSONNES)

1	petit brocoli, cuit	1
2	grosses pommes de terre, cuites avec la peau, épluchées et en dés	2
1	branche de céleri, émincée	1
30 mL	vinaigre de vin	2 c. à s.
90 mL	huile d'olive	6 c. à s.
15 mL	persil frais haché	1 c. à s.
	sel et poivre	
	paprika	

■ Défaire le brocoli cuit en fleurettes et le mettre dans un grand bol. Ajouter pommes de terre et céleri. Saler, poivrer.

■ Mélanger vinaigre et huile dans un petit bol. Saler, poivrer. Verser la vinaigrette sur les légumes et bien incorporer.

■ Rectifier l'assaisonnement et saupoudrer de paprika. Parsemer de persil et servir.

1 PORTION : 280 CALORIES 22 g GLUCIDES 3 g PROTÉINES
20 g LIPIDES 2,1 g FIBRES

SALADE DE CHOU BLANC

(POUR 6 PERSONNES)

1	chou blanc moyen	1
2	carottes, épluchées et râpées	2
1	poivron vert, émincé	1
15 mL	persil frais haché	1 c. à s.
125 mL	vinaigre de cidre	1/2 tasse
50 mL	sucre	1/4 tasse
50 mL	huile d'olive	1/4 tasse
2 mL	sel de céleri	1/2 c. à t.
2 mL	graines de céleri	1/2 c. à t.
2	gousses d'ail, épluchées et pressées pour en extraire le jus	2
	jus de citron	
	sel et poivre	

■ Couper le chou en quartiers et retirer le trognon et le cœur. Émincer les feuilles et les placer dans l'eau bouillante salée; couvrir et blanchir 3 minutes.

■ Bien égoutter le chou et le faire refroidir 1 heure dans l'eau froide.

■ Égoutter et éponger le chou. Mettre dans un bol à salade. Ajouter carottes et poivron. Saler, poivrer.

■ Mettre le reste des ingrédients dans une petite casserole, y compris le jus d'ail. Faire bouillir 3 minutes. Verser la marinade sur les légumes et bien incorporer. Laisser mariner 1 heure avant de servir.

1 PORTION : 98 CALORIES 12 g GLUCIDES 1 g PROTÉINES
6 g LIPIDES 1,5 g FIBRES

CŒURS D'ARTICHAUT EN SALADE

(POUR 4 À 6 PERSONNES)

45 mL	mayonnaise	3 c. à s.
15 mL	cari	1 c. à s.
6	cœurs d'artichaut cuits, en quartiers	6
3	oignons verts, hachés	3
250 mL	ananas en cubes	1 tasse
375 mL	riz cuit	1½ tasse
½	branche de céleri, en dés	½
250 mL	olives noires, dénoyautées	1 tasse
	jus de citron	
	quelques gouttes de sauce Worcestershire	
	sel, poivre, paprika	

■ Mélanger mayonnaise et cari. Mettre de côté.

■ Mettre cœurs d'artichaut, oignons verts, ananas, riz, céleri et olives dans un bol. Verser la mayonnaise au cari sur les ingrédients et bien mélanger.

■ Arroser de jus de citron. Ajouter la sauce Worcestershire. Saler, poivrer et saupoudrer de paprika. Mélanger la salade.

■ Servir sur des feuilles de laitue.

1 PORTION : 190 CALORIES 25 g GLUCIDES 3 g PROTÉINES 9 g LIPIDES 2,1 g FIBRES

MAYONNAISE MOUSSELINE

(POUR 4 PERSONNES)

2	jaunes d'œufs	2
15 mL	moutarde forte	1 c. à s.
5 mL	vinaigre de vin	1 c. à t.
15 mL	cari	1 c. à s.
5 mL	échalote sèche, épluchée et hachée	1 c. à t.
5 mL	persil frais haché	1 c. à t.
300 mL	huile d'olive	1 ¼ tasse
50 mL	crème fouettée	¼ tasse
	sel et poivre	

■ Mettre les jaunes d'œufs dans un bol. Ajouter moutarde, vinaigre, cari, échalote et persil. Bien mélanger au fouet.

■ Incorporer l'huile, en un mince filet, tout en mélangeant constamment au fouet. Saler, poivrer.

■ Incorporer la crème fouettée, en pliant. Servir avec un légume, un poisson ou une salade.

1 PORTION : 658 CALORIES 0 g GLUCIDES 1 g PROTÉINES 73 g LIPIDES 0 g FIBRES

Mettre les jaunes d'œufs dans un bol et ajouter la moutarde.

Ajouter le vinaigre.

Ajouter le cari.

4

Ajouter l'échalote et le persil. Bien mélanger.

5

Ajouter l'huile, en un mince filet, tout en mélangeant constamment au fouet. Saler, poivrer.

6

Incorporer la crème fouettée.

POMMES DE TERRE ET SALAMI EN SALADE

(POUR 4 PERSONNES)

2	gousses d'ail, épluchées, écrasées et hachées	2
45 mL	vinaigre de vin	3 c. à s.
125 mL	huile d'olive	½ tasse
3	pommes de terre, cuites avec la peau, chaudes	3
10	rondelles de salami doux, en julienne	10
60 mL	d'oignon rouge haché	4 c. à s.
2	oignons verts, hachés	2
15 mL	persil frais haché	1 c. à s.
60 mL	piments doux rôtis, hachés	4 c. à s.
	sel et poivre	

■ Mettre l'ail dans un petit bol. Ajouter vinaigre et huile. Saler, poivrer et mélanger 1 minute, au fouet.

■ Éplucher et émincer les pommes de terre chaudes, et les mettre dans un grand bol.

■ Ajouter le reste des ingrédients. Arroser de vinaigrette et bien incorporer. Saler, poivrer. Laisser mariner 15 minutes. Servir.

1 PORTION : 509 CALORIES 31 g GLUCIDES 10 g PROTÉINES 39 g LIPIDES 1,0 g FIBRES

SOUPE AUX COQUILLETTES

(POUR 6 À 8 PERSONNES)

45 mL	beurre	3 c. à s.
3	oignons moyens, en dés	3
3	branches de céleri, en dés	3
5 mL	herbes de Provence*	1 c. à t.
4	carottes, épluchées et en dés	4
½	navet, épluché et en dés	½
2 mL	thym	½ c. à t.
2 mL	basilic	½ c. à t.
3	grosses pommes de terre, épluchées et en dés	3
2 L	bouillon de poulet, chaud	8 tasses
2	feuilles de laurier	2
60 mL	pâte de tomates	4 c. à s.
250 mL	petites coquillettes	1 tasse
	sel et poivre	

■ Faire chauffer le beurre dans une grande casserole, à feu moyen. Ajouter oignons, céleri et herbes de Provence. Saler, poivrer; couvrir et cuire 15 minutes, à feu doux.

■ Incorporer carottes, navet, thym et basilic. Saler, poivrer au goût. Bien remuer; couvrir et cuire 5 minutes.

■ Ajouter pommes de terre, bouillon de poulet, feuilles de laurier et pâte de tomates; remuer et amener à ébullition.

■ Ajouter les nouilles; couvrir partiellement et cuire 15 minutes, à feu moyen-vif. Servir aussitôt.

* Un mélange de thym, romarin, feuille de laurier, basilic et arriette.

---

1 PORTION : 207 CALORIES 35 g GLUCIDES 3 g PROTÉINES
6 g LIPIDES 2,2 g FIBRES

SOUPE AUX HARICOTS ROUGES ET AUX LÉGUMES

(POUR 4 À 6 PERSONNES)

15 mL	huile d'olive	1 c. à s.
1	oignon, haché moyen	1
½	branche de céleri, émincée	½
1,2 L	bouillon de bœuf léger, chaud	5 tasses
250 mL	haricots rouges cuits	1 tasse
1	poivron vert, en dés moyens	1
1	poivron rouge, en dés moyens	1
250 mL	petits pois surgelés	1 tasse
250 mL	bœuf salé (corned beef) en cubes	1 tasse
250 mL	maïs en grains cuit	1 tasse
5 mL	basilic	1 c. à t.
1 mL	thym	¼ c. à t.
1	feuille de laurier	1
	sel et poivre	

■ Faire chauffer l'huile dans une casserole, à feu moyen. Ajouter oignon et céleri. Cuire 5 minutes, à feu doux.

■ Ajouter le bouillon de bœuf et remuer. Incorporer le reste des ingrédients. Saler, poivrer et mélanger. Porter à ébullition et cuire 12 minutes, à feu moyen. Servir.

---

1 PORTION : 174 CALORIES 24 g GLUCIDES 9 g PROTÉINES
5 g LIPIDES 9,0 g FIBRES

CRÈME DE CAROTTES

(POUR 4 À 6 PERSONNES)

45 mL	beurre	3 c. à s.
1	oignon moyen, haché	1
6	carottes, épluchées et finement émincées	6
1	branche de céleri, finement émincée	1
2 mL	basilic	½ c. à t.
15 mL	persil frais haché	1 c. à s.
45 mL	farine	3 c. à s.
1,2 L	bouillon de poulet, chaud	5 tasses
	sel et poivre	

■ Faire chauffer le beurre dans une grande casserole, à feu moyen. Ajouter l'oignon; couvrir et cuire 5 minutes, à feu doux.

■ Ajouter carottes, céleri et aromates; saler, poivrer. Bien mélanger; couvrir partiellement et cuire 6 minutes, à feu moyen.

■ Bien incorporer la farine. Ajouter le bouillon de poulet. Rectifier l'assaisonnement; couvrir partiellement et porter au point d'ébullition. Réduire l'élément à feu doux et continuer la cuisson 20 minutes.

■ Passer la soupe au presse-purée ou réduire en purée au mélangeur. Servir chaud.

1 PORTION : 119 CALORIES 12 g GLUCIDES 2 g PROTÉINES 7 g LIPIDES 2,3 g FIBRES

SANDWICHES CHAUDS AU BŒUF SALÉ ET AU FROMAGE

(POUR 4 PERSONNES)

8	tranches de pain de seigle	8
16	fines tranches de bœuf salé (corned beef)	16
375 mL	choucroute	1½ tasse
125 mL	fromage suisse râpé	½ tasse
125 mL	fromage cheddar râpé	½ tasse
30 mL	beurre	2 c. à s.
	moutarde forte au goût	
	poivre du moulin	

■ Étaler la moutarde sur les tranches de pain. Former chacun des sandwiches en empilant les tranches de bœuf salé recouvertes de choucroute.

■ Mélanger les deux fromages. Partager le mélange entre les 4 sandwiches. Poivrer et refermer les sandwiches. Presser le dessus de chaque sandwich avec une spatule.

■ Beurrer le dessus des sandwiches. Faire chauffer, à feu moyen, le reste du beurre dans une grande poêle à frire.

■ Placer les sandwiches dans la poêle, le côté beurré en haut. Cuire 2 minutes. Retourner les sandwiches et continuer la cuisson 2 minutes ou jusqu'à ce que le fromage soit fondu.

■ Couper et servir chaud.

1 PORTION : 539 CALORIES 31 g GLUCIDES 44 g PROTÉINES 27 g LIPIDES 1,2 g FIBRES

SANDWICHES À LA DINDE AU PUMPERNICKEL

(POUR 2 PERSONNES)

4	tranches de pain pumpernickel	4
30 mL	mayonnaise	2 c. à s.
6	fines tranches de poitrine de dinde rôtie	6
4	tranches de fromage havarti	4
4	tranches d'avocat	4
	germes de luzerne	
	sel et poivre	

■ Tartiner les tranches de pain de mayonnaise. Garnir deux tranches de pain de dinde, fromage et germes de luzerne. Saler, poivrer. Recouvrir d'une tranche de pain.

■ Placer les tranches d'avocat sur les sandwiches. Servir.

1 PORTION : 677 CALORIES 38 g GLUCIDES 33 g PROTÉINES 44 g LIPIDES 2,0 g FIBRES

BRONX BOMBER

(POUR 1 PERSONNE)

3	tranches de pain de seigle
	quelques fines tranches de bœuf salé (corned beef)
	quelques fines tranches de rosbif
	quelques fines tranches de poitrine de dinde rôtie
	mayonnaise et moutarde au goût
	salade de chou
	feuilles de laitue, lavées et essorées
	sel et poivre

■ Tartiner le pain de mayonnaise et de moutarde. Placer des feuilles de laitue sur une tranche de pain. Ajouter quelques tranches de viande. Saler, poivrer. Recouvrir d'une autre tranche de pain. Recommencer le même procédé pour compléter le sandwich.

■ Accompagner de salade de chou. Servir.

1 PORTION : 489 CALORIES 41 g GLUCIDES 34 g PROTÉINES 21 g LIPIDES 2,6 g FIBRES

SOUPE POUR L'HIVER

(POUR 4 À 6 PERSONNES)

1	bouquet garni (thym, basilic, persil et 2 feuilles de laurier)	1
15 mL	beurre	1 c. à s.
2	oignons, hachés	2
1	branche de céleri, en dés	1
3	carottes moyennes, épluchées et émincées	3
3	pommes de terre épluchées, coupées en deux et émincées	3
1,2 L	bouillon de poulet léger, chaud	5 tasses
398 mL	dolics à œil noir en conserve, égouttés	14 oz
250 mL	pâtes en coudes	1 tasse
	sel et poivre	

■ Faire chauffer le beurre dans une grande casserole, à feu moyen. Ajouter oignons et céleri. Couvrir et cuire 4 minutes.

■ Ajouter les carottes et mélanger. Saler, poivrer et cuire 5 minutes, sans couvrir.

■ Ajouter pommes de terre et bouillon. Saler, poivrer et ajouter le bouquet garni. Porter à ébullition et cuire 12 minutes, à feu moyen.

■ Incorporer le reste des ingrédients. Porter à ébullition et cuire 12 minutes, à feu moyen-doux.

Note : Cette soupe se conserve 3 jours au réfrigérateur.

1 PORTION : 243 CALORIES 48 g GLUCIDES 6 g PROTÉINES 3 g LIPIDES 4,8 g FIBRES

Mettre oignons et céleri dans le beurre chaud. Couvrir et cuire 4 minutes.

Ajouter les carottes et mélanger. Saler, poivrer et cuire 5 minutes, sans couvrir.

Ajouter les pommes de terre.

Ajouter le bouillon. Saler, poivrer.

Ajouter le bouquet garni et porter à ébullition.

Incorporer le reste des ingrédients.

SOUPE AUX HARICOTS NOIRS

(POUR 6 À 8 PERSONNES)

250 mL	haricots noirs secs	1 tasse
125 g	bacon, en dés	¼ lb
1	oignon, en dés	1
1	os de jambon charnu	1
1,8 L	bouillon de bœuf léger, chaud	7 tasses
1	bouquet garni (thym, basilic, persil et 1 feuille de laurier)	1
2	gousses d'ail, épluchées, écrasées et hachées	2
	sel et poivre	

■ Faire tremper les haricots pendant 12 heures dans de l'eau froide. Égoutter et mettre de côté.

■ Mettre le bacon dans une grande casserole et cuire, à feu moyen, 3 minutes.

■ Ajouter l'oignon, couvrir et cuire 8 minutes, en remuant 1 ou 2 fois.

■ Ajouter les haricots et le reste des ingrédients. Bien mélanger et porter à ébullition. Couvrir partiellement et cuire 3 heures, à feu moyen, en remuant de temps à autre.

1 PORTION : 160 CALORIES 8 g GLUCIDES 10 g PROTÉINES 10 g LIPIDES 2,6 g FIBRES

CHAUDRÉE BEAUFORT

(POUR 4 À 6 PERSONNES)

60 g	lard salé, en dés	2 oz
2	oignons, finement hachés	2
1	gousse d'ail, épluchée et entière	1
2	grosses tomates pelées, épépinées et en dés	2
3	pommes de terre épluchées, en dés	3
1,2 L	fumet de poisson	5 tasses
2 mL	thym	½ c. à t.
5 mL	persil frais haché	1 c. à t.
2	filets de sébaste, coupés en lanières de 1,2 cm (½ po) de large	2
250 g	crevettes, décortiquées et nettoyées	½ lb
	pincée de piments rouges séchés broyés	
	jus de limette	
	sel et poivre	

■ Mettre le lard salé dans une casserole. Cuire 4 minutes, à feu moyen. Enlever et jeter le lard salé.

■ Mettre oignons et ail dans la poêle chaude et cuire 4 minutes, à feu moyen.

■ Ajouter les tomates, mélanger et cuire 2 minutes.

■ Ajouter pommes de terre, fumet de poisson, épices et aromates. Saler, poivrer et porter à ébullition. Cuire 10 minutes, à feu moyen, sans couvrir.

■ Ajouter poisson et crevettes, mélanger et cuire 4 minutes, à feu doux. Arroser de quelques gouttes de jus de limette. Servir avec du pain à l'ail grillé.

1 PORTION : 280 CALORIES 29 g GLUCIDES 18 g PROTÉINES
10 g LIPIDES 1,2 g FIBRES

CANAPÉS AU PROSCIUTTO ET CANTALOUP

(POUR 8 À 10 PERSONNES)

Beurre à l'ail doux

5	gousses d'ail, non épluchées	5
250 g	beurre mou	½ lb
	quelques gouttes de sauce tabasco	
	quelques gouttes de jus de citron	

Canapés

½	cantaloup	½
200 g	fines tranches de prosciutto	6 oz
	tranches de baguette, grillées	
	jus de citron	
	poivre noir du moulin	

■ Faire blanchir l'ail 6 minutes. Égoutter, éplucher et réduire en purée.

■ Mettre la purée d'ail dans un bol et ajouter le reste des ingrédients du beurre à l'ail. Bien mélanger.

■ Couper le demi-cantaloup en quartiers. Recouper chaque quartier en tranches de 2,5 cm (1 po) de largeur. Mettre de côté.

■ Étaler le beurre à l'ail sur les tranches de pain grillées. Les couvrir de prosciutto et d'un morceau de cantaloup. Arroser de quelques gouttes de citron. Poivrer.

1 PORTION : 329 CALORIES 13 g GLUCIDES 5 g PROTÉINES 29 g LIPIDES 1,0 g FIBRES

PÂTÉ DE CREVETTES

(POUR 10 PERSONNES)

750 g	crevettes cuites, décortiquées, nettoyées et hachées	1½ lb
45 mL	piments doux rôtis, hachés	3 c. à s.
2	gousses d'ail, blanchies, épluchées et en purée	2
15 mL	graines de céleri	1 c. à s.
125 g	beurre mou	¼ lb
45 mL	mayonnaise	3 c. à s.
	quelques gouttes de sauce Worcestershire	
	quelques gouttes de jus de citron	
	pincée de poivre de Cayenne	
	sel et poivre	

■ Placer tous les ingrédients dans le bol du robot culinaire et mélanger 1 minute.

■ Verser le mélange dans un bol, couvrir et réfrigérer 1 heure ou plus.

■ Servir sur du pain grillé.

1 PORTION : 254 CALORIES 2 g GLUCIDES 16 g PROTÉINES
20 g LIPIDES 0 g FIBRES

PETITS PAINS À LA GARNITURE AUX CHAMPIGNONS

(POUR 4 PERSONNES)

2	petits pains allongés	2
30 mL	beurre	2 c. à s.
375 g	champignons, nettoyés et émincés	¾ lb
250 g	pleurotes (champignons), nettoyés et émincés	½ lb
1	échalote sèche, épluchée et hachée	1
50 mL	vin de xérès	¼ tasse
2 mL	basilic	½ c. à t.
250 mL	sauce blanche légère, chaude	1 tasse
250 mL	crème à 15%	1 tasse
250 mL	fromage gruyère râpé	1 tasse
	pincée de muscade	
	paprika	
	sel et poivre	

■ Couper les pains en deux, en long. Retirer la moitié de la mie. Griller les croûtes quelques minutes au four. Mettre de côté.

■ Faire fondre le beurre dans une grande poêle à frire, à feu moyen-vif. Ajouter tous les champignons. Saler, poivrer et cuire 6 minutes, à feu vif.

■ Ajouter l'échalote, mélanger et cuire 3 minutes, à feu vif.

■ Ajouter vin de xérès, épices, basilic, sauce blanche et crème. Bien remuer et cuire 5 minutes, à feu doux.

■ Préchauffer le four à 200 °C (400 °F).

■ Placer les demi-pains grillés sur une plaque à biscuits et les remplir de la garniture aux champignons. Parsemer de fromage râpé. Mettre au four et cuire 3 minutes. Servir.

1 PORTION : 354 CALORIES 25 g GLUCIDES 14 g PROTÉINES 22 g LIPIDES 4,5 g FIBRES

CANAPÉS AU CONCOMBRE

(POUR 4 À 6 PERSONNES)

1	petit concombre	1
125 g	fromage à la crème	4 oz
1 mL	paprika	¼ c. à t.
5 mL	raifort	1 c. à t.
15 mL	mayonnaise	1 c. à s.
½	baguette, finement tranchée et grillée	½
	sel et poivre	

■ Couper le concombre en deux, en long. Peler un demi-concombre et l'épépiner. Râper le demi-concombre et le mettre dans un bol. Ajouter fromage à la crème, paprika, raifort et mayonnaise. Saler, poivrer et bien mélanger.

■ Épépiner l'autre demi-concombre et l'émincer finement sans le peler.

■ Étaler le mélange fromage et concombre sur les tranches de pain grillées. Garnir de concombre émincé. Servir.

1 PORTION : 204 CALORIES 19 g GLUCIDES 5 g PROTÉINES
12 g LIPIDES 1,0 g FIBRES

SOUPE AUX POMMES DE TERRE

(POUR 4 À 6 PERSONNES)

4	grosses pommes de terre, épluchées et en cubes	4
½	oignon, finement haché	½
⅓	branche de céleri, en dés	⅓
750 mL	eau	3 tasses
1 L	lait, chaud	4 tasses
5 mL	cerfeuil	1 c. à t.
	pincée de muscade	
	sel et poivre	

■ Mettre pommes de terre, oignon et céleri dans une casserole. Ajouter l'eau. Saler, poivrer. Couvrir partiellement et porter à ébullition. Cuire, à feu moyen, 18 minutes ou selon la grosseur des cubes de pommes de terre. Les pommes de terre doivent être bien cuites.

■ Égoutter les légumes en réservant le liquide de cuisson dans la casserole, et les mettre de côté.

■ Remettre la casserole à feu vif et faire réduire le liquide des ¾.

■ Éteindre le feu. Verser le lait dans le liquide de cuisson et remuer. Ajouter les légumes cuits. Parsemer de muscade, saler, poivrer et cuire 4 minutes, à feu très doux.

Note : ne pas faire bouillir le lait et les légumes, car la soupe «tournera».

■ Parsemer de cerfeuil et servir.

1 PORTION : 231 CALORIES 39 g GLUCIDES 10 g PROTÉINES
4 g LIPIDES 0 g FIBRES

Mettre pommes de terre, oignon et céleri dans une casserole.

Ajouter l'eau.

Égoutter les légumes cuits.

Faire réduire le liquide de cuisson à feu vif.

Ajouter le lait chaud.

Ajouter les légumes cuits.

SOUPE AUX POIS CASSÉS JAUNES

(POUR 4 À 6 PERSONNES)

30 mL	graisse de bacon	2 c. à s.
1	oignon moyen, haché	1
2	branches de céleri, en dés	2
1	grosse carotte, épluchée et en dés	1
300 mL	pois cassés jaunes, trempés 8 heures dans de l'eau froide	1¼ tasse
1,5 L	bouillon de poulet, chaud	6 tasses
1	feuille de laurier	1
2 mL	basilic	½ c. à t.
5 mL	persil frais haché	1 c. à t.
250 mL	jambon cuit, en julienne	1 tasse
30 mL	beurre mou	2 c. à s.
	quelques gouttes de sauce Worcestershire	
	sel et poivre	

■ Faire chauffer la graisse de bacon dans une grande casserole, à feu moyen. Ajouter l'oignon et cuire 3 minutes.

■ Incorporer céleri et carotte; couvrir et cuire 4 minutes, en remuant 1 ou 2 fois.

■ Égoutter les pois cassés et les ajouter à la casserole avec le bouillon de poulet; remuer et ajouter les aromates. Saler, poivrer et ajouter le jambon; couvrir partiellement et cuire 45 minutes, à feu moyen, tout en remuant fréquemment.

■ Ajouter la sauce Worcestershire. Incorporer le beurre; bien remuer et servir aussitôt.

1 PORTION : 207 CALORIES 14 g GLUCIDES 11 g PROTÉINES 12 g LIPIDES 1,0 g FIBRES

SOUPE AUX HARICOTS BLANCS

(POUR 4 À 6 PERSONNES)

250 mL	petits haricots blancs secs	1 tasse
60 g	lard salé, en dés moyens	2 oz
2	oignons, en dés	2
½	branche de céleri, en dés	½
2 mL	origan	½ c. à t.
1	feuille de laurier	1
1	grosse carotte, épluchée et en gros dés	1
	sel et poivre	

■ Placer les haricots dans un grand bol et les recouvrir complètement d'eau chaude. Laisser tremper 2 heures.

■ Mettre le lard salé dans une grande casserole, à feu moyen. Cuire 3 minutes. Ajouter oignons et céleri; cuire 4 minutes, à feu doux.

■ Égoutter les haricots et les ajouter aux oignons. Ajouter les aromates. Ajouter de l'eau froide pour couvrir les haricots de 8 cm (3 po). Saler, poivrer et porter à ébullition. Couvrir partiellement et cuire 1 heure 30 minutes, à feu moyen, en remuant de temps à autre.

■ Ajouter la carotte et rectifier l'assaisonnement. Poursuivre la cuisson 1 heure, en remuant de temps à autre.

1 PORTION : 168 CALORIES 16 g GLUCIDES 5 g PROTÉINES
9 g LIPIDES 4,8 g FIBRES

CRÈME DE FONDS D'ARTICHAUT

(POUR 4 PERSONNES)

60 mL	beurre	4 c. à s.
2	échalotes sèches, épluchées et finement hachées	2
8	fonds d'artichaut crus, nettoyés	8
60 mL	farine	4 c. à s.
1,2 L	bouillon de poulet, chaud	5 tasses
125 mL	crème à 35% (facultatif)	1/2 tasse
15 mL	persil frais haché	1 c. à s.
	quelques gouttes de jus de citron	
	croûtons	
	sel et poivre	

■ Faire chauffer le beurre dans une casserole, à feu moyen. Ajouter échalotes et fonds d'artichaut. Saler, poivrer; couvrir et cuire, à feu doux, 18 minutes.

■ Ajouter la farine et bien mélanger. Cuire 3 minutes.

■ Incorporer le bouillon de poulet et porter à ébullition. Cuire 20 minutes, à feu doux.

■ Réduire la soupe en purée. Ajouter crème, persil et quelques gouttes de jus de citron.

■ Servir avec des croûtons.

1 PORTION : 325 CALORIES 25 g GLUCIDES 5 g PROTÉINES
23 g LIPIDES 1,0 g FIBRES

SOUPE AUX POIS CASSÉS

(POUR 4 À 6 PERSONNES)

30 mL	beurre	2 c. à s.
1	oignon, finement haché	1
1	branche de céleri, en dés	1
2	carottes, épluchées et en dés	2
1	os de jambon charnu	1
325 mL	pois cassés, rincés à l'eau froide	1 1/3 tasse
1,5 L	bouillon de légumes	6 tasses
1	feuille de laurier	1
1 mL	thym	1/4 c. à t.
5	branches de persil	5
5 mL	graines de moutarde	1 c. à t.
1 mL	clou de girofle moulu	1/4 c. à t.
	sel et poivre	

■ Faire fondre le beurre dans une grande casserole, à feu moyen. Ajouter oignon, céleri et carottes. Couvrir et cuire 7 minutes, à feu doux.

■ Ajouter le reste des ingrédients. Saler, poivrer et porter à ébullition. Couvrir partiellement et cuire 3 heures, à feu doux, en remuant de temps à autre.

■ Retirer l'os de jambon.

■ Accompagner de croûtons au moment de servir.

1 PORTION : 128 CALORIES 16 g GLUCIDES 5 g PROTÉINES 5 g LIPIDES 1,0 g FIBRES

SOUPE SHE-CRABE

(POUR 4 À 6 PERSONNES)

500 mL	lait	2 tasses
1 mL	macis	¼ c. à t.
500 mL	chair de crabe, fraîche ou décongelée, émiettée	2 tasses
45 mL	beurre	3 c. à s.
500 mL	crème à 15%	2 tasses
125 mL	biscuits soda, émiettés	½ tasse
30 mL	vin de xérès	2 c. à s.
	pincée de poivre de Cayenne	
	sel et poivre	
	persil haché	

■ Verser le lait dans la partie supérieure d'un bain-marie. Ajouter le macis et cuire 8 minutes, à feu doux.

■ Ajouter chair de crabe, beurre et crème. Saler, poivrer et saupoudrer de poivre de Cayenne. Remuer et cuire 15 minutes, à feu doux. Remuer de temps à autre durant la cuisson.

■ Retirer du feu. Ajouter les biscuits émiettés et laisser reposer quelques minutes pour épaissir la soupe.

■ Au moment de servir, ajouter le vin de xérès et remuer.

■ Parsemer de persil haché. Servir.

1 PORTION : 351 CALORIES 13 g GLUCIDES 16 g PROTÉINES 26 g LIPIDES 0 g FIBRES

SOUPE AU CRESSON

(POUR 4 À 6 PERSONNES)

30 mL	beurre	2 c. à s.
1	oignon, émincé	1
1	gousse d'ail, épluchée, écrasée et hachée	1
2	bottes de cresson, lavé et haché	2
2 mL	thym	½ c. à t.
5 mL	origan	1 c. à t.
15 mL	persil frais haché	1 c. à s.
4	grosses pommes de terre, épluchées et émincées	4
1,2 L	bouillon de poulet léger, chaud	5 tasses
125 mL	crème sure	½ tasse
	sel et poivre	

■ Faire chauffer le beurre dans une casserole, à feu moyen. Ajouter oignon et ail. Cuire 4 minutes, à feu doux.

■ Ajouter cresson et aromates. Mélanger, couvrir et cuire 8 minutes, à feu doux, en remuant de temps à autre.

■ Ajouter pommes de terre et bouillon de poulet. Saler, poivrer. Porter à ébullition, couvrir partiellement et cuire 30 minutes, à feu moyen.

■ Forcer la soupe à travers une passoire. Incorporer la crème sure.

■ Si désiré, saupoudrer de paprika avant de servir.

1 PORTION : 221 CALORIES 33 g GLUCIDES 4 g PROTÉINES
8 g LIPIDES 1,0 g FIBRES

SOUPE AU POULET ET AUX ŒUFS

(POUR 4 PERSONNES)

1,2 L	bouillon de poulet, chaud	5 tasses
2	œufs, bien battus	2
5 mL	persil frais haché	1 c. à t.
	poivre du moulin	
	quelques gouttes de sauce Worcestershire	

■ Verser le bouillon de poulet dans une casserole et porter à ébullition.

■ Entre-temps, mettre les œufs dans un bol. Ajouter persil, poivre et sauce Worcestershire; bien battre à la fourchette.

■ Réduire l'élément à feu moyen. Incorporer le mélange aux œufs au bouillon de poulet et remuer rapidement; cuire 30 secondes.

■ Retirer du feu et servir aussitôt.

---

1 PORTION : 47 CALORIES 1 g GLUCIDES 5 g PROTÉINES
3 g LIPIDES 0 g FIBRES

SOUPE AUX GOMBOS À LA FAÇON DE SAVANNAH

(POUR 4 À 6 PERSONNES)

15 mL	huile d'olive	1 c. à s.
1	branche de céleri, en dés	1
1	oignon moyen, haché	1
3	tomates, pelées et en dés	3
2 mL	thym	½ c. à t.
5 mL	basilic	1 c. à t.
2 mL	graines de céleri	½ c. à t.
1	os de jambon charnu	1
1,5 L	bouillon de légumes *ou* bouillon de poulet léger, chaud	6 tasses
500 mL	gombos frais, nettoyés et coupés en deux	2 tasses
	pincée de sucre	
	quelques gouttes de sauce Worcestershire	
	sel et poivre	

■ Faire chauffer l'huile dans une casserole. Ajouter céleri et oignon; cuire 5 minutes, à feu moyen.

■ Ajouter tomates, aromates, sucre et sauce Worcestershire. Saler, poivrer, mélanger et cuire 2 minutes.

■ Ajouter os de jambon et bouillon. Porter à ébullition.

■ Ajouter les gombos, remuer et continuer la cuisson 45 minutes, à feu moyen, en remuant de temps à autre.

■ Servir sur du riz cuit à la vapeur.

1 PORTION : 80 CALORIES 11 g GLUCIDES 2 g PROTÉINES 3 g LIPIDES 3,3 g FIBRES

CRÈME D'AUBERGINE

(POUR 4 À 6 PERSONNES)

30 mL	beurre	2 c. à s.
1	oignon, finement haché	1
1	courgette, en dés	1
45 mL	farine	3 c. à s.
1	aubergine moyenne, épluchée et en dés	1
2 mL	sucre	½ c. à t.
1 L	bouillon de poulet léger, chaud	4 tasses
125 mL	crème sure	½ tasse
	paprika	
	sel et poivre	

■ Faire fondre le beurre dans une casserole, à feu moyen. Ajouter oignon et courgette, couvrir et cuire 5 minutes, à feu doux.

■ Ajouter la farine et bien mélanger. Cuire 3 minutes, à feu doux.

■ Ajouter aubergine, sucre et bouillon de poulet. Saupoudrer de paprika, remuer et porter à ébullition. Cuire 45 minutes, à feu doux.

■ Forcer la soupe à travers une passoire. Saler, poivrer et ajouter la crème sure.

Note : ne pas remettre la soupe sur le feu après avoir ajouté la crème sure.

1 PORTION : 122 CALORIES 10 g GLUCIDES 2 g PROTÉINES 8 g LIPIDES 1,4 g FIBRES

1

Mettre oignon et courgette dans le beurre chaud. Couvrir et cuire 5 minutes, à feu doux.

2

Ajouter la farine, bien mélanger et cuire 3 minutes, à feu doux.

3

Ajouter aubergine et sucre.

Ajouter le bouillon de poulet. Saupoudrer de paprika.

Forcer la soupe à travers une passoire.

Ajouter la crème sure.

SOUPE SHE-CRABE À LA MODE

(POUR 4 À 6 PERSONNES)

30 mL	beurre	2 c. à s.
1	oignon, râpé	1
1	branche de céleri, râpée	1
1 mL	macis	¼ c. à t.
30 mL	farine	2 c. à s.
500 mL	lait	2 tasses
375 mL	chair de crabe, fraîche ou décongelée, émiettée	1½ tasse
125 mL	crème à 15%	½ tasse
30 mL	vin de xérès	2 c. à s.
	sel et poivre	

■ Faire chauffer le beurre dans une casserole, à feu moyen. Ajouter oignon, céleri et macis. Mélanger et cuire 6 minutes, à feu doux.

■ Saupoudrer de farine, bien mélanger et cuire 2 minutes. Saler, poivrer.

■ Incorporer le lait au fouet. Saler, poivrer et porter à ébullition. Cuire 8 minutes, à feu doux, en remuant de temps à autre.

■ Ajouter la chair de crabe et laisser mijoter 5 minutes.

■ Incorporer la crème et laisser mijoter 2 minutes.

■ Ajouter le vin, remuer et laisser mijoter 1 minute. Servir.

1 PORTION : 201 CALORIES 11 g GLUCIDES 12 g PROTÉINES
12 g LIPIDES 0 g FIBRES

SOUPE À LA COURGE ET AUX POMMES DE TERRE

(POUR 4 PERSONNES)

15 mL	beurre	1 c. à s.
1	oignon, émincé	1
2	échalotes sèches, épluchées et émincées	2
1 mL	thym	¼ c. à t.
1	feuille de laurier	1
5 mL	basilic	1 c. à t.
5 mL	graines de céleri	1 c. à t.
3	pommes de terre, épluchées et émincées	3
1,2 L	bouillon de légumes, chaud	5 tasses
1	courge d'été jaune, coupée en 2 en long et émincée	1
	sel et poivre	

■ Faire chauffer le beurre dans une casserole, à feu moyen. Ajouter oignon et échalotes. Cuire 7 minutes, à feu moyen, en mélangeant une fois durant la cuisson. Saler, poivrer.

■ Ajouter les épices et aromates. Bien mélanger. Ajouter pommes de terre et bouillon de légumes. Assaisonner au goût. Porter à ébullition et cuire 8 minutes, à feu moyen.

■ Ajouter la courge d'été, mélanger et poursuivre la cuisson 8 minutes. Servir.

1 PORTION : 183 CALORIES 35 g GLUCIDES 4 g PROTÉINES 3 g LIPIDES 1,1 g FIBRES

Soupe gombo au poulet

SOUPE GOMBO AU POULET

(POUR 6 À 8 PERSONNES)

2 kg	poulet, nettoyé	4½ lb
3 L	eau froide	12 tasses
1	gros oignon, en quartiers	1
2	carottes, épluchées et coupées en 2	2
2	branches de céleri, en gros dés	2
1	feuille de laurier	1
4	branches de persil	4
	sel et poivre	

■ Mettre le poulet dans une grande casserole. Recouvrir d'eau froide et porter à ébullition. Faire bouillir 8 à 10 minutes, à feu moyen. Écumer le liquide durant la cuisson.

■ Ajouter le reste des ingrédients. Saler, poivrer généreusement. Couvrir partiellement et cuire 1 heure et 15 minutes.

■ Dès que le poulet est cuit, le retirer de la casserole et le mettre de côté.

■ Prolonger la cuisson du liquide 20 minutes, à feu moyen. Passer le liquide et mettre de côté.

15 mL	beurre	1 c. à s.
1	gros oignon, en dés	1
2	carottes, épluchées et en dés	2
250 mL	maïs en grains	1 tasse
250 mL	petits pois surgelés	1 tasse
125 g	haricots verts, nettoyés et coupés en 3	¼ lb
12	gombos, nettoyés et coupés en 2	12
250 g	champignons, nettoyés et coupés en 2	½ lb
3	tomates, pelées et en dés	3
2 mL	basilic	½ c. à t.
	sel et poivre	

■ Faire fondre le beurre dans une grande casserole, à feu moyen. Ajouter oignon et carottes. Couvrir et cuire 5 minutes, sans brunir l'oignon.

■ Ajouter le reste des ingrédients et mélanger. Ajouter 1,6 à 1,7 L (6 à 7 tasses) du liquide de cuisson. Saler, poivrer et cuire 15 minutes, à feu moyen-doux. Remuer de temps à autre.

■ Retirer la peau du poulet et le désosser. Couper la chair en cubes et les mettre dans la soupe. Laisser mijoter 8 minutes, à feu doux. Servir.

1 PORTION : 196 CALORIES 27 g GLUCIDES 16 g PROTÉINES
3 g LIPIDES 9 g FIBRES

SOUPE AU CHOU-FLEUR

(POUR 4 À 6 PERSONNES)

45 mL	beurre	3 c. à s.
1	gros oignon, finement émincé	1
1	petit chou-fleur, en petites fleurettes	1
2 mL	basilic	½ c. à t.
3	branches de persil	3
45 mL	farine	3 c. à s.
1,5 L	bouillon de poulet, chaud	6 tasses
1	feuille de laurier	1
	sel et poivre	

■ Faire chauffer le beurre dans une grande casserole, à feu moyen. Ajouter l'oignon; couvrir partiellement et cuire 6 minutes, à feu doux.

■ Ajouter chou-fleur, basilic et persil. Saler, poivrer; couvrir partiellement et cuire 8 minutes, à feu doux.

■ Bien incorporer la farine et continuer la cuisson 2 minutes, sans couvrir.

■ Ajouter le bouillon de poulet et remuer. Ajouter la feuille de laurier et assaisonner au goût. Porter à ébullition; couvrir partiellement et cuire 25 minutes, à feu doux.

■ Passer la soupe au presse-purée ou réduire en purée au mélangeur avant de servir.

1 PORTION : 105 CALORIES 8 g GLUCIDES 2 g PROTÉINES
7 g LIPIDES 1,3 g FIBRES

POTAGE ST-GERMAIN

(POUR 6 À 8 PERSONNES)

15 mL	beurre	1 c. à s.
1	gros oignon, haché	1
2	branches de céleri, émincées	2
1	poivron vert, haché	1
500 mL	pois cassés verts, bien rincés	2 tasses
2,5 L	bouillon de poulet léger, chaud	10 tasses
5 mL	romarin frais haché	1 c. à t.
5 mL	thym frais haché	1 c. à t.
5 mL	livèche fraîche hachée	1 c. à t.
15 mL	persil frais haché	1 c. à s.
45 mL	crème à 35%	3 c. à s.
	sel et poivre	

■ Faire chauffer le beurre dans une grande casserole, à feu moyen. Ajouter oignon, céleri et poivron vert; couvrir et cuire 4 minutes.

■ Réduire l'élément à feu doux et continuer la cuisson 6 à 7 minutes.

■ Ajouter les pois cassés et assaisonner. Incorporer bouillon de poulet et aromates; poivrer généreusement. Couvrir partiellement et porter à ébullition, à feu moyen.

■ Réduire l'élément à feu moyen-doux et continuer la cuisson 1 heure 15 minutes à 1 heure 30 minutes.

■ Passer la soupe au presse-purée. Incorporer la crème. Servir.

1 PORTION : 123 CALORIES 16 g GLUCIDES 6 g PROTÉINES
4 g LIPIDES 0 g FIBRES

SOUPE À L'OIGNON AU GRATIN

(POUR 4 PERSONNES)

30 mL	beurre	2 c. à s.
3	gros oignons, finement émincés	3
250 mL	vin blanc sec	1 tasse
1,2 L	bouillon de bœuf, chaud	5 tasses
1	bouquet garni (thym, feuille de laurier, basilic et persil)	1
250 mL	fromage gruyère ou emmenthal râpé	1 tasse
	poivre de Cayenne	
	sel et poivre	
	tranches de baguette grillées	

■ Faire chauffer le beurre dans une casserole, à feu moyen. Ajouter les oignons et faire dorer 35 minutes, à feu moyen-doux. Mélanger plusieurs fois durant la cuisson. Ne pas laisser brûler les oignons.

■ Incorporer le vin et cuire 6 minutes, à feu vif.

■ Ajouter bouillon de bœuf, bouquet garni et poivre de Cayenne. Saler, poivrer, remuer et cuire 30 minutes, à feu moyen, sans couvrir.

■ Placer 30 mL (2 c. à s.) de fromage râpé au fond de chaque bol à soupe à l'épreuve de la chaleur. Ajouter la soupe à l'oignon, couronner de croûtons et recouvrir de fromage râpé.

■ Préchauffer le gril du four. Disposer les bols à soupe sur une plaque à l'épreuve de la chaleur et enfourner. Dorer 8 minutes. Servir.

1 PORTION : 258 CALORIES 15 g GLUCIDES 9 g PROTEINES
13 g LIPIDES 1,3 g FIBRES

Mettre les oignons dans le beurre chaud.

Faire dorer les oignons 35 minutes, sans les laisser brûler.

Incorporer le vin et cuire 6 minutes, à feu vif.

Ajouter bouillon de bœuf, bouquet garni et poivre de Cayenne. Saler, poivrer et continuer la cuisson.

Placer du fromage râpé au fond de chaque bol.

Verser la soupe dans les bols.

CRÈME D'OIGNONS VERTS

(POUR 4 À 6 PERSONNES)

45 mL	beurre	3 c. à s.
16	oignons verts, nettoyés et hachés	16
45 mL	farine	3 c. à s.
1,1 L	bouillon de poulet, chaud	4½ tasses
2	grosses pommes de terre, épluchées et émincées	2
2 mL	thym	½ c. à t.
5 mL	basilic	1 c. à t.
5 mL	estragon	1 c. à t.
15 mL	persil frais haché	1 c. à s.
	sel et poivre	

■ Faire fondre le beurre dans une casserole, à feu moyen. Ajouter les oignons verts et cuire 6 minutes, à feu doux.

■ Ajouter la farine, bien mélanger et cuire 1 minute.

■ Incorporer le bouillon de poulet au fouet. Ajouter pommes de terre et aromates. Saler, poivrer et cuire 30 minutes, à feu moyen-doux. Remuer de temps à autre durant la cuisson.

■ Retirer du feu. Forcer la soupe à travers une passoire à gros trous. Parsemer de persil haché. Servir.

1 PORTION : 96 CALORIES 7 g GLUCIDES 2 g PROTÉINES
7 g LIPIDES 1,5 g FIBRES

SOUPE AU BŒUF DES CAROLINES

(POUR 4 À 6 PERSONNES)

175 mL	haricots noirs secs	¾ tasse
1 L	eau froide	4 tasses
5 mL	huile d'olive	1 c. à t.
375 g	bout de côtes de bœuf, en morceaux	¾ lb
1	gros oignon, en dés	1
½	branche de céleri, en dés	½
1	gousse d'ail, épluchée	1
1	feuille de laurier	1
2 mL	basilic	½ c. à t.
15 mL	persil frais haché	1 c. à s.
1	grosse carotte, épluchée et en dés	1
	sel et poivre	

■ Mettre les haricots dans une casserole. Ajouter l'eau froide et porter à ébullition, à feu moyen. Faire bouillir 7 minutes. Retirer du feu et laisser reposer 1 heure.

■ Faire chauffer l'huile dans une grande casserole, à feu moyen. Ajouter la viande et saisir 4 minutes.

■ Ajouter oignon et céleri; bien mélanger et continuer la cuisson 4 minutes.

■ Ajouter ail, aromates et carotte. Égoutter les haricots et les ajouter à la casserole. Saler, poivrer. Ajouter 1,2 L (5 tasses) d'eau froide. Remuer et porter à ébullition. Couvrir partiellement et cuire 1 heure 30 minutes, à feu moyen. Remuer durant la cuisson.

1 PORTION : 219 CALORIES 9 g GLUCIDES 25 g PROTÉINES
9 g LIPIDES 3,2 g FIBRES

Bisque de Beaufort

BISQUE DE BEAUFORT

(POUR 4 À 6 PERSONNES)

150 g	pétoncles frais, lavés	1/3 lb
150 g	crevettes fraîches, décortiquées et nettoyées	1/3 lb
45 mL	beurre	3 c. à s.
1	petit oignon, finement haché	1
1/2	branche de céleri, en dés	1/2
45 mL	farine	3 c. à s.
750 mL	fumet de poisson *ou* bouillon de poulet léger, chaud	3 tasses
1 mL	fenouil moulu	1/4 c. à t.
250 mL	lait *ou* crème à 15%, chaud	1 tasse
50 mL	vin de xérès	1/4 tasse
5 mL	persil frais haché	1 c. à t.
	jus de citron	
	paprika	
	sel et poivre	

■ Mettre pétoncles et crevettes dans une grande sauteuse. Arroser de jus de citron et recouvrir d'eau. Placer une feuille de papier ciré sur les fruits de mer et porter à ébullition.

■ Dès que le liquide commence à bouillir, retirer la sauteuse du feu. Laisser reposer les fruits de mer 1 minute dans le liquide chaud.

■ Retirer les fruits de mer de la sauteuse à l'aide d'une écumoire et les mettre de côté. Réserver le liquide de cuisson.

■ Faire chauffer le beurre dans une casserole, à feu moyen. Ajouter oignon et céleri; cuire 4 minutes, à feu doux.

■ Saupoudrer de farine, mélanger et cuire 1 minute.

■ Incorporer au fouet le fumet de poisson ou le bouillon de volaille, ainsi que le liquide de cuisson réservé. Saler, poivrer et ajouter le fenouil. Cuire 8 minutes, à feu doux.

■ Incorporer le lait chaud et laisser mijoter 3 minutes.

■ Remettre les fruits de mer dans la sauce et laisser mijoter encore 2 minutes, à feu doux.

■ Ajouter le vin et laisser mijoter 2 minutes.

■ Parsemer de persil et saupoudrer de paprika. Servir.

---

1 PORTION : 185 CALORIES 9 g GLUCIDES 17 g PROTÉINES
9 g LIPIDES 0 g FIBRES

SANDWICHES ALI-CAT

(POUR 4 PERSONNES)

8	tranches de pain pumpernickel	8
8	fines tranches de porc cuit	8
8	tranches de fromage havarti	8
8	belles feuilles de laitue	8
50 mL	chutney aux pommes et aux raisins (page 92)	¼ tasse
	mayonnaise et moutarde au goût	

■ Tartiner chaque tranche de pain de mayonnaise et de moutarde.

■ Former les sandwiches en empilant une tranche de porc, une tranche de fromage et une feuille de laitue. Garnir de chutney. Répéter et couper les sandwiches en moitiés.

■ Accompagner de chips et de cornichons.

1 PORTION : 629 CALORIES 64 g GLUCIDES 28 g PROTÉINES 29 g LIPIDES 2,5 g FIBRES

SOUPE AUX LÉGUMES BREEZEWOOD

(POUR 6 PERSONNES)

15 mL	beurre	1 c. à s.
1	petit oignon, haché	1
1	grosse carotte, épluchée et en dés	1
1/4	chou, lavé et émincé	1/4
125 g	haricots verts frais, coupés en 3	1/4 lb
125 mL	maïs en grains, surgelé	1/2 tasse
125 mL	haricots noirs, cuits	1/2 tasse
50 mL	petits pois, surgelés	1/4 tasse
4	tranches de bœuf salé cuit, en dés (corned beef)	4
1 L	bouillon de bœuf, chaud	4 tasses
250 mL	jus de tomate	1 tasse
	quelques gouttes de sauce Worcestershire	
	sel et poivre	

■ Faire fondre le beurre dans une casserole de grandeur moyenne, à feu moyen. Ajouter oignon et carotte; couvrir et cuire 6 minutes, à feu doux.

■ Ajouter le chou, mélanger et continuer la cuisson 3 minutes.

■ Ajouter le reste des ingrédients et bien mélanger. Porter à ébullition et cuire 10 minutes, à feu moyen.

■ Servir avec du pain à l'ail.

1 PORTION : 136 CALORIES 14 g GLUCIDES 6 g PROTÉINES
6 g LIPIDES 4,2 g FIBRES

SOUPE AUX POIVRONS DE CHEZ WINDOW'S

(POUR 4 PERSONNES)

60 mL	beurre	4 c. à s.
1	oignon, émincé	1
1	échalote sèche, épluchée et émincée	1
15 mL	paprika	1 c. à s.
4	poivrons rouges, épépinés et émincés	4
2 mL	poivre de Cayenne	½ c. à t.
2 mL	thym	½ c. à t.
5 mL	basilic	1 c. à t.
5 mL	origan	1 c. à t.
65 mL	farine	4½ c. à s.
1,1 L	bouillon de poulet, chaud	4½ tasses
15 mL	pâte de tomates	1 c. à s.
30 mL	crème à 35%	2 c. à s.
	sel et poivre	

■ Faire chauffer le beurre dans une grande casserole. Ajouter oignon, échalote et paprika, mélanger et cuire 6 minutes, à feu doux.

■ Ajouter les poivrons. Saler, poivrer. Incorporer le reste des aromates, couvrir et cuire 20 minutes, à feu doux, en remuant de temps à autre.

■ Saupoudrer de farine, mélanger et prolonger la cuisson 2 minutes, sans couvrir.

■ Incorporer bouillon de poulet et pâte de tomates. Cuire 15 minutes, à feu moyen-doux.

■ Réduire la soupe en purée au robot culinaire. Verser dans une soupière. Incorporer la crème et servir.

1 PORTION : 209 CALORIES 16 g GLUCIDES 3 g PROTÉINES
15 g LIPIDES 1,4 g FIBRES

CRÈME À LA COURGE D'ÉTÉ

(POUR 4 À 6 PERSONNES)

60 mL	beurre	4 c. à s.
1	oignon, émincé	1
2	courges d'été jaunes, lavées et émincées	2
60 mL	farine	4 c. à s.
1,1 L	bouillon de poulet léger, chaud	4½ tasses
2 mL	thym	½ c. à t.
5 mL	basilic	1 c. à t.
2 mL	graines de céleri	½ c. à t.
1 mL	paprika	¼ c. à t.
	sel et poivre	

■ Faire fondre le beurre dans une casserole, à feu moyen. Ajouter l'oignon et cuire 3 minutes, à feu doux.

■ Ajouter les courges. Saler, poivrer. Couvrir et cuire 6 minutes, à feu doux.

■ Saupoudrer de farine et bien mélanger. Cuire 1 minute.

■ Incorporer bouillon de poulet, aromates et paprika. Rectifier l'assaisonnement et porter à ébullition. Cuire 20 minutes, à feu doux.

■ Forcer la soupe à travers une passoire. Servir.

1 PORTION : 133 CALORIES 9 g GLUCIDES 2 g PROTÉINES 10 g LIPIDES 1,4 g FIBRES

VICHYSSOISE

(POUR 4 À 6 PERSONNES)

15 mL	beurre	1 c. à s.
1	gros oignon, émincé	1
3	blancs de poireaux, lavés et émincés	3
3	branches de persil	3
2 mL	thym	½ c. à t.
5 mL	basilic	1 c. à t.
4	pommes de terre, épluchées et émincées	4
1 L	bouillon de poulet léger, chaud	4 tasses
125 mL	crème à 15%	½ tasse
	sel et poivre	

■ Faire chauffer le beurre dans une sauteuse, à feu moyen. Ajouter l'oignon et cuire 7 minutes, à feu doux, en mélangeant une fois durant la cuisson.

■ Ajouter poireaux et aromates, couvrir et cuire 7 minutes, à feu doux.

■ Ajouter le reste des ingrédients, sauf la crème. Saler, poivrer, mélanger et faire cuire 30 minutes. Remuer de temps à autre durant la cuisson.

■ Passer la soupe au presse-purée. Incorporer la crème et réfrigérer pour refroidir.

■ Servir la vichyssoise froide et, si désiré, garnir de ciboulette fraîche hachée.

1 PORTION : 276 CALORIES 40 g GLUCIDES 5 g PROTÉINES
11 g LIPIDES 5,0 g FIBRES

1

Faire cuire l'oignon dans le beurre chaud.

2

Ajouter poireaux et aromate; couvrir et continuer la cuisson, à feu doux.

3

Ajouter les pommes de terre.

Ajouter le bouillon de poulet. Saler, poivrer, mélanger et cuire 30 minutes.

Passer la soupe au presse-purée.

Incorporer la crème et réfrigérer.

CHUTNEY AUX POMMES ET AUX RAISINS

(POUR 10 PERSONNES)

175 mL	vinaigre blanc	¾ tasse
5	pommes pelées, évidées et émincées	5
150 mL	cassonade	⅔ tasse
50 mL	zeste de citron, haché	¼ tasse
50 mL	zeste d'orange, haché	¼ tasse
125 mL	gingembre confit, haché	½ tasse
50 mL	raisins verts sans pépins, émincés	¼ tasse
1	gousse d'ail, épluchée, écrasée et hachée	1
1	mangue, pelée et émincée	1
1 mL	graines de moutarde	¼ c. à t.
1 mL	gingembre en poudre	¼ c. à t.
	sel et poivre	

■ Verser le vinaigre dans une casserole et porter à ébullition, à feu moyen. Ajouter les pommes. Couvrir partiellement et cuire 5 minutes.

■ Incorporer le reste des ingrédients. Couvrir partiellement et cuire 13 minutes, en remuant plusieurs fois durant la cuisson.

■ Laisser refroidir. Servir avec une viande ou utiliser comme sauce dans les sandwiches.

1 PORTION : 123 CALORIES 31 g GLUCIDES 0 g PROTÉINES
0 g LIPIDES 1,7 g FIBRES

DEMI-POULETS BARBECUE

(POUR 4 PERSONNES)

2	poulets de 1,2 kg (2½ lb) chacun, coupés en moitiés	2
2	portions de Sauce barbecue épaisse (page 137)	2
1	citron, coupé en deux	1
	huile	
	sel et poivre du moulin	

■ Préchauffer le four à 190 °C (375 °F).

■ Ne pas enlever la peau des poulets.

■ Placer les demi-poulets dans un plat à rôtir. Saler, poivrer. Frotter la peau avec les demi-citrons, puis la badigeonner d'huile. Faire cuire 20 minutes au four.

■ Préchauffer le gril à feu moyen.

■ Huiler la grille. Retirer les demi-poulets du plat à rôtir et les placer sur la grille chaude, l'os vers le bas. Badigeonner de sauce barbecue, couvrir et cuire 10 à 12 minutes.

■ Retourner le poulet, badigeonner, couvrir et continuer la cuisson 10 à 12 minutes.

■ Servir avec une salade et des légumes grillés.

1 PORTION : 484 CALORIES 3 g GLUCIDES 70 g PROTÉINES
20 g LIPIDES 0 g FIBRES

FARCE POUR LA DINDE

250 mL	riz à grains longs	1 tasse
500 mL	eau froide	2 tasses
5 mL	sel	1 c. à t.
90 mL	beurre	6 c. à s.
1	oignon, finement haché	1
1	grosse branche de céleri, finement hachée	1
30 mL	persil haché	2 c. à s.
2 mL	sauge	½ c. à t.
2 mL	thym	½ c. à t.
2	œufs, bien battus	2
4	tranches de pain blanc écroûtées, en cubes, trempées dans le lait	4
500 mL	marrons en conserve, bien égouttés et hachés	2 tasses
5 mL	poivre noir du moulin	1 c. à t.
	sel	

■ Étaler le riz dans une poêle à frire et brunir à feu doux.

■ Verser l'eau dans une casserole et saler. Verser le riz bruni dans la casserole et porter à ébullition. Couvrir et cuire, à feu très doux, 15 minutes.

■ Faire fondre, à feu doux, le beurre dans une casserole. Ajouter oignon, céleri, persil, sauge et thym. Mélanger et cuire, à feu doux, 4 minutes.

■ Retirer du feu. Ajouter œufs, pain bien égoutté, marrons, poivre, sel et riz. Bien mélanger. Farcir la dinde.

1 RECETTE : 2097 CALORIES 288 g GLUCIDES 36 g PROTÉINES 89 g LIPIDES 8,8 g FIBRES

POULET RÔTI À LA SAUCE AUX CHAMPIGNONS

(POUR 4 PERSONNES)

1	poulet de 1,6 kg (3½ lb), nettoyé et ficelé	1
30 mL	beurre fondu	2 c. à s.
1	oignon, finement haché	1
250 g	champignons frais, nettoyés et en dés	½ lb
5 mL	persil haché	1 c. à t.
2 mL	estragon	½ c. à t.
375 mL	bouillon de bœuf, chaud	1½ tasse
15 mL	pâte de tomates	1 c. à s.
15 mL	fécule de maïs	1 c. à s.
45 mL	eau froide	3 c. à s.
	jus de 1 citron	
	sel et poivre	

- Préchauffer le four à 220 °C (425 °F).
- Placer le poulet dans un plat à rôtir. Saler, poivrer et badigeonner de beurre fondu. Arroser de jus de citron et cuire 30 minutes au four.
- Réduire le four à 180 °C (350 °F) et continuer la cuisson 1 heure 15 minutes.
- Pour vérifier si le poulet est cuit, le piquer au creux de la cuisse. Le liquide qui s'en écoule doit être clair et non rosé.
- Retirer le poulet cuit du plat et le mettre de côté. Retirer les ⅔ de la graisse qui se trouvent au fond du plat. Placer le plat à feu vif, ajouter l'oignon et cuire 3 minutes, en remuant fréquemment.
- Ajouter champignons et aromates, bien mélanger et cuire 4 minutes, à feu vif.
- Ajouter bouillon de bœuf et pâte de tomates; remuer et prolonger la cuisson 3 minutes.
- Délayer la fécule de maïs dans l'eau froide. Incorporer à la sauce et cuire 1 minute.
- Servir le poulet avec la sauce. Accompagner de pommes de terre rôties.

1 PORTION : 451 CALORIES 8 g GLUCIDES 62 g PROTÉINES
19 g LIPIDES 1,9 g FIBRES

1

Badigeonner le poulet de beurre fondu.

2

Retirer le poulet cuit du plat. Enlever les ⅔ de la graisse qui se trouvent au fond du plat.

3

Placer le plat à feu vif, ajouter l'oignon et cuire 3 minutes, en remuant fréquemment.

4

Ajouter champignons et aromates, bien mélanger et cuire 4 minutes, à feu vif.

5

Ajouter bouillon de bœuf et pâte de tomates; remuer et prolonger la cuisson 3 minutes.

6

Incorporer la fécule de maïs délayé à la sauce.

SAUCE POUR VIANDE ET VOLAILLE

(POUR 4 À 5 PERSONNES)

40 mL	beurre	2½ c. à s.
500 g	champignons frais, nettoyés et tranchés épais	1 lb
2	échalotes sèches, épluchées et finement hachées	2
15 mL	persil haché	1 c. à s.
2 mL	origan	½ c. à t.
250 mL	vin blanc sec	1 tasse
375 mL	bouillon de bœuf, chaud	1½ tasse
25 mL	pâte de tomates	1½ c. à s.
25 mL	fécule de maïs	1½ c. à s.
45 mL	eau froide	3 c. à s.
45 mL	crème à 35% (facultatif)	3 c. à s.
	quelques gouttes de sauce Worcestershire	
	quelques gouttes de sauce tabasco	
	sel et poivre	

■ Faire chauffer, à feu moyen, le beurre dans une sauteuse. Ajouter champignons, échalotes et aromates; cuire 10 minutes. Saler, poivrer.

■ Ajouter le vin blanc et continuer la cuisson 4 minutes, à feu vif.

■ Incorporer bouillon de bœuf, pâte de tomates, sauces Worcestershire et tabasco. Bien remuer et cuire 8 à 10 minutes, à feu doux.

■ Délayer la fécule de maïs dans l'eau. Incorporer le mélange à la sauce et cuire 2 minutes.

■ Si désiré, ajouter la crème et prolonger la cuisson 2 minutes.

■ Servir avec une viande rouge, de la volaille, du veau ou de l'agneau.

1 PORTION : 138 CALORIES 11 g GLUCIDES 3 g PROTÉINES 9 g LIPIDES 2,7 g FIBRES

POULET RÔTI AU FOUR

(POUR 4 PERSONNES)

45 mL	beurre fondu	3 c. à s.
45 mL	huile d'olive	3 c. à s.
2	échalotes sèches, épluchées et hachées	2
30 mL	persil haché	2 c. à s.
2	gousses d'ail, épluchées, écrasées et hachées	2
1 mL	piments rouges séchés broyés	1/4 c. à t.
1,6 kg	poulet, nettoyé et coupé en 8 morceaux	3 1/2 lb
	jus de 1 citron	
	sel et poivre	

■ Préchauffer le four à 180 °C (350 °F).

■ Incorporer beurre fondu et huile dans un petit bol; mettre de côté.

■ Mélanger échalotes, persil, ail et piments broyés dans un mortier. Arroser de jus de citron et mélanger de nouveau. Ajouter la moitié du mélange à l'huile et bien incorporer. Mettre de côté.

■ Saler, poivrer les morceaux de poulet et les badigeonner avec le reste du mélange à l'huile. Placer les morceaux de poulet dans un plat à rôtir, la peau contre le fond du plat.

■ Régler le four à GRIL. Placer le poulet à 15 cm (6 po) de l'élément supérieur et cuire 8 minutes.

■ Badigeonner et retourner les morceaux de poulet; continuer la cuisson 8 minutes. Retourner les morceaux de poulet et régler le four à 180 °C (350 °F). Continuer la cuisson 10 minutes, en badigeonnant souvent.

■ Étaler ensuite le mélange à l'ail sur le poulet, arroser du jus de cuisson et continuer la cuisson 5 minutes. Servir.

1 PORTION : 516 CALORIES 5 g GLUCIDES 61 g PROTÉINES
28 g LIPIDES 0 g FIBRES

FILETS DE PORC AU XÉRÈS

(POUR 4 PERSONNES)

2	petits filets de porc, dégraissés et en tranches de 1,2 cm (1/2 po) d'épaisseur	2
45 mL	vin de xérès sec	3 c. à s.
30 mL	fécule de maïs	2 c. à s.
15 mL	sauce soya	1 c. à s.
15 mL	gingembre frais haché	1 c. à s.
15 mL	huile d'olive	1 c. à s.
30 mL	huile végétale	2 c. à s.
12	gros champignons frais, nettoyés et coupés en 3	12
1	gros poivron vert, en lanières épaisses	1
1	branche de céleri, finement émincée	1
1	pomme, en sections	1
200 g	pousses de bambou émincées, bien égouttées	6 oz
	jus de 1/2 citron	
	sel et poivre	

■ Mettre le porc dans un grand bol. Ajouter vin, fécule de maïs, sauce soya, gingembre, huile d'olive et jus de citron. Saler, poivrer; laisser mariner 30 minutes.

■ Faire chauffer 15 mL (1 c. à s.) d'huile végétale dans une grande poêle à frire, à feu vif. Ajouter la moitié de la viande et saisir 3 minutes. Retirer la viande de la poêle et mettre de côté. Saisir le reste de la viande dans la poêle chaude. Retirer et mettre de côté.

■ Mettre champignons, poivron et céleri dans la poêle chaude; cuire 3 minutes, à feu moyen-vif.

■ Ajouter 15 mL (1 c. à s.) d'huile végétale et mélanger. Ajouter pomme et pousses de bambou. Rectifier l'assaisonnement et cuire 3 à 4 minutes, à feu vif.

■ Remettre le porc dans la sauce, réchauffer 30 secondes et servir.

1 PORTION : 327 CALORIES 14 g GLUCIDES 38 g PROTÉINES
13 g LIPIDES 2,5 g FIBRES

Filets de porc au xérès

LONGE DE VEAU RÔTIE

(POUR 4 PERSONNES)

15 mL	huile d'olive	1 c. à s.
750 g	longe de veau désossée	1 1/2 lb
5 mL	beurre	1 c. à t.
1	oignon, finement haché	1
1/2	branche de céleri, en dés	1/2
2 mL	basilic	1/2 c. à t.
2 mL	estragon	1/2 c. à t.
15 mL	persil haché	1 c. à s.
250 mL	vin blanc sec	1 tasse
300 mL	bouillon de poulet, chaud	1 1/4 tasse
15 mL	fécule de maïs	1 c. à s.
45 mL	eau froide	3 c. à s.
	sel et poivre	

■ Préchauffer le four à 190 °C (375 °F).

■ Faire chauffer, à feu vif, l'huile dans une poêle en fonte. Ajouter le veau et saisir des deux côtés. Placer la viande dans un plat à rôtir.

■ Saler, poivrer. Badigeonner le dessus de beurre et cuire au four, en comptant 20 minutes par 500 g (1 lb).

■ Retirer la viande cuite du plat et tenir au chaud.

■ Placer le plat à rôtir à feu vif. Ajouter oignon, céleri et aromates. Saler, poivrer et cuire 3 minutes.

■ Incorporer le vin et continuer la cuisson 5 minutes, à feu vif.

■ Incorporer le bouillon de poulet et porter à ébullition.

■ Délayer la fécule de maïs dans l'eau froide. Incorporer à la sauce, bien remuer et cuire 2 minutes.

■ Passer la sauce et servir avec le rôti.

1 PORTION : 455 CALORIES 5 g GLUCIDES 42 g PROTÉINES
25 g LIPIDES 0 g FIBRES

1

Présentation de la longe de veau désossée.

2

Saisir la viande des deux côtés dans une poêle en fonte, à feu vif.

3

Placer la viande dans un plat à rôtir. Badigeonner le dessus de beurre et cuire au four.

Retirer le veau cuit du plat à rôtir. Ajouter oignon, céleri et aromates au jus de cuisson. Assaisonner et cuire 3 minutes.

Incorporer le vin et continuer la cuisson. Incorporer le bouillon de poulet et porter à ébullition.

Passer la sauce et servir avec le rôti.

BROCHETTES DE BŒUF AUX LÉGUMES

(POUR 4 PERSONNES)

750 g	steak de surlonge, en cubes	1½ lb
30 mL	sauce tériyaki	2 c. à s.
30 mL	vinaigre de vin	2 c. à s.
2	gousses d'ail, blanchies, épluchées et hachées	2
15 mL	gingembre frais haché	1 c. à s.
1 mL	poivre noir	¼ c. à t.
8	grosses échalotes sèches, épluchées et blanchies	8
2	branches de chou chinois, en morceaux de 2,5 cm (1 po)	2
1	courge d'été jaune, coupée en 2 en long et tranchée en demi-rondelles	1
4	piments verts forts	4
	jus de 1 citron	
	sel	

■ Mettre la viande dans un bol. Ajouter sauce tériyaki, vinaigre de vin, ail, gingembre, jus de citron et poivre noir. Bien mélanger et laisser mariner 1 heure.

■ Préchauffer le gril à feu vif.

■ Sur des brochettes enfiler, en alternant, viande, échalotes, chou chinois et courge d'été. Répéter pour remplir complètement les brochettes et finir avec un piment fort. Badigeonner de marinade.

■ Huiler la grille. Placer les brochettes sur la grille chaude. Cuire, sans couvrir, 2 minutes de chaque côté. Assaisonner au goût et badigeonner de marinade durant la cuisson.

■ Accompagner de légumes.

1 PORTION : 323 CALORIES 13 g GLUCIDES 47 g PROTÉINES 9 g LIPIDES 2,3 g FIBRES

CREVETTES ET OIGNON ROUGE EN BROCHETTES

(POUR 4 PERSONNES)

30 g	poivrons doux rôtis, en purée	1 oz
30 mL	huile d'olive	2 c. à s.
30 mL	jus de citron	2 c. à s.
2 mL	poivre de Cayenne	½ c. à t.
2	gousses d'ail, blanchies, épluchées et en purée	2
5 mL	graines de fenouil	1 c. à t.
2 mL	poivre noir	½ c. à t.
24	grosses crevettes, décortiquées et nettoyées	24
1	gros oignon rouge, en sections	1
	sel et poivre	

■ Bien mélanger tous les ingrédients, sauf crevettes et oignon, dans un bol.

■ Mettre les crevettes dans un bol. Ajouter la marinade, mélanger et laisser reposer environ 1 heure.

■ Préchauffer le gril à feu moyen.

■ Sur des brochettes enfiler, en alternant, crevettes et oignon.

■ Huiler la grille. Placer les brochettes sur la grille chaude. Couvrir et cuire 3 à 4 minutes de chaque côté. Assaisonner au goût et badigeonner durant la cuisson.

■ Accompagner d'une salade ou d'un riz.

1 PORTION : 80 CALORIES 3 g GLUCIDES 11 g PROTÉINES 3 g LIPIDES 0 g FIBRES

RÔTI DE RONDE DE BŒUF

(POUR 4 À 6 PERSONNES)

2 mL	poivre noir	1/2 c. à t.
1 mL	poivre de Cayenne	1/4 c. à t.
2 mL	clous de girofle	1/2 c. à t.
5 mL	thym	1 c. à t.
5 mL	basilic	1 c. à t.
2	gousses d'ail, blanchies, épluchées et en purée	2
2,3 kg	rôti de ronde de bœuf désossé	5 lb
30 mL	huile d'olive	2 c. à s.
2	oignons, en dés	2
1	branche de céleri, en dés	1
45 mL	farine	3 c. à s.
375 mL	bouillon de bœuf, chaud	1 1/2 tasse
45 mL	pâte de tomates	3 c. à s.
125 mL	vin de xérès	1/2 tasse
	sel	

■ Préchauffer le four à 180 °C (350 °F).

■ Mettre épices, ail et aromates dans un petit bol; bien mélanger.

■ Pratiquer de profondes incisions dans le rôti et y insérer le mélange aux épices.

■ Verser l'huile dans une grande casserole allant au four et faire chauffer, à feu moyen. Ajouter le rôti et le saisir sur tous les côtés. Saler, poivrer. Retirer et mettre de côté.

■ Mettre les légumes dans la casserole chaude et cuire 5 minutes.

■ Ajouter la farine, bien mélanger et dorer 5 minutes, à feu doux.

■ Incorporer bouillon de bœuf et pâte de tomates. Bien remuer et ajouter le rôti. Saler, couvrir et cuire au four, 2 heures 30 minutes ou 3 heures.

■ Quinze minutes avant la fin de la cuisson, ajouter le vin de xérès.

■ Servir avec des légumes.

1 PORTION : 521 CALORIES 9 g GLUCIDES 73 g PROTÉINES
19 g LIPIDES 0 g FIBRES

1

Mettre épices, ail et aromates dans un petit bol; bien mélanger.

2

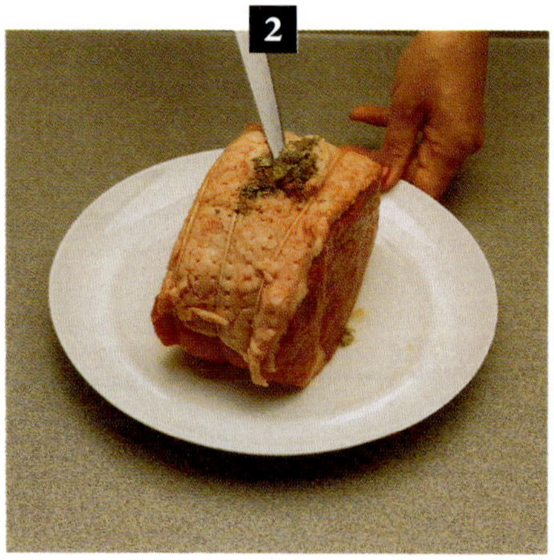

Pratiquer de profondes incisions dans le rôti et y insérer le mélange aux épices.

3

Saisir le rôti dans l'huile chaude. Saler, poivrer.

4

Retirer le rôti du plat.

5

Mettre les légumes dans la casserole chaude et cuire 5 minutes.

6

Ajouter la farine, bien mélanger et dorer 5 minutes, à feu doux.

CÔTES LEVÉES AU WHISKY

(POUR 6 À 8 PERSONNES)

3,6 kg	côtes levées de porc	8 lb
5 mL	poivre noir	1 c. à t.
5 mL	paprika	1 c. à t.
5 mL	poivre de Cayenne	1 c. à t.
5 mL	thym	1 c. à t.
5 mL	basilic	1 c. à t.
4	gousses d'ail, blanchies, épluchées et en purée	4
125 mL	concentré de fumée hickory liquide	½ tasse
30 mL	huile d'olive	2 c. à s.

Sauce

45 mL	beurre	3 c. à s.
1	branche de céleri, hachée	1
1	gros oignon, haché	1
2	gousses d'ail, épluchées, écrasées et hachées	2
60 mL	farine	4 c. à s.
750 mL	bouillon de bœuf, chaud	3 tasses
50 mL	vinaigre	¼ tasse
156 mL	pâte de tomates	5½ oz
50 mL	cassonade	¼ tasse
45 mL	whisky	3 c. à s.
	sel et poivre	

■ Plonger les côtes de porc dans l'eau bouillante et cuire 18 minutes. Retirer et assécher.

■ Mélanger le reste des ingrédients, sauf ceux de la sauce, dans un bol. En badigeonner les côtes de porc et laisser mariner 15 minutes.

■ Préchauffer le four à 180 °C (350 °F).

■ Pour préparer la sauce, faire chauffer, à feu moyen, le beurre dans une casserole. Ajouter légumes et ail; cuire 6 minutes.

■ Ajouter la farine, bien mélanger et cuire, à feu doux, 5 minutes.

(suite)

1

Faire cuire les côtes de porc dans l'eau bouillante.

2

Badigeonner les côtes de porc de marinade.

3

Pour faire la sauce, mettre légumes et ail dans le beurre chaud et cuire 6 minutes.

■ Incorporer bouillon de bœuf, vinaigre, pâte de tomates et cassonade. Bien mélanger et assaisonner au goût. Cuire 16 minutes, à feu doux.

■ Incorporer le whisky.

■ Placer les côtes de porc dans un plat à gratin, recouvrir de sauce et cuire 45 minutes, au four. Retourner deux fois durant la cuisson.

■ Servir.

1 PORTION :	954 CALORIES	18 g GLUCIDES	108 g PROTÉINES
	50 g LIPIDES	0 g FIBRES	

4

Ajouter la farine, bien mélanger et cuire, à feu doux, 5 minutes.

5

Incorporer bouillon de bœuf et vinaigre.

6

Ajouter pâte de tomates et cassonade.

CÔTELETTES D'AGNEAU PARFUMÉES

(POUR 4 PERSONNES)

1,5 mL	gingembre moulu	1/3 c. à t.
1 mL	quatre-épices moulu	1/4 c. à t.
5 mL	cari	1 c. à t.
5 mL	origan	1 c. à t.
250 mL	sauce tomate	1 tasse
45 mL	vinaigre de cidre	3 c. à s.
3	gousses d'ail, épluchées, écrasées et hachées	3
8	côtelettes d'agneau de 2,5 cm (1 po) d'épaisseur, dégraissées	8
	sel et poivre	

■ Mettre tous les ingrédients, sauf la viande, dans une casserole et faire bouillir 10 minutes.

■ Placer les côtelettes dans un plat creux. Les couvrir de sauce et faire mariner 1 heure.

■ Préchauffer le gril à feu moyen-élevé.

■ Huiler la grille et placer les côtelettes sur la grille chaude. Couvrir et cuire 6 à 7 minutes de chaque côté. Badigeonner de marinade durant la cuisson et bien assaisonner.

1 PORTION : 430 CALORIES 5 g GLUCIDES 56 g PROTÉINES 21 g LIPIDES 0 g FIBRES

MARINADE POUR STEAKS

4	gousses d'ail, épluchées, écrasées et hachées	4
45 mL	huile d'olive	3 c. à s.
45 mL	sauce tériyaki	3 c. à s.
	quelques gouttes d'huile de sésame	
	jus de 1 citron	
	poivre du moulin	

■ Mettre tous les ingrédients dans un bol et bien mélanger.

■ Étaler le mélange sur les deux côtés des steaks. Placer les steaks côte à côte dans un grand plat et les recouvrir d'une pellicule plastique. Réfrigérer 3 heures.

■ Faire griller ou cuire les steaks à la poêle.

Note : cette marinade est de quantité suffisante pour 4 steaks.

1 RECETTE : 401 CALORIES 6 g GLUCIDES 1 g PROTÉINES 42 g LIPIDES 0 g FIBRES

ÉPIS DE MAÏS GRILLÉS

(POUR 4 À 12 PERSONNES)

4 à 12	épis de maïs
	beurre mou
	sel

■ Choisir de beaux épis de maïs frais. Ne pas enlever les feuilles vertes. Placer les épis dans l'eau froide. Laisser tremper 7 à 8 minutes.

■ Préchauffer le gril à feu moyen.

■ Placer les épis sur la grille chaude. Couvrir et cuire 10 minutes. Retourner 3 fois durant la cuisson.

■ Servir avec du beurre et du sel.

1 PORTION : 123 CALORIES 19 g GLUCIDES 2 g PROTÉINES
4 g LIPIDES 3,6 g FIBRES

CÔTES LEVÉES BARBECUE

(POUR 4 PERSONNES)

30 mL	huile d'olive	2 c. à s.
1	gros oignon, haché	1
3	gousses d'ail, épluchées, écrasées et hachées	3
75 mL	vinaigre de cidre	1/3 tasse
156 mL	pâte de tomates	5 1/2 oz
60 mL	miel	4 c. à s.
2 mL	thym	1/2 c. à t.
2 mL	basilic	1/2 c. à t.
50 mL	sauce Worcestershire	1/4 tasse
125 mL	bouillon de bœuf, chaud	1/2 tasse
1,8 kg	côtes levées de porc	4 lb
	sel et poivre	

■ Faire chauffer l'huile dans une sauteuse, à feu moyen. Ajouter oignon et ail et cuire 5 minutes, à feu doux.

■ Ajouter le vinaigre de cidre et cuire 3 minutes, à feu vif.

■ Ajouter pâte de tomates, miel, épices, sauce Worcestershire et bouillon de bœuf. Bien remuer et continuer la cuisson 12 minutes, à feu moyen.

■ Verser la sauce sur les côtes de porc et laisser mariner 15 minutes.

■ Préchauffer le four à 190 °C (375 °F).

■ Placer les côtes de porc, le gras en haut, dans une poêle à frire allant au four. Bien badigeonner de marinade, assaisonner et cuire 1 heure, au four. À toutes les 10 minutes, badigeonner les côtes de marinade.

Si, durant la cuisson, la sauce adhère à la poêle, verser un peu d'eau au fond de la poêle.

1 PORTION : 843 CALORIES 28 g GLUCIDES 95 g PROTÉINES
39 g LIPIDES 0 g FIBRES

FILETS DE PORC FARCIS GRILLÉS

(POUR 4 PERSONNES)

Farce

45 mL	beurre	3 c. à s.
½	branche de céleri, en dés	½
½	oignon, haché	½
2 mL	romarin	½ c. à t.
15 mL	basilic frais, haché	1 c. à s.
6	champignons, nettoyés et hachés	6
30 mL	madère	2 c. à s.
125 mL	chapelure	½ tasse
	sel et poivre	

■ Faire chauffer, à feu moyen, le beurre dans une poêle à frire. Ajouter céleri et oignon, et cuire, à feu doux, 5 minutes.

■ Ajouter les aromates, saler, poivrer et cuire, à feu moyen, 2 minutes.

■ Ajouter les champignons et cuire 4 minutes.

■ Incorporer le madère et continuer la cuisson 2 minutes.

■ Ajouter la chapelure, bien mélanger et cuire 1 minute. Retirer du feu. Verser dans le bol du robot culinaire et mélanger 30 secondes.

2	filets de porc moyens, dégraissés	2
15 mL	huile d'olive	1 c. à s.
5 mL	sauce tériyaki	1 c. à t.
	jus de 1 citron	
	poivre du moulin	

■ Couper chaque filet de porc en deux, aux ¾ de leur épaisseur.

■ Ouvrir les filets en éventail, les placer entre deux feuilles de papier ciré et les aplatir au maillet.

■ Farcir les filets de porc, les rouler et les ficeler.

■ Mélanger huile, sauce tériyaki, jus de citron et poivre. Badigeonner les filets de ce mélange.

■ Préchauffer le gril à feu moyen.

■ Huiler la grille. Placer les filets sur la grille chaude. Couvrir et cuire 30 minutes. Assaisonner au goût. Retourner les filets 2 à 3 fois durant la cuisson et badigeonner 5 à 6 fois du mélange à l'huile.

■ Accompagner de patates douces et de pommes de terre nouvelles.

1 PORTION : 371 CALORIES 11 g GLUCIDES 38 g PROTÉINES
19 g LIPIDES 1,4 g FIBRES

1

Mettre céleri et oignon dans le beurre chaud et cuire, à feu doux, 5 minutes.

2

Ajouter les aromates, saler, poivrer, et cuire, à feu moyen, 2 minutes.

3

Ajouter les champignons et cuire 4 minutes. Incorporer le madère et continuer la cuisson 2 minutes. Ajouter la chapelure, bien mélanger, et cuire 1 minute.

4

Couper le filet de porc en deux, aux ¾ de son épaisseur.

5

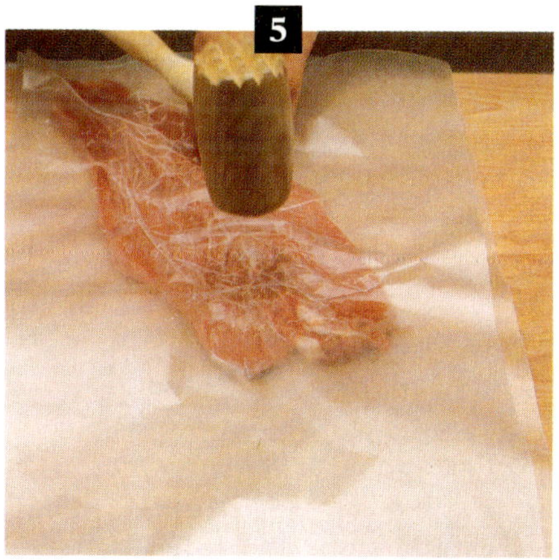

Ouvrir le filet en éventail, le placer entre deux feuilles de papier ciré et l'aplatir au maillet.

6

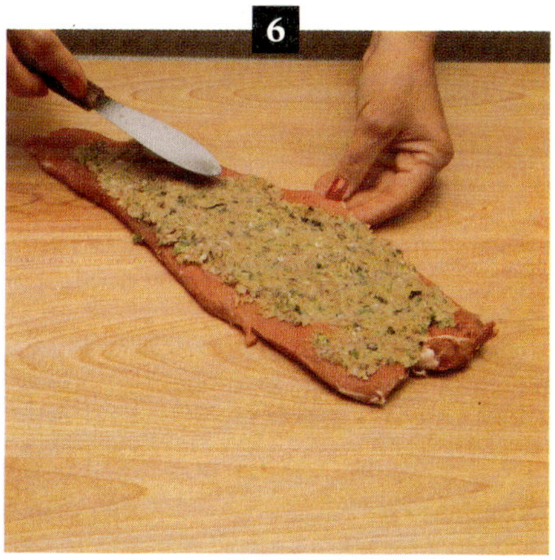

Farcir le filet de porc.

1

2

3

SAUCE BARBECUE #1

(POUR UNE PIECE DE VIANDE DE 2,3 À 2,7 KG [5 À 6 LB])

45 mL	beurre	3 c. à s.
1	gros oignon, finement haché	1
3	oignons verts, hachés	3
3	gousses d'ail, épluchées, écrasées et hachées	3
250 mL	vinaigre de vin blanc	1 tasse
250 mL	eau	1 tasse
125 mL	ketchup	½ tasse
50 mL	jus de limette	¼ tasse
50 mL	cassonade	¼ tasse
30 mL	sauce chili	2 c. à s.
15 mL	moutarde en poudre	1 c. à s.
30 mL	sauce Worcestershire	2 c. à s.
2 mL	poivre de Cayenne	½ c. à t.
5 mL	poivre noir	1 c. à t.
5 mL	thym	1 c. à t.
5 mL	basilic	1 c. à t.
5 mL	origan	1 c. à t.
	sel	

■ Faire chauffer le beurre dans une casserole, à feu moyen. Ajouter oignons et ail. Cuire 5 minutes, à feu doux, sans brunir.

■ Ajouter le reste des ingrédients, bien mélanger et porter à ébullition. Poursuivre la cuisson 18 minutes, à feu doux.

1 RECETTE : 707 CALORIES 89 g GLUCIDES 7 g PROTÉINES
36 g LIPIDES 3,0 g FIBRES

SAUCE BARBECUE #2

(POUR UNE PIECE DE VIANDE DE 2,3 À 2,7 KG [5 À 6 LB])

60 mL	beurre	4 c. à s.
1	gros oignon, finement haché	1
5	gousses d'ail, épluchées, écrasées et hachées	5
250 mL	vin blanc sec	1 tasse
15 mL	cassonade	1 c. à s.
250 mL	sauce tomate	1 tasse
125 mL	ketchup	1/2 tasse
15 mL	raifort	1 c. à s.
10 mL	moutarde en poudre	2 c. à t.
30 mL	chili, en poudre	2 c. à s.
2 mL	poivre de Cayenne	1/2 c. à t.
2 mL	poivre noir	1/2 c. à t.
5 mL	sel de céleri	1 c. à t.
	sel	

■ Faire chauffer, à feu moyen, le beurre dans une casserole. Ajouter oignon et ail. Cuire 6 minutes, à feu doux.

■ Incorporer le vin et cuire, à feu vif, 2 minutes.

■ Ajouter le reste des ingrédients et porter à ébullition. Cuire, à feu doux, 18 minutes.

1 RECETTE : 1055 CALORIES 80 g GLUCIDES 9 g PROTÉINES 61 g LIPIDES 1,8 g FIBRES

SAUCE BARBECUE #3

(POUR UNE PIECE DE VIANDE DE 2,3 À 2,7 KG [5 À 6 LB])

1	poivron rouge	1
1	piment vert fort	1
60 mL	beurre	4 c. à s.
1	gros oignon rouge, finement haché	1
3	échalotes sèches, épluchées et hachées	3
4	gousses d'ail, épluchées, écrasées et hachées	4
250 mL	vinaigre blanc	1 tasse
250 mL	eau	1 tasse
50 mL	miel	1/4 tasse
125 mL	sauce chili	1/2 tasse
15 mL	chili, en poudre	1 c. à s.
5 mL	origan	1 c. à t.
5 mL	basilic	1 c. à t.
2	feuilles de laurier, broyées	2
2 mL	poivre de Cayenne	1/2 c. à t.
5 mL	poivre noir	1 c. à t.
30 mL	jus de limette	2 c. à s.
125 mL	noix de pecan hachées	1/2 tasse
	sel	

■ Réduire poivron et piment en purée, au robot culinaire. Mettre de côté.

■ Faire chauffer, à feu moyen, le beurre dans une casserole. Ajouter oignon, échalotes et ail. Cuire, à feu doux, 6 minutes, sans brunir.

■ Incorporer le vinaigre. Porter à ébullition à feu moyen et cuire 3 minutes.

■ Ajouter le reste des ingrédients, sauf les noix de pecan et la purée de piment et de poivron. Corriger l'assaisonnement et porter à ébullition. Continuer la cuisson 13 minutes, à feu doux.

■ Ajouter noix de pecan et purée de piment et de poivron, mélanger et prolonger la cuisson 5 minutes.

1 RECETTE : 1333 CALORIES 85 g GLUCIDES 12 g PROTÉINES 105 g LIPIDES 3,1 g FIBRES

ROSBIF DE CÔTES DE BŒUF ÉPICÉ

(POUR 6 PERSONNES)

½	branche de céleri, en dés	½
1	petit piment vert fort, haché	1
4	échalotes sèches, épluchées et hachées	4
45 mL	beurre	3 c. à s.
2	gousses d'ail, épluchées, écrasées et hachées	2
2 mL	poivre de Cayenne	½ c. à t.
5 mL	poivre noir	1 c. à t.
5 mL	thym	1 c. à t.
1,8 kg	rosbif de côtes de bœuf, désossé	4 lb
	sel	

Sauce

1	branche de céleri, en gros dés	1
1	gros oignon, en gros dés	1
2 mL	thym	½ c. à t.
1	feuille de laurier	1
375 mL	bouillon de bœuf, chaud	1½ tasse

■ Préchauffer le four à 200 °C (400 °F).

■ Mettre céleri, piment et échalotes dans un petit bol. Ajouter beurre, ail, épices et thym. Bien mélanger.

■ Si nécessaire, retirer le surplus de gras du rosbif. Pratiquer au moins 6 incisions de 2,5 cm (1 po) de profondeur et les remplir du mélange au beurre.

■ Mettre au four et saisir 35 minutes. Réduire le four à 190 °C (375 °F) et continuer la cuisson. Après 15 minutes, bien assaisonner le rosbif. Le temps total de cuisson est de 1 heure 40 minutes.

■ Dix-huit minutes avant la fin de la cuisson du rosbif, placer légumes et aromates dans le plat à rôtir.

■ Enlever le rosbif cuit du plat et le mettre de côté. Laisser reposer quelques minutes avant de trancher.

■ Entre-temps, placer le plat à rôtir à feu vif, et cuire 3 minutes. Si nécessaire, enlever le surplus de gras.

■ Incorporer le bouillon de bœuf et prolonger la cuisson, 6 minutes.

■ Passer la sauce et servir avec le rosbif.

1 PORTION : 563 CALORIES 6 g GLUCIDES 67 g PROTÉINES 30 g LIPIDES 0 g FIBRES

1 Mettre céleri, piment et échalotes dans un petit bol. Ajouter beurre, ail, épices et thym. Bien mélanger.

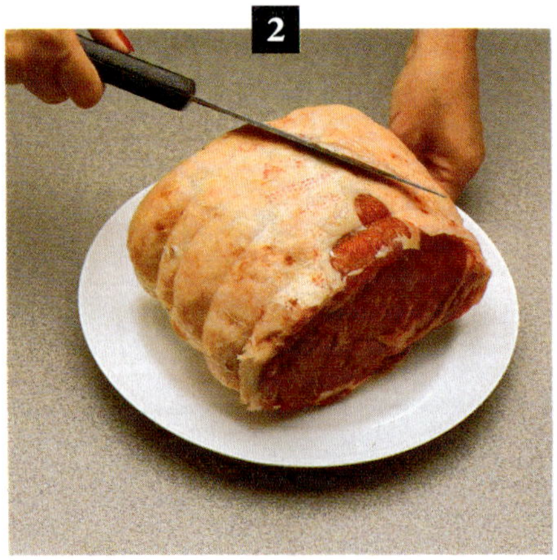

2 Si nécessaire, retirer le surplus de gras du rosbif.

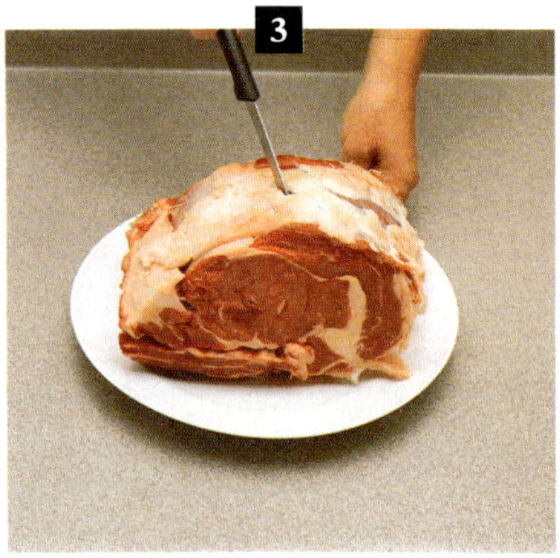

3 Pratiquer des incisions de 2,5 cm (1 po) de profondeur.

4

Remplir les incisions du mélange au beurre.

5

Dix-huit minutes avant la fin de la cuisson, placer légumes et épices dans le plat à rôtir.

6

Enlever le rosbif cuit. Incorporer le bouillon de bœuf.

Filets de porc à la pomme

FILETS DE PORC À LA POMME

(POUR 4 PERSONNES)

15 mL	beurre	1 c. à s.
2	gousses d'ail, blanchies, épluchées et en purée	2
3	oignons verts, hachés	3
1	pomme, pelée et finement hachée	1
1 mL	poivre de Cayenne	¼ c. à t.
5 mL	basilic frais haché	1 c. à t.
2	tranches de pain français écroûtées, en cubes et trempées dans le lait	2
30 mL	fromage gruyère râpé	2 c. à s.
2	filets de porcs, dégraissés	2
	sel et poivre	
	huile	

■ Faire chauffer, à feu moyen, le beurre dans une casserole. Ajouter ail et oignons verts; cuire 2 minutes.

■ Ajouter pomme, poivre de Cayenne et basilic. Bien assaisonner et cuire 4 minutes.

■ Presser le pain pour en extraire le surplus de lait. Ajouter le pain au mélange à la pomme. Ajouter le fromage, mélanger et retirer du feu.

■ Verser la farce dans le bol du robot culinaire et bien incorporer.

■ Couper chaque filet de porc en deux, en long, aux ¾ de leur épaisseur.

■ Ouvrir les filets en éventail, les placer entre deux feuilles de papier ciré et les aplatir au maillet.

■ Étaler la farce sur chaque filet, rouler et ficeler. Badigeonner d'huile.

■ Préchauffer le gril à feu moyen.

■ Huiler la grille. Placer les filets sur la grille chaude, couvrir et cuire 30 minutes. Assaisonner au goût. Retourner les filets 2 à 3 fois durant la cuisson.

■ Si désiré, accompagner de courge d'été.

1 PORTION : 292 CALORIES 11 g GLUCIDES 37 g PROTÉINES
11 g LIPIDES 1,5 g FIBRES

BACON DE DOS GRILLÉ À L'AIL

(POUR 4 PERSONNES)

15 mL	huile d'olive	1 c. à s.
2 mL	miel	½ c. à t.
1	gousse d'ail blanchie, épluchée et en purée	1
2 mL	sauce Worcestershire	½ c. à t.
8	tranches de bacon de dos, de 0,65 cm (¼ po) d'épaisseur	8
	jus de ½ citron	
	poivre du moulin	

- Bien mélanger tous les ingrédients, sauf le bacon, dans un petit bol.
- Badigeonner le mélange sur les deux côtés du bacon.
- Préchauffer le gril à feu moyen.
- Huiler la grille. Placer le bacon sur la grille chaude, couvrir et cuire 3 à 4 minutes de chaque côté.
- Accompagner de pommes de terre sautées.

1 PORTION : 111 CALORIES 1 g GLUCIDES 11 g PROTÉINES 7 g LIPIDES 0 g FIBRES

CUISSES DE POULET GRILLÉES

(POUR 4 PERSONNES)

4	cuisses de poulet, sans peau	4
1/2	recette de Sauce barbecue #1 (page 116)	1/2
	sel et poivre du moulin	

■ Pratiquer quelques petites incisions sur les cuisses de poulet. Placer les cuisses dans un plat et les couvrir de sauce barbecue. Laisser mariner 2 heures, au réfrigérateur.

■ Préchauffer le gril à feu moyen-doux.

■ Huiler la grille. Placer les cuisses de poulet sur la grille chaude, couvrir et cuire 20 minutes. Si le poulet grille trop rapidement, entrouvrir le couvercle du gril. Retourner les cuisses et badigeonner fréquemment.

■ Placer les cuisses de poulet sur la grille supérieure, couvrir et continuer la cuisson 25 minutes. Retourner et badigeonner fréquemment. Assaisonner au goût.

■ Servir avec des courges d'été grillées.

1 PORTION : 351 CALORIES 22 g GLUCIDES 27 g PROTÉINES
17 g LIPIDES 1,0 g FIBRES

POULETS DE CORNOUAILLES AU VIN BLANC

(POUR 4 PERSONNES)

2	gros poulets de Cornouailles, nettoyés et ficelés	2
75 mL	beurre non salé	⅓ tasse
2	échalotes sèches, épluchées et hachées	2
125 mL	vin blanc sec	½ tasse
250 mL	bouillon de poulet, chaud	1 tasse
15 mL	fécule de maïs	1 c. à s.
45 mL	eau froide	3 c. à s.
15 mL	persil haché	1 c. à s.
15 mL	estragon frais haché	1 c. à s.
	sel et poivre	

Abricots caramélisés

12	abricots, coupés en deux et dénoyautés	12
15 mL	beurre	1 c. à s.
5 mL	cassonade	1 c. à t.
30 mL	eau	2 c. à s.

■ Préchauffer le four à 230 °C (450 °F).

■ Saler, poivrer la cavité des poulets. Étaler le beurre sur les poulets et assaisonner généreusement. Mettre dans un plat à rôtir et cuire, au four, 30 à 40 minutes, tout en badigeonnant 3 à 4 fois durant la cuisson.

■ Piquer les poulets avec une aiguille pour en vérifier la cuisson. S'il s'en écoule un jus clair, ils sont cuits. Les retirer du four et les mettre de côté.

■ Placer le plat à rôtir sur la cuisinière, à feu moyen. Ajouter les échalotes et cuire 2 minutes.

■ Incorporer le vin blanc et cuire 4 minutes.

■ Ajouter le bouillon de poulet chaud et laisser mijoter 3 minutes.

■ Délayer la fécule de maïs dans l'eau froide. Incorporer à la sauce et remuer au fouet. Ajouter les aromates.

■ Servir la sauce avec les poulets. Accompagner de pommes de terre au four et d'abricots caramélisés.

■ Placer tous les ingrédients des abricots dans une casserole et cuire, à feu moyen, 7 à 8 minutes.

1 PORTION : 745 CALORIES 18 g GLUCIDES 72 g PROTÉINES
40 g LIPIDES 2,3 g FIBRES

1

Étaler le beurre sur les poulets.

2

Retirer les poulets cuits du plat à rôtir. Placer le plat sur la cuisinière, à feu moyen. Ajouter les échalotes et cuire 2 minutes.

3

Incorporer le vin blanc et cuire 4 minutes.

Ajouter le bouillon de poulet et laisser mijoter 3 minutes.

Incorporer, à la sauce, la fécule de maïs délayée.

Ajouter les aromates.

BROCHETTES D'AGNEAU DIJONNAISE

(POUR 4 PERSONNES)

Marinade

60 mL	huile d'olive	4 c. à s.
60 mL	vin blanc sec	4 c. à s.
15 mL	jus de citron	1 c. à s.
2	gousses d'ail, épluchées, écrasées et hachées	2
15 mL	moutarde forte	1 c. à s.
2 mL	poivre noir	½ c. à t.
1 mL	poivre de Cayenne	¼ c. à t.
15 mL	estragon	1 c. à s.
	sel	

Brochettes

500 g	longe d'agneau dégraissée, en cubes de 2,5 cm (1 po)	1 lb
8	rondelles de citron, pliées en deux	8
1	gros oignon rouge, en sections	1
8	feuilles de laurier	8
12	morceaux de courgette de 2,5 cm (1 po)	12

■ Bien mélanger tous les ingrédients de la marinade dans un bol. Ajouter l'agneau et laisser mariner 1 heure.

■ Préchauffer le gril à feu vif.

■ Sur des brochettes enfiler, en alternant, tous les ingrédients. Badigeonner de marinade.

■ Huiler la grille. Placer les brochettes sur la grille chaude. Cuire, sans couvrir, 6 minutes de chaque côté. Assaisonner au goût. Badigeonner de marinade durant la cuisson. Servir.

---

1 PORTION : 344 CALORIES 14 g GLUCIDES 37 g PROTÉINES 16 g LIPIDES 3,6 g FIBRES

CÔTES DE PORC BARBECUE À L'ANCIENNE

(POUR 4 PERSONNES)

75 mL	vinaigre de cidre	1/3 tasse
50 mL	ketchup	1/4 tasse
25 mL	cassonade	1 1/2 c. à s.
1/2	oignon, finement haché	1/2
5 mL	romarin	1 c. à t.
5 mL	sauce Worcestershire	1 c. à t.
2 mL	poivre noir	1/2 c. à t.
4	côtes de porc de 2 cm (3/4 po) d'épaisseur, partiellement dégraissées	4

■ Mélanger tous les ingrédients, sauf la viande, dans un bol. Verser le mélange dans une petite casserole et cuire, à feu moyen, 5 minutes. Sortir du four et laisser refroidir.

■ Badigeonner les côtes de porc de marinade. Laisser mariner 15 minutes.

■ Préchauffer le gril à feu moyen.

■ Huiler la grille et placer les côtes de porc sur la grille chaude. Faire cuire, sans couvrir, 8 à 9 minutes de chaque côté. Badigeonner 4 à 5 fois de marinade durant la cuisson.

■ Accompagner de petites pommes de terre cuites dans du papier d'aluminium.

1 PORTION : 221 CALORIES 9 g GLUCIDES 21 g PROTÉINES
11 g LIPIDES 0 g FIBRES

DINDE RÔTIE FARCIE

(POUR 6 PERSONNES)

Dinde

1	dinde de 4,5 kg (10 lb), nettoyée	1
1	recette de Farce pour la dinde (page 95)	1
125 g	beurre aux piments forts (page 136)	¼ lb
	jus de 1 citron	
	sel et poivre	

Sauce

1	oignon, en cubes	1
1	branche de céleri, coupée en gros morceaux	1
5 mL	basilic	1 c. à t.
2 mL	graines de céleri	½ c. à t.
2 mL	thym	½ c. à t.
60 mL	farine	4 c. à s.
500 mL	bouillon de poulet, chaud	2 tasses
	sel et poivre	

■ Préchauffer le four à 200 °C (400 °F).

■ Saler, poivrer la cavité de la dinde et la farcir. Séparer délicatement la peau de la chair de la poitrine, en prenant soin de ne pas la déchirer. Glisser des morceaux de beurre entre la peau et la chair. Ficeler et bien assaisonner la dinde. Arroser de jus de citron.

■ Placer la dinde dans un grand plat à rôtir. Cuire 30 minutes au four, à 200 °C (400 °F). Puis régler le four à 160 °C (325 °F) et continuer la cuisson 2 heures 30 minutes. Il est important de badigeonner la dinde aux 15 minutes.

Note : si la poitrine de la dinde dore trop rapidement, la recouvrir d'une feuille de papier d'aluminium.

■ Retirer la dinde cuite du plat à rôtir. Mettre de côté en la gardant au chaud. Attendre 14 minutes avant de la découper.

■ Pour préparer la sauce, placer le plat à rôtir à feu vif. Ajouter légumes et aromates; cuire 7 minutes. Ajouter la farine, mélanger et cuire, à feu moyen, 4 minutes. Incorporer le bouillon de poulet, remuer et prolonger la cuisson 7 minutes.

■ Passer la sauce et servir avec la dinde.

1 PORTION : 564 CALORIES 50 g GLUCIDES 19 g PROTÉINES
32 g LIPIDES 1,8 g FIBRES

1

Farcir la dinde.

2

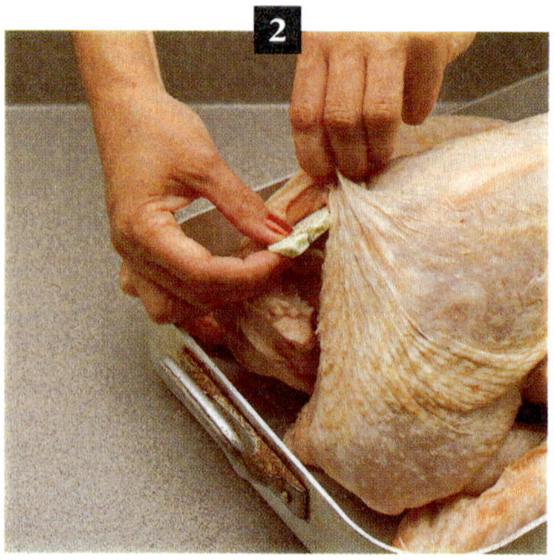

Placer des morceaux de beurre aux piments entre la peau et la chair de la poitrine.

3

Badigeonner aux 15 minutes.

Pour préparer la sauce, mettre légumes et aromates dans le plat à rôtir; cuire 7 minutes, à feu vif.

Ajouter la farine, mélanger et cuire 4 minutes, à feu moyen.

Incorporer le bouillon de poulet, remuer et prolonger la cuisson 7 minutes.

CÔTELETTES D'AGNEAU MARINÉES

(POUR 4 PERSONNES)

250 mL	vin blanc sec	1 tasse
2	gousses d'ail, épluchées, écrasées et hachées	2
15 mL	romarin haché	1 c. à s.
1	échalote sèche, épluchée et finement hachée	1
1	feuille de basilic, finement hachée	1
5 mL	poivre noir	1 c. à t.
15 mL	huile d'olive	1 c. à s.
45 mL	ketchup	3 c. à s.
8	côtelettes d'agneau de 2,5 cm (1 po) d'épaisseur, presque entièrement dégraissées	8
	jus de 1 citron	
	quelques gouttes de sauce aux piments forts	

■ Bien mélanger tous les ingrédients, sauf la viande, dans un bol.

■ Placer les côtelettes d'agneau dans un grand plat. Recouvrir de marinade et laisser mariner 1 heure. Retourner les côtelettes 2 à 3 fois durant cette période.

■ Préchauffer le gril à feu moyen-vif.

■ Huiler la grille et placer les côtelettes sur la grille chaude. Cuire, sans couvrir, 6 à 7 minutes de chaque côté.

■ Accompagner de pommes de terre bouillies et de brocoli.

1 PORTION : 281 CALORIES 7 g GLUCIDES 28 g PROTÉINES
11 g LIPIDES 0 g FIBRES

POIVRONS GRILLÉS

(POUR 4 À 6 PERSONNES)

Marinade

30 mL	huile d'olive	2 c. à s.
15 mL	sauce Worcestershire	1 c. à s.
30 mL	jus de citron	2 c. à s.
5 mL	thym	1 c. à t.
5 mL	basilic	1 c. à t.

Poivrons

6 à 8	poivrons de couleurs différentes et piments forts au choix	6 à 8
	sel et poivre	

■ Bien mélanger tous les ingrédients de la marinade. Mettre de côté.

■ Laver et couper poivrons et piments en deux, les épépiner et les mettre dans un grand plat. Saler, poivrer. Arroser de marinade et laisser mariner 15 minutes.

■ Préchauffer le gril à feu moyen.

■ Huiler la grille. Placer les poivrons sur la grille chaude, couvrir et cuire 12 minutes. Retourner 4 à 5 fois durant la cuisson et badigeonner de temps à autre de marinade. Il est important de bien faire griller les poivrons sans toutefois les laisser brûler.

■ Enlever les poivrons du gril et servir aussitôt.

1 PORTION : 44 CALORIES 6 g GLUCIDES 1 g PROTÉINES
2 g LIPIDES 1,0 g FIBRES

RÔTI DE LONGE DE PORC AUX FIGUES

(POUR 4 À 6 PERSONNES)

Compote de figues

4	rondelles de citron, finement hachées avec le zeste	4
125 mL	sucre	½ tasse
500 g	figues fraîches, lavées et coupées en deux	1 lb
5 mL	vanille	1 c. à t.
250 mL	eau	1 tasse
90 mL	vin blanc	6 c. à s.

Rôti de porc

900 g	rôti de longe de porc	2 lb
15 mL	huile d'olive	1 c. à s.
12	petits oignons blancs entiers, épluchés	12
6	échalotes sèches entières, épluchées	6
2 mL	paprika	½ c. à t.
	sel et poivre	

■ Mettre tous les ingrédients de la compote de figues dans une casserole. Porter à ébullition, à feu moyen.

■ Réduire le feu et poursuivre la cuisson pendant 20 minutes.

■ Préchauffer le four à 180 °C (350 °F).

■ Placer la longe de porc dans un plat à rôtir. Badigeonner d'huile et saler, poivrer. Ajouter oignons et échalotes. Saupoudrer de paprika. Faire cuire 30 minutes, au four.

■ Retirer du four. Étaler la compote de figues sur le rôti. Remettre au four et poursuivre la cuisson pendant 30 minutes.

■ Servir.

1 PORTION : 533 CALORIES 51 g GLUCIDES 35 g PROTÉINES 21 g LIPIDES 4,9 g FIBRES

POITRINES DE POULET MARINÉES GRILLÉES

(POUR 4 PERSONNES)

60 mL	huile d'olive	4 c. à s.
90 mL	vin blanc sec	6 c. à s.
15 mL	moutarde forte	1 c. à s.
2 mL	origan	$^1/_2$ c. à t.
5 mL	basilic frais haché	1 c. à t.
1 mL	poivre de Cayenne	$^1/_4$ c. à t.
30 mL	piment rouge fort haché	2 c. à s.
5 mL	cassonade	1 c. à t.
4	demi-poitrines de poulet sans peau, désossées	4
	sel, poivre	

■ Bien mélanger tous les ingrédients, sauf le poulet, dans un bol.

■ Placer le poulet dans un plat. L'arroser de marinade et laisser mariner 1 heure, au réfrigérateur.

■ Préchauffer le gril à feu vif.

■ Huiler la grille. Placer le poulet sur la grille chaude. Cuire 16 minutes, sans couvrir. Retourner les poitrines 2 à 3 fois durant la cuisson. Badigeonner fréquemment. Assaisonner au goût.

■ Accompagner de poivrons grillés (page 131).

1 PORTION : 222 CALORIES 1 g GLUCIDES 27 g PROTÉINES
10 g LIPIDES 0 g FIBRES

HAMBURGERS AUX DEUX VIANDES

(POUR 4 À 6 PERSONNES)

500 g	bœuf maigre haché	1 lb
125 g	veau haché	¼ lb
1 mL	poivre noir	¼ c. à t.
1 mL	poivre de Cayenne	¼ c. à t.
5 mL	sauce Worcestershire	1 c. à t.
15 mL	huile d'olive	1 c. à s.
1	oignon moyen, finement haché	1
3	oignons verts, hachés	3
2 mL	thym	½ c. à t.
5 mL	basilic	1 c. à t.
2	gousses d'ail, blanchies, épluchées et en purée	2
1	œuf	1
	sel	

■ Mélanger les viandes au mixer. Ajouter poivre noir, poivre de Cayenne et sauce Worcestershire. Saler, mélanger et mettre de côté.

■ Faire chauffer, à feu moyen, la moitié de l'huile dans une casserole. Ajouter oignons, aromates et ail; mélanger et cuire 3 minutes, à feu moyen.

■ Verser le mélange à l'oignon sur la viande et bien incorporer. Ajouter l'œuf et mélanger au mixer ou au robot culinaire.

■ Former des galettes et les huiler.

■ Préchauffer le gril à feu moyen.

■ Huiler la grille. Placer les hamburgers sur la grille chaude, couvrir et cuire 5 minutes de chaque côté. Assaisonner au goût. Servir avec relish, oignons, tomates et cornichons.

1 PORTION : 205 CALORIES 2 g GLUCIDES 20 g PROTÉINES 13 g LIPIDES 0 g FIBRES

1

Choisir des viandes hachées de première qualité.

2

Mélanger les viandes au mixer.

3

Ajouter poivre noir, poivre de Cayenne et sauce Worcestershire. Saler et mélanger.

4

Ajouter le mélange à l'oignon cuit.

5

Ajouter l'œuf. Bien incorporer.

6

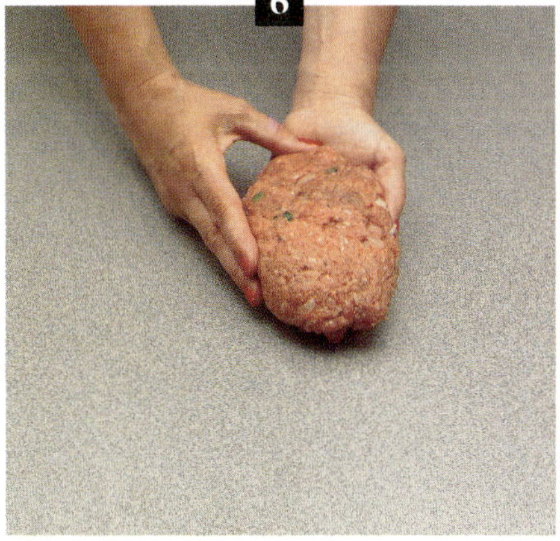

Former des galettes.

BEURRE AUX PIMENTS FORTS

(POUR 8 À 10 PERSONNES)

250 g	beurre non salé, mou	½ lb
2	piments forts rôtis, en purée	2
3	gousses d'ail, blanchies, épluchées et en purée	3
15 mL	ciboulette hachée	1 c. à s.
1 mL	poivre de Cayenne	¼ c. à t.
	jus de ½ citron	
	sel et poivre du moulin	

■ Bien incorporer tous les ingrédients au robot culinaire.

■ Placer le mélange sur une feuille de papier d'aluminium, le façonner en boudin, l'envelopper dans le papier d'aluminium et sceller les extrémités. Congeler.

Note : ce beurre se conserve 3 mois au congélateur. Pour utiliser le beurre aux piments, il suffit de le retirer du congélateur et de couper, en tranches, la quantité de beurre désirée. Remettre le reste au congélateur.

1 PORTION : 205 CALORIES 1 g GLUCIDES 1 g PROTÉINES
22 g LIPIDES 0 g FIBRES

BEURRE AU BASILIC

(POUR 4 À 6 PERSONNES)

250 g	beurre non salé, mou	½ lb
15	feuilles de basilic, hachées	15
15 mL	persil haché	1 c. à s.
1	échalote sèche, épluchée et hachée	1
1 mL	poivre noir	¼ c. à t.
1 mL	paprika	¼ c. à t.
	quelques gouttes de sauce tabasco	
	quelques gouttes de jus de citron	

■ Bien incorporer tous les ingrédients au robot culinaire.

■ Placer le mélange sur une feuille de papier d'aluminium, le façonner en boudin, l'envelopper dans le papier d'aluminium et sceller les extrémités. Congeler.

■ Utiliser au besoin.

1 PORTION : 375 CALORIES 2 g GLUCIDES 1 g PROTÉINES
40 g LIPIDES 0 g FIBRES

SAUCE BARBECUE ÉPAISSE

(POUR 4 PERSONNES)

60 mL	ketchup	4 c. à s.
60 mL	vin blanc sec	4 c. à s.
15 mL	huile d'olive	1 c. à s.
2	gousses d'ail, blanchies, épluchées et en purée	2
15 mL	sauce Worcestershire	1 c. à s.
5 mL	raifort	1 c. à t.
15 mL	basilic frais haché	1 c. à s.
	quelques gouttes de sauce tabasco	
	sel et poivre du moulin	

■ Bien mélanger tous les ingrédients dans un bol.

■ Utiliser pour badigeonner des steaks, des côtelettes de viande et des poitrines de poulet pendant la cuisson.

1 PORTION : 62 CALORIES 5 g GLUCIDES 1 g PROTÉINES
3 g LIPIDES 0 g FIBRES

SAUCISSES ITALIENNES GRILLÉES

(POUR 4 PERSONNES)

2	gousses d'ail, épluchées, écrasées et finement hachées	2
30 mL	sauce tériyaki	2 c. à s.
15 mL	huile d'olive	1 c. à s.
30 mL	ketchup	2 c. à s.
4	grosses saucisses italiennes épicées	4
	jus de 1 citron	
	quelques gouttes de sauce aux piments forts	
	poivre du moulin	

■ Bien mélanger tous les ingrédients, sauf les saucisses, dans un bol.

■ Placer les saucisses dans une assiette et les couvrir de marinade. Laisser mariner 15 minutes. Retourner les saucisses 3 fois durant cette période.

■ Préchauffer le gril à feu moyen.

■ Huiler la grille et placer les saucisses sur la grille chaude. Couvrir et cuire 5 minutes de chaque côté.

■ Servir avec des courgettes et des épis de maïs grillés.

1 PORTION : 342 CALORIES 4 g GLUCIDES 20 g PROTÉINES
27 g LIPIDES 0 g FIBRES

BROCHETTES DE POULET AU MAÏS

(POUR 4 PERSONNES)

1	grosse poitrine de poulet, sans peau et désossée	1
30 mL	huile d'olive	2 c. à s.
15 mL	jus de citron	1 c. à s.
5 mL	cari	1 c. à t.
2	poivrons rouges, en cubes de 2,5 cm (1 po)	2
1	gros épi de maïs, épluché, en morceaux de 2,5 cm (1 po)	1
	sel et poivre	

■ Couper la poitrine de poulet en morceaux de 2,5 cm (1 po). Mettre le poulet dans un bol, ajouter huile, jus de citron, et cari. Saler, poivrer et bien mélanger; laisser mariner 30 minutes.

■ Sur des brochettes enfiler, en alternant, poulet, poivrons et épi de maïs. Répéter pour remplir toutes les brochettes.

■ Préchauffer le four à gril.

■ Placer les brochettes dans un plat à gratin. Badigeonner de marinade et saler, poivrer. Griller 12 minutes au four. Retourner et badigeonner les brochettes de marinade durant la cuisson.

■ Servir sur du riz.

1 PORTION : 121 CALORIES 7 g GLUCIDES 14 g PROTÉINES 4 g LIPIDES 1,2 g FIBRES

GIGOT D'AGNEAU BARBECUE

(POUR 6 À 8 PERSONNES)

1	gigot d'agneau de 2,3 à 2,7 kg (5 à 6 lb)
	Sauce barbecue #1 (page 116)
	sel et poivre

■ Demander au boucher de préparer le gigot, d'en retirer la fine peau qui le recouvre ainsi que la plupart du gras.

■ Placer le gigot dans un plat à rôtir. Verser la sauce barbecue sur le gigot. Laisser mariner 1 à 2 heures au réfrigérateur.

■ Préchauffer le four à 190 °C (375 °F).

■ Retirer le gigot du réfrigérateur et le mettre au four. Faire cuire 45 minutes en badigeonnant fréquemment durant la cuisson. Saler, poivrer.

■ Préchauffer le gril à feu moyen.

■ Huiler la grille. Retirer le gigot du plat à rôtir et le placer sur la grille chaude. Ne pas couvrir. Faire cuire 20 minutes, en badigeonnant de sauce 7 à 8 fois durant la cuisson. Retourner le gigot 2 à 3 fois. Assaisonner au goût.

■ Servir avec des patates douces.

1 PORTION : 575 CALORIES 13 g GLUCIDES 77 g PROTÉINES
23 g LIPIDES 0 g FIBRES

RÔTI DE PORC BARBECUE

(POUR 6 PERSONNES)

1,8 kg	rôti de longe de porc	4 lb
1	recette de Sauce barbecue 1, 2 ou 3 (pages 116, 117)	1
	sel et poivre	

■ Enlever la plupart du gras du rôti. Placer le rôti dans un grand plat et le recouvrir de sauce barbecue. Laisser mariner 1 à 2 heures au réfrigérateur.

■ Préchauffer le four à 180 °C (350 °F).

■ Placer le rôti dans un plat à rôtir et cuire au four 1 heure 15 minutes.

■ Préchauffer le gril à feu doux.

■ Huiler la grille. Retirer le rôti du plat à rôtir et le placer sur la grille chaude. Bien badigeonner de sauce. Saler, poivrer. Couvrir et cuire 40 minutes. Retourner le rôti 2 à 3 fois durant la cuisson et badigeonner de sauce.

■ Accompagner de courgettes cuites sur le gril.

1 PORTION : 594 CALORIES 15 g GLUCIDES 54 g PROTÉINES
35 g LIPIDES 0 g FIBRES

CREVETTES ET SAUCISSES EN BROCHETTES

(POUR 4 PERSONNES)

16	grosses crevettes, décortiquées et nettoyées	16
2	saucisses italiennes épicées, coupées en biais, en tranches de 2 cm (3/4 po)	2
30 mL	jus de citron	2 c. à s.
125 mL	vin blanc sec	1/2 tasse
30 mL	huile d'olive	2 c. à s.
2 mL	poivre de Cayenne	1/2 c. à t.
2 mL	poivre noir	1/2 c. à t.
3	grosses échalotes sèches, épluchées, blanchies et en purée	3
2 mL	paprika	1/2 c. à t.

■ Mettre crevettes et saucisses dans un bol.

■ Bien mélanger le reste des ingrédients dans un bol. Verser le mélange sur les crevettes et les saucisses. Laisser mariner environ 1 heure.

■ Préchauffer le gril à feu moyen.

■ Sur des brochettes enfiler, en alternant, crevettes et saucisses. Badigeonner les brochettes de marinade.

■ Huiler la grille. Placer les brochettes sur la grille chaude, couvrir et cuire 3 à 4 minutes de chaque côté. Assaisonner au goût. Badigeonner de marinade durant la cuisson.

■ Servir.

1 PORTION : 262 CALORIES 7 g GLUCIDES 17 g PROTÉINES 16 g LIPIDES 0 g FIBRES

1

Décortiquer les crevettes.

2

Retirer la veine noire.

3

Bien mélanger les ingrédients de la marinade dans un bol.

Enfiler une crevette sur une brochette.

Enfiler un morceau de saucisse. Remplir ainsi la brochette, en alternant crevette et saucisse.

Badigeonner les brochettes de marinade.

CUISSES DE GRENOUILLE BARBECUE

(POUR 4 PERSONNES)

24 à 32	petites cuisses de grenouille (les petites sont plus savoureuses)	24 à 32
250 mL	bière	1 tasse
6	gousses d'ail, épluchées, écrasées et finement hachées	6
30 mL	miel	2 c. à s.
50 mL	sauce chili	¼ tasse
5 mL	sauce Worcestershire	1 c. à t.
	quelques gouttes de sauce tabasco	
	sel et poivre du moulin	

■ Placer les cuisses de grenouille dans un grand plat.

■ Mélanger le reste des ingrédients. Verser le mélange sur les cuisses de grenouille. Laisser mariner 2 heures au réfrigérateur.

■ Préchauffer le gril à feu moyen.

■ Huiler la grille. Retirer les cuisses de grenouille du plat. Envelopper l'extrémité des cuisses dans du papier d'aluminium pour éviter qu'elles ne brûlent durant la cuisson.

■ Placer les cuisses de grenouille sur la grille chaude, couvrir et cuire 12 minutes ou selon la grosseur. Badigeonner fréquemment et retourner 2 à 3 fois durant la cuisson.

■ Servir avec des rondelles de citron.

1 PORTION : 135 CALORIES 8 g GLUCIDES 19 g PROTÉINES
1 g LIPIDES 0 g FIBRES

LÉGUMES VARIÉS AU GRIL

(POUR 4 À 6 PERSONNES)

30 mL	huile d'olive	2 c. à s.
2	gousses d'ail, blanchies, épluchées et en purée	2
15 mL	sauce Worcestershire	1 c. à s.
1	poivron rouge, en cubes	1
1	poivron vert, en cubes	1
1	courgette, en rondelles de 1,2 cm (½ po) d'épaisseur	1
1	courge d'été jaune, en demi-rondelles de 1,2 cm (½ po) d'épaisseur	1
4	oignons verts, en morceaux de 2,5 cm (1 po)	4
24	cosses de pois	24
1	feuille de chou chinois, en gros morceaux	1
2	carottes épluchées, blanchies et tranchées en biais, en morceaux de 1,2 cm (½ po) d'épaisseur	2
1	poivron jaune, en cubes	1
1	oignon rouge, en sections	1
	jus de 1 citron	
	sel et poivre du moulin	

■ Préchauffer le gril à feu vif.

■ Mélanger huile, ail, jus de citron et sauce Worcestershire dans un bol.

■ Placer tous les légumes dans un grand bol. Verser le mélange à l'huile sur les légumes. Assaisonner au goût.

■ Mettre tous les légumes dans une grille double à légumes (voir la photo du plat fini). Placer le tout sur le gril chaud, couvrir partiellement et cuire 9 minutes de chaque côté. Servir.

1 PORTION : 125 CALORIES 16 g GLUCIDES 3 g PROTÉINES 6 g LIPIDES 5,9 g FIBRES

SAUMON EN PAPILLOTE

(POUR 4 PERSONNES)

Beurre pesto

15	feuilles de basilic	15
3	gousses d'ail, épluchées	3
1 mL	poivre de Cayenne	¼ c. à t.
125 g	beurre non salé	¼ lb
	quelques gouttes de jus de citron	
	sel et poivre blanc	

Darnes de saumon

4	darnes de saumon	4
125 g	beurre pesto	¼ lb
8	tranches de tomates	8
4	rondelles de citron	4
4	feuilles de laurier	4
	sel, poivre et paprika	

■ Mélanger basilic et ail au robot culinaire. Ajouter le reste des ingrédients du beurre. Assaisonner au goût et bien mélanger.

■ Préchauffer le gril à feu moyen.

■ Placer chaque darne de saumon sur une double feuille de papier d'aluminium. Placer une cuillerée de beurre pesto sur chaque darne de saumon. Ajouter une tranche de tomate, une rondelle de citron et une feuille de laurier. Assaisonner et sceller.

■ Placer les papillotes sur la grille chaude, couvrir et cuire 25 à 30 minutes.

Note : cette même recette peut être exécutée au four, à 160 °C (325 °F).

1 PORTION : 493 CALORIES 3 g GLUCIDES 40 g PROTÉINES 36 g LIPIDES 1,4 g FIBRES

Mélanger basilic et ail au robot culinaire.

Ajouter le reste des ingrédients, assaisonner et bien mélanger.

Choisir des darnes de saumon frais.

Placer une double feuille de papier d'aluminium sur un comptoir pour chaque darne de saumon.

Ajouter les ingrédients.

Sceller le papier.

FLÉTAN EN PAPILLOTE

(POUR 4 PERSONNES)

4	darnes de flétan	4
1	grosse carotte, épluchée et émincée	1
8	rondelles de citron	8
1	poivron rouge, en julienne	1
4	tranches de beurre au basilic (page 136)	4
	jus de limette	
	sel et poivre	

■ Préchauffer le gril à feu moyen.

■ Placer chaque darne sur une double feuille de papier d'aluminium. Répartir les autres ingrédients entre les darnes et assaisonner au goût. Sceller le papier.

■ Placer les papillotes sur la grille chaude, couvrir et cuire 20 minutes.

1 PORTION : 597 CALORIES 6 g GLUCIDES 33 g PROTÉINES
49 g LIPIDES 1,0 g FIBRES

FILETS DE SOLE À LA CRÈME

(POUR 4 PERSONNES)

4	grands filets de sole	4
50 mL	vin blanc sec	1/4 tasse
1	poivron rouge, en lanières	1
1	poivron vert, en lanières	1
2 mL	cari	1/2 c. à t.
50 mL	crème à 35%	1/4 tasse
	jus de 1 limette	
	sel et poivre	

■ Placer les filets de sole dans une grande poêle à frire beurrée. Saler, poivrer.

■ Ajouter vin, jus de limette et poivrons. Couvrir d'une feuille de papier ciré. Porter à ébullition, à feu moyen.

■ Dès que le liquide commence à bouillir, enlever la poêle du feu. Laisser reposer 2 minutes.

■ Enlever poisson et légumes de la poêle et les mettre de côté. Garder chaud.

■ Remettre la poêle contenant le liquide à feu vif. Ajouter le cari, remuer et cuire 3 minutes.

■ Incorporer la crème et prolonger la cuisson 3 minutes, à feu vif.

■ Verser la sauce sur les filets. Servir.

1 PORTION : 188 CALORIES 3 g GLUCIDES 18 g PROTÉINES
10 g LIPIDES 0 g FIBRES

MORUE AU GRATIN

(POUR 4 PERSONNES)

1	branche de céleri, en dés	1
1	carotte, épluchée et en dés	1
1	oignon, émincé	1
2	feuilles de laurier	2
1 L	eau	4 tasses
900 g	morue fraîche, coupée en 4	2 lb
375 mL	sauce blanche, chaude	1½ tasse
250 mL	fromage gruyère râpé	1 tasse
	quelques branches de persil	
	sel et poivre	

■ Mettre légumes et aromates dans une sauteuse. Ajouter l'eau, saler, poivrer et porter à ébullition, à feu moyen.

■ Ajouter le poisson. Il doit être complètement recouvert de liquide. Faire cuire 8 minutes, à feu doux.

■ Enlever le poisson cuit de la sauteuse, bien l'égoutter et le placer dans un plat à gratin beurré. Napper de sauce et parsemer de fromage râpé.

■ Placer sous le gril chaud du four et dorer 5 minutes.

1 PORTION : 586 CALORIES 11 g GLUCIDES 75 g PROTÉINES
27 g LIPIDES 1,0 g FIBRES

COCKTAIL DE CREVETTES

(POUR 4 PERSONNES)

125 mL	sauce chili	½ tasse
125 mL	ketchup	½ tasse
25 mL	raifort	1½ c. à s.
5 mL	sauce Worcestershire	1 c. à t.
24	crevettes cuites, décortiquées et nettoyées	24
	quelques gouttes de sauce tabasco	
	jus de citron	
	sel et poivre	

■ Mélanger tous les ingrédients, sauf les crevettes, dans un bol. Saler, poivrer.

■ Servir dans un petit bol pour accompagner les crevettes.

1 PORTION : 122 CALORIES 19 g GLUCIDES 10 g PROTÉINES 1 g LIPIDES 0 g FIBRES

CREVETTES SAVANNAH

(POUR 4 PERSONNES)

625 g	grosses crevettes, lavées	1¼ lb
5 mL	poivre noir	1 c. à t.
2 mL	paprika	½ c. à t.
	pincée de piments rouges séchés broyés	
	sel	

■ Mélanger tous les ingrédients dans un bol. Réfrigérer 2 heures.

■ Faire cuire les crevettes à la vapeur, 6 à 7 minutes. Mélanger 2 à 3 fois durant la cuisson.

■ Servir avec du citron.

1 PORTION : 194 CALORIES 5 g GLUCIDES 39 g PROTÉINES 2 g LIPIDES 1,0 g FIBRES

CREVETTES RÉMOULADE

(POUR 4 À 6 PERSONNES)

1	petit céleri-rave, épluché et taillé en julienne	1
60 mL	mayonnaise	4 c. à s.
5 mL	moutarde forte	1 c. à t.
30 mL	crème sure	2 c. à s.
500 g	crevettes cuites décortiquées, nettoyées et coupées en deux	1 lb
30 mL	zeste de citron finement haché	2 c. à s.
1	petit poivron vert, taillé en julienne	1
	jus de citron	
	sel, poivre, paprika	

■ Cuire la julienne de céleri-rave pendant 3 minutes dans de l'eau bouillante salée citronnée. Placer la casserole sous l'eau froide pour refroidir le céleri-rave. Égoutter et bien presser pour en extraire complètement l'eau. Éponger avec un papier absorbant.

■ Mettre la mayonnaise dans un bol. Ajouter moutarde et crème sure. Mélanger et saler, poivrer. Saupoudrer de paprika et arroser de jus de citron au goût. Mélanger.

■ Mettre céleri-rave, crevettes, zeste de citron et poivron dans un bol. Ajouter la sauce rémoulade. Bien incorporer. Rectifier l'assaisonnement et servir.

1 PORTION : 194 CALORIES 6 g GLUCIDES 25 g PROTÉINES 8 g LIPIDES 1,3 g FIBRES

Homards à la bretonne

HOMARDS À LA BRETONNE

(POUR 4 PERSONNES)

Beurre manié

75 mL	beurre	5 c. à s.
30 mL	farine	2 c. à s.

Homards

4	homards vivants, de 750 g (1½ lb) chacun	4
45 mL	beurre	3 c. à s.
2	échalotes sèches, épluchées et hachées	2
2	gousses d'ail, épluchées, écrasées et hachées	2
2	branches d'estragon frais	2
45 mL	cognac	3 c. à s.
125 mL	vin blanc sec	½ tasse
375 mL	fumet de poisson, chaud (page 182)	1½ tasse
45 mL	beurre manié	3 c. à s.
45 mL	crème à 35%	3 c. à s.
	quelques gouttes de sauce tabasco	
	sel et poivre	

■ Bien incorporer les deux ingrédients du beurre manié. Mettre de côté.

■ Placer les homards dans une grande marmite d'eau bouillante salée et faire bouillir 1 minute, à feu vif. Égoutter les homards et les laisser tiédir.

■ Tenir le homard de la main gauche et étendre la queue bien à plat sur le comptoir de cuisine. Couper les pinces et les mettre de côté.

■ Tronçonner les homards avec leur carapace en grosses portions. Extirper et jeter l'intestin, et le sac pierreux qui se trouve dans la tête. Récupérer le corail dans un bol. Mettre de côté.

■ Faire chauffer le beurre dans une poêle à frire. Ajouter échalotes, ail et estragon. Cuire 1 minute.

■ Ajouter les morceaux de homard et les pinces. Saler, poivrer et cuire 2 minutes, à feu vif. Couvrir et continuer la cuisson jusqu'à ce que les carapaces soient rouges.

■ Ajouter le cognac et flamber. Retirer les morceaux de homard et mettre de côté.

■ Verser le vin blanc dans la poêle chaude et cuire 3 minutes, à feu vif. Incorporer le fumet de poisson, remuer et continuer la cuisson 4 minutes, à feu vif.

■ Incorporer le beurre manié à la sauce en remuant constamment pour l'épaissir.

■ Mélanger la crème et le corail. Ajouter le mélange à la sauce. Arroser de quelques gouttes de sauce tabasco. Cuire 3 minutes, à feu moyen.

■ Remettre le homard dans la sauce et laisser mijoter 2 minutes. Servir.

1 PORTION : 605 CALORIES 8 g GLUCIDES 71 g PROTÉINES 27 g LIPIDES 0 g FIBRES

CREVETTES ET POMMES DE TERRE SAUTÉES

(POUR 4 PERSONNES)

30 mL	huile d'olive	2 c. à s.
500 g	crevettes moyennes, décortiquées, nettoyées et coupées en deux	1 lb
2	pommes de terre moyennes, épluchées et coupées en dés	2
250 g	champignons nettoyés et en quartiers	½ lb
2	gousses d'ail, épluchées, écrasées et hachées	2
15 mL	persil frais haché	1 c. à s.
5 mL	fenouil frais haché	1 c. à t.
	sel et poivre	

■ Verser 15 mL (1 c. à s.) d'huile dans une poêle à frire et faire chauffer à feu vif. Ajouter les crevettes et faire sauter 3 minutes. Retirer et mettre de côté.

■ Verser le reste de l'huile dans la poêle chaude. Ajouter les pommes de terre. Saler, poivrer et cuire 4 minutes, à feu moyen. Bien mélanger, couvrir et prolonger la cuisson 6 minutes ou jusqu'à ce que les pommes de terre soient presque cuites.

■ Ajouter champignons, ail, persil et fenouil. Saler, poivrer et cuire 4 minutes, à feu vif.

■ Remettre les crevettes dans la poêle, mélanger et cuire 2 minutes pour les réchauffer. Servir.

1 PORTION :	301 CALORIES	23 g GLUCIDES	33 g PROTÉINES
	9 g LIPIDES	1,6 g FIBRES	

1

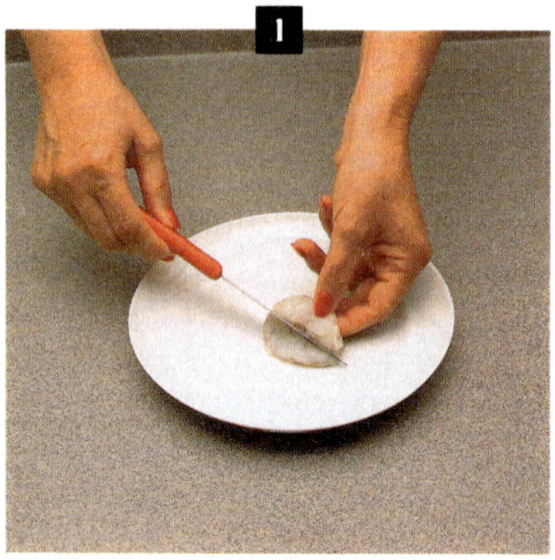

Couper les crevettes en deux.

2

Faire sauter les crevettes dans l'huile chaude.

3

Retirer les crevettes de la poêle et mettre de côté.

Mettre les pommes de terre dans l'huile chaude. Saler, poivrer.

Lorsque les pommes de terre sont presque cuites, ajouter champignons, ail, persil et fenouil.

Remettre les crevettes dans la poêle.

SAUMON AU BEURRE MAÎTRE D'HÔTEL

(POUR 4 PERSONNES)

Beurre maître d'hôtel

250 g	beurre doux, ramolli	½ lb
30 mL	persil frais haché	2 c. à s.
5 mL	ciboulette finement hachée	1 c. à t.
	jus de ½ citron	
	quelques gouttes de sauce Worcestershire	
	quelques gouttes de sauce tabasco	
	sel et poivre	

Filets

4	filets de saumon	4
250 mL	farine assaisonnée	1 tasse
30 mL	beurre	2 c. à s.
5 mL	huile végétale	1 c. à t.
4	tranches de beurre maître d'hôtel	4
	jus de 1 citron	
	sel et poivre	

■ Bien mélanger tous les ingrédients du beurre maître d'hôtel au robot culinaire. Placer le mélange sur une feuille de papier d'aluminium, le façonner en boudin, l'envelopper dans le papier d'aluminium et sceller les extrémités.

Note : ce beurre se conserve 3 mois au congélateur.

■ Préchauffer le four à 190 °C (375 °F).

■ Saler, poivrer et enfariner le poisson. Mettre de côté.

■ Faire chauffer 30 mL (2 c. à s.) de beurre et l'huile dans une poêle à frire, à feu moyen. Ajouter le poisson et cuire 6 à 8 minutes ou selon l'épaisseur des filets. Retourner le poisson 3 à 4 fois durant la cuisson.

■ Arroser le poisson de jus de citron, le transférer au four et continuer la cuisson 6 minutes. Placer une tranche de beurre maître d'hôtel sur chaque filet. Servir.

1 PORTION : 434 CALORIES 14 g GLUCIDES 41 g PROTÉINES
24 g LIPIDES 0 g FIBRES

CREVETTES À LA VAPEUR

(POUR 4 PERSONNES)

500 mL	fumet de poisson, chaud (page 182)	2 tasses
2 mL	fenouil	½ c. à t.
5 mL	romarin	1 c. à t.
750 g	grosses crevettes fraîches	1½ lb
5 mL	poivre noir	1 c. à t.
	jus de citron	

■ Verser le fumet de poisson dans une casserole. Ajouter fenouil et romarin. Couvrir et porter à ébullition.

■ Mélanger crevettes et poivre noir. Disposer les crevettes dans un panier à vapeur (panier en bambou, marguerite, etc.). Placer le panier sur la casserole de sorte que le liquide ne touche pas les crevettes. Couvrir et cuire 6 à 7 minutes. Mélanger 2 à 3 fois les crevettes durant la cuisson.

■ Retirer les crevettes du panier. Arroser de jus de citron et servir.

1 PORTION : 200 CALORIES 0 g GLUCIDES 45 g PROTÉINES
2 g LIPIDES 0 g FIBRES

GALETTES DE CRABE DU MARYLAND

(POUR 4 PERSONNES)

2	tranches de pain blanc, écroûtées	2
50 mL	lait	¼ tasse
500 g	chair de crabe, fraîche ou surgelée et décongelée, émiettée	1 lb
3	oignons verts, hachés	3
50 mL	mayonnaise	¼ tasse
5 mL	sauce Worcestershire	1 c. à t.
5 mL	moutarde en poudre	1 c. à t.
1 mL	poivre de Cayenne	¼ c. à t.
	jus de ½ citron	
	sel	
	huile d'arachide	

■ Mettre le pain dans un bol. Ajouter le lait et faire tremper 5 minutes.

■ Presser le pain pour en extraire le lait. Mettre le pain dans un bol à mélanger. Ajouter le reste des ingrédients; bien incorporer. Couvrir et réfrigérer 2 heures.

■ Former de grosses galettes avec le mélange au crabe. Faire dorer 4 à 5 minutes de chaque côté, à feu moyen, dans l'huile d'arachide chaude.

■ Accompagner de quartiers de citron.

1 PORTION : 235 CALORIES 14 g GLUCIDES 24 g PROTÉINES 9 g LIPIDES 1,0 g FIBRES

MÉROU BURGER

(POUR 4 PERSONNES)

4	petites tranches de mérou, de 125 g (1/4 lb) chacune	4
1	gousse d'ail, épluchée, écrasée et hachée	1
45 mL	sauce aux haricots chinoise	3 c. à s.
4	petits pains aux oignons	4
4	grandes tranches de fromage mozzarella	4
	quelques gouttes de sauce Worcestershire	
	jus de 1 citron	
	feuilles de laitue, lavées et essorées	
	sel et poivre	

■ Placer les tranches de mérou dans un grand plat.

■ Mélanger sauce Worcestershire, jus de citron, ail et sauce aux haricots dans un petit bol. Verser la sauce sur le poisson. Laisser mariner 10 minutes.

■ Préchauffer le four à GRIL.

■ Trancher les petits pains en deux, les ouvrir et les placer sous le gril. Dorer 2 minutes, retirer et garder chaud.

■ Enlever le poisson de la marinade et le mettre dans un plat à rôtir. Placer sous le gril. Dorer 3 minutes de chaque côté.

■ Retirer du four. Enlever la peau et désosser le poisson. Placer la chair sur quatre demi-pains grillés. Badigeonner le poisson du reste de marinade. Saler, poivrer.

■ Garnir le poisson d'une tranche de fromage. Placer au milieu du four et griller 2 minutes.

■ Recouvrir le fromage fondu d'une feuille de laitue, puis d'un demi-pain.

■ Servir avec des tomates et des croustilles.

1 PORTION : 486 CALORIES 32 g GLUCIDES 49 g PROTÉINES
18 g LIPIDES 1,7 g FIBRES

PÉTONCLES GRATINÉS À LA CHARLESTON

(POUR 4 PERSONNES)

1	échalote sèche, épluchée et finement hachée	1
500 g	champignons frais, nettoyés et en quartiers	1 lb
625 g	pétoncles frais, lavés	1¼ lb
15 mL	persil frais haché	1 c. à s.
250 mL	vin blanc sec	1 tasse
50 mL	eau	¼ tasse
1 mL	paprika	¼ c. à t.
30 mL	beurre	2 c. à s.
45 mL	farine	3 c. à s.
250 mL	fromage gruyère râpé	1 tasse
	jus de 1 citron	
	sel et poivre	

■ Mettre échalote, champignons, pétoncles et persil dans une sauteuse. Ne pas mélanger. Ajouter vin, jus de citron et eau. Saler, poivrer et saupoudrer de paprika. Mélanger très légèrement. Couvrir d'une feuille de papier ciré et porter à ébullition, à feu moyen.

■ Dès que le liquide commence à bouillir, retirer la sauteuse du feu. Laisser reposer 2 minutes.

■ Enlever les pétoncles du liquide et les placer dans un bol. Mettre de côté.

■ Placer la sauteuse contenant le liquide de cuisson et les champignons à feu vif. Cuire 4 minutes.

■ Faire fondre, à feu moyen, le beurre dans une petite casserole. Ajouter la farine, bien mélanger et cuire 2 minutes, à feu doux.

■ Incorporer le liquide de cuisson et les champignons. Bien remuer et cuire 10 minutes, à feu doux.

■ Remettre les pétoncles dans la sauce et remuer. Verser le mélange dans un plat à gratin. Parsemer de fromage gruyère. Placer sous le gril et dorer 4 minutes. Servir.

1 PORTION : 454 CALORIES 19 g GLUCIDES 46 g PROTÉINES 17 g LIPIDES 3,4 g FIBRES

Mettre échalote, champignons, pétoncles et persil dans une sauteuse.

Ajouter vin, jus de citron et eau. Saler, poivrer et saupoudrer de paprika. Mélanger doucement.

Couvrir d'une feuille de papier ciré et porter à ébullition.

Dès qu'ils sont cuits, enlever les pétoncles du liquide.

Placer le liquide de cuisson et les champignons à feu vif. Cuire 4 minutes.

Lorsque la sauce est prête, remettre les pétoncles dans la casserole.

SAUMON POCHÉ ET JULIENNE DE LÉGUMES

(POUR 4 PERSONNES)

1/2	carotte, épluchée	1/2
1/2	branche de céleri	1/2
1/2	poivron vert, épépiné	1/2
1/2	poivron rouge, épépiné	1/2
1/3	courgette	1/3
15 mL	beurre	1 c. à s.
2 mL	fenouil	1/2 c. à t.
2 mL	persil frais haché	1/2 c. à t.
750 mL	eau	3 tasses
125 mL	vin blanc sec	1/2 tasse
4	darnes de saumon	4
	jus de citron	
	sel et poivre	

■ Tailler tous les légumes en julienne.

■ Faire chauffer le beurre dans une sauteuse. Ajouter légumes et aromates. Saler, poivrer; couvrir et cuire 3 minutes, à feu doux. Retirer les légumes de la sauteuse et mettre de côté.

■ Verser eau et vin dans la sauteuse. Saler, poivrer et porter à ébullition. Cuire 8 minutes, à feu doux.

■ Ajouter le saumon et laisser mijoter 6 minutes, à feu doux. Retourner le saumon une fois durant la cuisson. Deux minutes avant la fin de la cuisson, ajouter la julienne de légumes pour la réchauffer.

■ Le saumon est cuit lorsque la chair reste ferme sous la pression du doigt.

■ Retirer le saumon de la sauteuse et le placer dans un plat de service. Arroser de jus de citron. Garnir de la julienne de légumes.

■ Si désiré, accompagner de rondelles de beurre aux herbes ou à l'ail.

1 PORTION : 316 CALORIES 3 g GLUCIDES 40 g PROTÉINES
14 g LIPIDES 0 g FIBRES

CREVETTES À LA HOUSTON

(POUR 4 PERSONNES)

750 g	crevettes moyennes, décortiquées et nettoyées	1½ lb
250 mL	huile d'olive	1 tasse
3	gousses d'ail, épluchées et coupées en trois	3
50 mL	ketchup	¼ tasse
15 mL	paprika	1 c. à s.
	jus de 1 citron	

■ Mettre tous les ingrédients dans un bol. Laisser mariner 12 heures au réfrigérateur.

■ Enfiler les crevettes sur des brochettes. Placer les crevettes sur un gril préchauffé à feu moyen. Cuire 4 à 5 minutes. Tourner les brochettes durant la cuisson et badigeonner de marinade.

■ Servir sur du riz.

1 PORTION : 495 CALORIES 4 g GLUCIDES 46 g PROTÉINES 33 g LIPIDES 0 g FIBRES

MÉROU BRAISÉ AUX TOMATES

(POUR 4 PERSONNES)

15 mL	huile d'olive	1 c. à s.
2	petits oignons, émincés	2
1	gousse d'ail, épluchée, écrasée et hachée	1
4	petites tomates, pelées et en quartiers	4
20 mL	moutarde forte	4 c. à t.
4	tranches de mérou	4
250 mL	fumet de poisson, chaud (page 182)	1 tasse
1 mL	graines de fenouil	¼ c. à t.
	sel et poivre	

■ Préchauffer le four à 220 °C (425 °F).

■ Faire chauffer, à feu moyen, l'huile dans une poêle à frire. Ajouter oignons et ail; cuire 5 minutes, en remuant 1 fois.

■ Ajouter les tomates et saler, poivrer. Couvrir et continuer la cuisson 5 minutes.

■ Étaler la moutarde sur les tranches de mérou. Placer le poisson dans un plat à gratin. Recouvrir du mélange de tomates. Ajouter le fumet de poisson. Parsemer de graines de fenouil.

■ Cuire au four 10 à 12 minutes ou selon l'épaisseur des tranches de mérou.

1 PORTION : 280 CALORIES 9 g GLUCIDES 37 g PROTÉINES
11 g LIPIDES 2,4 g FIBRES

FILETS DE SÉBASTE MARINÉS

(POUR 4 PERSONNES)

1 mL	poivre noir	1/4 c. à t.
1 mL	paprika	1/4 c. à t.
5 mL	graines de fenouil	1 c. à t.
30 mL	sauce tériyaki	2 c. à s.
60 mL	huile d'olive	4 c. à s.
4	filets de sébaste, de grosseur moyenne	4
	jus de 2 limettes	
	sel	

■ Broyer poivre, sel, paprika et graines de fenouil dans un mortier. Ajouter sauce tériyaki, huile et jus de limettes; mélanger.

■ Placer les filets de poisson dans un grand plat. Arroser de marinade. Réfrigérer 1 heure.

■ Préchauffer le four à GRIL.

■ Enlever les filets de la marinade et les placer dans un plat à rôtir, la peau vers le bas. Mettre au four à 15 cm (6 po) de l'élément supérieur et cuire 8 minutes. Badigeonner une fois de marinade durant la cuisson. Ne pas retourner le poisson.

■ Servir avec des champignons sautés.

1 PORTION : 241 CALORIES 7 g GLUCIDES 19 g PROTÉINES
15 g LIPIDES 0 g FIBRES

CREVETTES PAPRIKA

(POUR 4 PERSONNES)

45 mL	beurre	3 c. à s.
125 mL	eau	½ tasse
750 g	crevettes moyennes, décortiquées et nettoyées	1½ lb
15 mL	jus de citron	1 c. à s.
30 mL	estragon	2 c. à s.
15 mL	paprika	1 c. à s.
	poivre du moulin	

■ Faire chauffer beurre et eau dans une sauteuse, à feu moyen. Porter à ébullition et cuire 2 minutes pour faire fondre le beurre.

■ Réduire le feu à doux. Ajouter le reste des ingrédients et bien mélanger. Couvrir d'une feuille de papier ciré. Cuire 5 minutes, en remuant deux fois durant la cuisson.

■ Bien égoutter. Accompagner de citron au moment de servir.

■ Servir avec une sauce cocktail, si désiré.

1 PORTION : 280 CALORIES 0 g GLUCIDES 45 g PROTÉINES 11 g LIPIDES 0 g FIBRES

SALADE DE SAUMON

(POUR 4 PERSONNES)

500 mL	saumon cuit, émietté	2 tasses
2	œufs durs, en dés	2
½	concombre épluché, épépiné et coupé en dés moyens	½
1	poivron rouge en dés (facultatif)	1
75 mL	mayonnaise légère	⅓ tasse
	sel, poivre, paprika	

- Mettre le saumon cuit dans un bol à mélanger. Ajouter les œufs et mélanger doucement.
- Ajouter le reste des ingrédients et mélanger.
- Servir sur un lit de laitue.

1 PORTION : 268 CALORIES 5 g GLUCIDES 23 g PROTÉINES 17 g LIPIDES 0 g FIBRES

PÉTONCLES POCHÉS AUX CÂPRES

(POUR 4 PERSONNES)

750 g	pétoncles frais, lavés	1½ lb
375 mL	eau	1½ tasse
1	branche de céleri, en dés	1
1	carotte, épluchée et émincée	1
1 mL	graines de fenouil	¼ c. à t.
1	branche d'estragon	1
125 mL	vin blanc sec	½ tasse
45 mL	beurre	3 c. à s.
25 mL	farine	1½ c. à s.
25 mL	aneth frais	1½ c. à s.
30 mL	câpres	2 c. à s.
	jus de citron	
	pincée de poivre de Cayenne	
	sel et poivre	

■ Placer pétoncles, eau, céleri, carotte, jus de citron, graines de fenouil, estragon et poivre de Cayenne dans une sauteuse. Poivrer.

■ Ajouter le vin. Couvrir d'une feuille de papier ciré et porter à ébullition, à feu moyen. Dès que le liquide commence à bouillir, retirer la sauteuse du feu. Laisser reposer 2 minutes.

■ Enlever les pétoncles du liquide et les placer dans un bol. Mettre de côté.

■ Remettre la sauteuse contenant le liquide et les légumes à feu vif. Porter à ébullition et cuire 3 minutes. Bien assaisonner. Passer le liquide au tamis.

■ Verser la moitié du liquide dans une casserole et placer à feu doux. Mélanger beurre et farine. Incorporer au liquide de cuisson, en mélangeant constamment au fouet, jusqu'à épaississement de la sauce.

■ Ajouter aneth et câpres. Remettre les pétoncles dans la sauce et réchauffer quelques minutes, à feu doux.

■ Servir sur des pâtes fraîches.

1 PORTION : 370 CALORIES 11 g GLUCIDES 44 g PROTÉINES
15 g LIPIDES 1,0 g FIBRES

1

Verser le vin dans la sauteuse avec les pétoncles et les légumes.

2

Couvrir d'une feuille de papier ciré et porter à ébullition, à feu moyen.

3

Dès qu'ils sont cuits, retirer les pétoncles du liquide.

Remettre la sauteuse contenant le liquide et les légumes à feu vif. Porter à ébullition et cuire 3 minutes.

Mélanger beurre et farine.

Incorporer le mélange de beurre au liquide de cuisson en mélangeant constamment au fouet.

DARNES DE SAUMON AU BASILIC

(POUR 4 PERSONNES)

4	petites darnes de saumon	4
125 mL	basilic frais haché	½ tasse
2	gousses d'ail blanchies, épluchées et écrasées	2
45 mL	fromage parmesan frais râpé	3 c. à s.
45 mL	huile d'olive	3 c. à s.
	quelques gouttes de jus de citron	
	sel et poivre du moulin	
	huile	

■ Badigeonner d'huile les darnes de saumon et les placer dans un plat de service. Saler, poivrer et arroser de jus de citron. Mettre de côté.

■ Placer le basilic dans le bol du robot culinaire. Ajouter l'ail et mélanger 10 secondes.

■ Ajouter le parmesan. Verser l'huile lentement, tout en continuant de mélanger au robot culinaire pendant quelques secondes. Assaisonner au goût. Mettre de côté.

■ Faire chauffer une poêle en fonte, à feu moyen. Lorsque la poêle est chaude, ajouter les darnes de saumon et cuire 12 minutes. Retourner 2 à 3 fois durant la cuisson.

■ Servir avec la sauce au basilic. Accompagner de rondelles de citron et d'un légume.

1 PORTION :	365 CALORIES	1 g GLUCIDES	41 g PROTÉINES
	22 g LIPIDES	0 g FIBRES	

FILETS DE TRUITE SAUMONÉE

(POUR 4 PERSONNES)

15 mL	huile d'olive	1 c. à s.
5 mL	beurre	1 c. à t.
4	filets de truite saumonée	4
75 mL	pignons	⅓ tasse
15 mL	persil frais haché	1 c. à s.
	jus de 1 citron	
	sel et poivre	

■ Faire chauffer, à feu moyen, huile et beurre dans une poêle à frire. Ajouter les filets et cuire 4 minutes.

■ Retourner les filets. Saler, poivrer et prolonger la cuisson 3 minutes, ou selon l'épaisseur des filets. Retirer de la poêle et garder chaud.

■ Ajouter pignons et persil à la poêle chaude; cuire 1 minute. Arroser de jus de citron. Poivrer et cuire 20 secondes.

■ Verser sur les filets de poisson chauds. Accompagner de pommes de terre sautées.

1 PORTION : 346 CALORIES 2 g GLUCIDES 23 g PROTÉINES 28 g LIPIDES 0 g FIBRES

DARNES DE SAUMON AU CONCOMBRE

(POUR 4 PERSONNES)

Bouillon de légumes

5 mL	beurre	1 c. à t.
1	oignon, émincé	1
1	grosse carotte, épluchée et émincée	1
½	branche de céleri, émincée	½
1	échalote sèche, épluchée et finement hachée	1
3	branches de persil	3
1 mL	graines de fenouil	¼ c. à t.
1 mL	estragon haché	¼ c. à t.
1,5 L	eau	6 tasses
	sel et poivre	

■ Faire chauffer, à feu moyen, le beurre dans une grande casserole. Ajouter légumes et aromates. Couvrir et cuire 5 minutes, à feu doux.

■ Ajouter l'eau, remuer, saler et poivrer. Porter à ébullition et cuire 20 minutes, à feu doux.

■ Passer le bouillon. Mettre de côté.

(suite)

Darnes de saumon

4	darnes de saumon de 2 cm (3/4 po) d'épaisseur	4
1	gros concombre	1
1,2 L	bouillon de légumes, chaud	5 tasses
5 mL	persil frais haché	1 c. à t.
	quartiers de citron	
	sel et poivre	

■ Placer les darnes de saumon dans une sauteuse. Mettre de côté.

■ Éplucher le concombre, le couper en 2 en long, l'épépiner et l'émincer.

■ Recouvrir les darnes de saumon de concombre émincé. Saler, poivrer. Verser le bouillon sur le saumon, porter à ébullition à feu moyen. Réduire le feu à doux et laisser mijoter 5 minutes.

■ Retirer les darnes du bouillon et les placer dans un plat de service. Garnir avec les concombres. Parsemer de persil.

■ Servir avec des quartiers de citron.

1 PORTION : 306 CALORIES 9 g GLUCIDES 41 g PROTÉINES 12 g LIPIDES 1,2 g FIBRES

SAUMON ET SAUCE À L'ANETH

(POUR 4 PERSONNES)

4	darnes de saumon	4
15 mL	beurre fondu	1 c. à s.
5 mL	jus de citron	1 c. à t.
5 mL	huile d'olive	1 c. à t.
30 mL	aneth frais haché	2 c. à s.
2 mL	jus de citron	1/2 c. à thé
250 mL	sauce hollandaise	1 tasse
	sel et poivre	

■ Saler, poivrer les darnes de saumon.

■ Mélanger le beurre et 5 mL (1 c. à t.) de jus de citron. Badigeonner le mélange sur les deux côtés du saumon.

■ Faire chauffer, à feu moyen, l'huile d'olive dans une poêle en fonte. Ajouter les darnes de saumon. Cuire 12 minutes. Saler, poivrer et retourner le saumon 3 à 4 fois durant la cuisson.

■ Incorporer aneth et jus de citron à la sauce hollandaise.

■ Napper le poisson de sauce. Servir.

1 PORTION : 342 CALORIES 4 g GLUCIDES 41 g PROTÉINES 18 g LIPIDES 0 g FIBRES

HOMARD GRATINÉ

(POUR 4 PERSONNES)

2	homards cuits de 750 g (1½ lb) chacun, coupés en moitiés	2
30 mL	beurre	2 c. à s.
250 g	crevettes cuites décortiquées, nettoyées et coupées en 3	½ lb
1	échalote sèche, épluchée et hachée	1
2 mL	paprika	½ c. à t.
5 mL	estragon haché	1 c. à t.
50 mL	vin blanc sec (facultatif)	¼ tasse
500 mL	sauce blanche, chaude	2 tasses
125 mL	fromage gruyère râpé	½ tasse
	pincée de piments rouges séchés broyés	
	sel et poivre	

■ Jeter le sac pierreux et l'intestin des homards. Extraire la chair du coffre, de la queue et des pinces. La couper en gros morceaux.

■ Faire chauffer le beurre dans une poêle à frire, à feu moyen. Ajouter homard, crevettes, échalote, paprika et estragon. Cuire 2 minutes. Retirer les fruits de mer de la poêle et mettre de côté.

■ Verser le vin dans la poêle chaude et cuire 2 minutes, à feu vif.

■ Ajouter la sauce blanche, saler, poivrer et cuire 2 minutes.

■ Remettre les fruits de mer dans la sauce et cuire 2 minutes, à feu doux.

■ Placer le mélange dans les demi-carapaces. Parsemer de fromage. Placer sous le gril du four. Dorer 4 minutes.

1 PORTION : 512 CALORIES 13 g GLUCIDES 59 g PROTÉINES 24 g LIPIDES 0 g FIBRES

Casser les pinces.

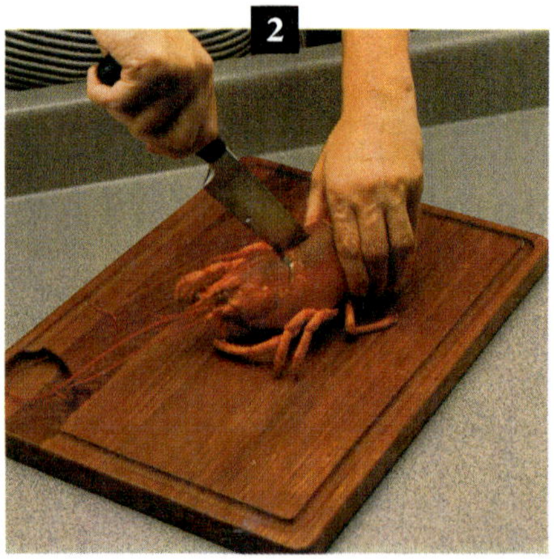

Pour couper le homard cuit en moitiés, percer la carapace au niveau de la tête.

Fendre le corps en deux, de la tête à la queue.

4

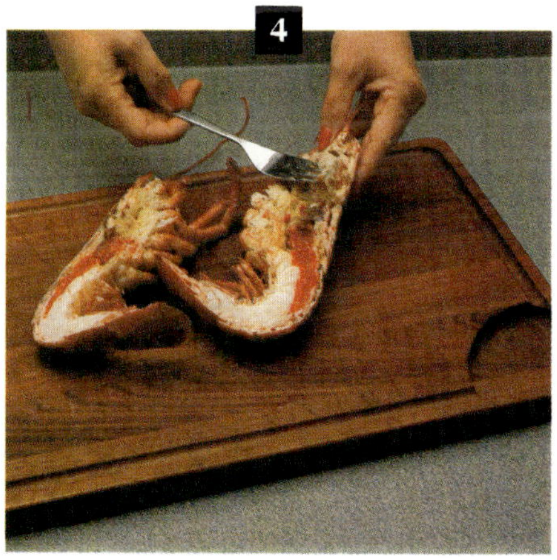

Retirer le sac pierreux et l'intestin.

5

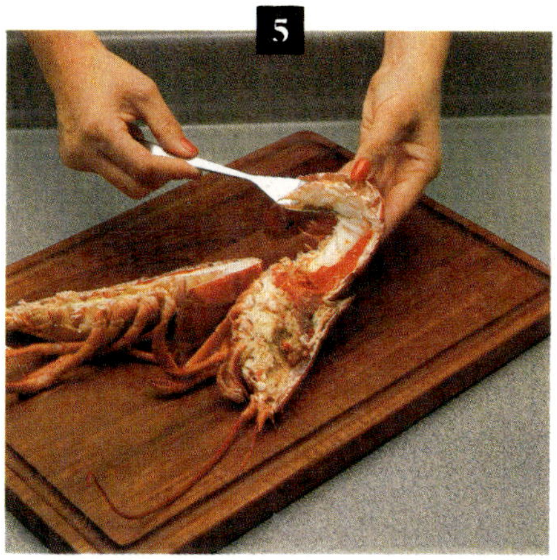

Extraire la chair du coffre et de la queue.

6

Remettre le mélange de homard dans les demi-carapaces.

FILETS DE DORÉ AU FOUR

(POUR 4 PERSONNES)

4	filets de doré, de grandeur moyenne	4
15 mL	persil frais haché	1 c. à s.
2	grosses tomates, coupées en tranches épaisses	2
2	branches de fenouil frais	2
2	branches d'estragon frais	2
50 mL	vin blanc sec	¼ tasse
3	gousses d'ail, épluchées, écrasées et hachées	3
20 mL	beurre	4 c. à t.
	sel et poivre	

■ Préchauffer le four à 190 °C (375 °F).

■ Placer les filets de poisson, la peau vers le bas, dans un plat à rôtir. Saler, poivrer et parsemer de persil.

■ Placer les tomates sur les filets. Ajouter fenouil et estragon. Arroser de vin et ajouter l'ail.

■ Placer un morceau beurre sur chaque filet. Cuire 15 minutes au four et servir.

1 PORTION : 144 CALORIES 4 g GLUCIDES 20 g PROTÉINES 5 g LIPIDES 1,0 g FIBRES

CREVETTES MARINÉES

(POUR 4 PERSONNES)

500 g	crevettes, décortiquées et nettoyées	1 lb
2	gousses d'ail, épluchées, écrasées et hachées	2
30 mL	sauce tériyaki	2 c. à s.
30 mL	huile d'olive	2 c. à s.
1	grosse échalote sèche, épluchée et émincée	1
1	grosse courgette, émincée avec la peau	1
1	poivron vert, épépiné et émincé	1
50 mL	amandes effilées	¼ tasse
	pincée de piments rouges séchés broyés	
	jus de 1 citron	
	sel et poivre	

■ Placer les crevettes dans un bol. Ajouter ail, piments, sauce tériyaki et jus de citron. Laisser mariner 30 minutes.

■ Faire chauffer, à feu vif, la moitié de l'huile dans une poêle à frire. Ajouter les légumes. Saler, poivrer et cuire 6 minutes. Enlever les légumes de la poêle et les mettre de côté.

■ Faire chauffer, à feu vif, le reste de l'huile dans la poêle chaude. Ajouter les crevettes et les faire sauter 2 minutes de chaque côté.

■ Ajouter les légumes sautés et le jus de la marinade. Saler, poivrer. Ajouter les amandes, mélanger et cuire 2 minutes.

■ Servir avec du riz.

1 PORTION : 298 CALORIES 12 g GLUCIDES 34 g PROTÉINES
13 g LIPIDES 1,4 g FIBRES

MORUE À LA FONDUE DE TOMATE

(POUR 4 À 6 PERSONNES)

Fondue de tomate

15 mL	huile d'olive	1 c. à s.
1	oignon, haché	1
1	branche de céleri, en dés	1
3	gousses d'ail, épluchées, écrasées et hachées	3
796 mL	tomates en conserve, égouttées et hachées *ou* 4 grosses tomates pelées et hachées	28 oz
5 mL	basilic	1 c. à t.
2 mL	thym	½ c. à t.
1 mL	poivre de Cayenne	¼ c. à t.
	sel et poivre	

■ Faire chauffer l'huile dans une casserole, à feu moyen. Ajouter oignon, céleri et ail. Cuire 6 minutes, à feu doux.

■ Ajouter le reste des ingrédients. Saler, poivrer, remuer et porter à ébullition, à feu moyen. Prolonger la cuisson 18 minutes, à feu doux. Mettre de côté.

(suite)

Morue

1	branche de céleri, en dés	1
1	carotte, épluchée et en dés	1
1	oignon, épluché et en dés	1
3	branches de persil	3
2	feuilles de laurier	2
1 L	eau	4 tasses
900 g	morue fraîche, coupée en 4	2 lb
500 mL	fondue de tomate	2 tasses
	sel et poivre	

■ Préchauffer le four à 180 °C (350 °F).

■ Mettre légumes et aromates dans un plat à rôtir. Ajouter l'eau. Saler, poivrer et porter à ébullition, à feu vif.

■ Ajouter le poisson et cuire 6 minutes, à feu doux. Le poisson doit être complètement recouvert de liquide.

■ Retirer le poisson du liquide, bien l'égoutter et le placer dans un plat à gratin beurré. Saler, poivrer. Recouvrir de fondue de tomate. Cuire au four 6 minutes. Servir.

1 PORTION : 361 CALORIES 9 g GLUCIDES 53 g PROTÉINES 13 g LIPIDES 2,4 g FIBRES

FILETS DE DORÉ GRILLÉS

(POUR 4 PERSONNES)

1 mL	feuille de laurier broyée	1/4 c. à t.
1 mL	poivre noir	1/4 c. à t.
1 mL	paprika	1/4 c. à t.
1 mL	graines de céleri	1/4 c. à t.
30 mL	huile d'olive	2 c. à s.
4	filets de doré, de grandeur moyenne	4
	jus de 2 limettes	
	sel	

■ Préchauffer le four à GRIL.

■ Bien broyer épices et aromates dans un mortier. Ajouter huile et jus des limettes; mélanger.

■ Badigeonner de mélange les deux côtés des filets.

■ Placer les filets, la peau vers le bas, dans un plat allant au four. Mettre au four à 15 cm (6 po) de l'élément supérieur et griller 7 à 8 minutes. Ne pas retourner les filets durant la cuisson.

■ Servir avec des légumes.

1 PORTION : 154 CALORIES 2 g GLUCIDES 19 g PROTÉINES 8 g LIPIDES 0 g FIBRES

FUMET DE POISSON

(POUR 6 PERSONNES)

900 g	os de poisson	2 lb
30 mL	beurre	2 c. à s.
2	branches de céleri avec les feuilles, en dés	2
½	oignon, en quartiers	½
1	carotte, en épaisses rondelles	1
1	branche de thym	1
3 à 4	branches de persil	3 à 4
1	feuille de laurier	1
15 mL	poivre en grains	1 c. à s.
250 mL	vin blanc sec	1 tasse
1,2 L	eau	5 tasses
	sel et poivre	

■ Mettre os et beurre dans une grande casserole. Couvrir et cuire, à feu moyen, 6 minutes, en remuant 1 fois pendant la cuisson.

■ Ajouter légumes, aromates et poivre en grains; couvrir et cuire 6 minutes.

■ Incorporer vin et eau. Saler, poivrer. Porter à ébullition, à feu moyen, et continuer la cuisson 18 minutes, à feu doux.

■ Passer le fumet de poisson. Laisser refroidir. Placer une pellicule plastique directement sur le fumet de poisson. Se conserve 4 à 5 jours au réfrigérateur.

1 PORTION : 72 CALORIES 2 g GLUCIDES 0 g PROTÉINES
4 g LIPIDES 0 g FIBRES

MOULES AU VIN BLANC

(POUR 4 PERSONNES)

4 kg	moules, brossées et lavées	9 lb
250 mL	vin blanc sec	1 tasse
2	branches de persil	2
2	échalotes sèches, épluchées et hachées	2
5 mL	graines de fenouil	1 c. à t.
125 mL	fumet de poisson (page 182) ou eau	½ tasse
15 mL	beurre manié (page 155)	1 c. à s.
15 mL	persil haché	1 c. à s.
	sel et poivre	

■ Placer les moules nettoyées dans une grande casserole. Ajouter vin, poivre, persil, échalotes, graines de fenouil et fumet de poisson. Couvrir et cuire, à feu moyen, 10 à 12 minutes ou jusqu'à ce que les moules soient ouvertes. Secouer la casserole 2 à 3 fois durant la cuisson.

■ Lorsque toutes les moules sont ouvertes, les retirer de la casserole et les mettre dans un bol. Mettre de côté. (Jeter les moules fermées.)

■ Placer un coton à fromage dans une passoire fine et passer le liquide de cuisson. Reverser le liquide dans la casserole. Saler, poivrer. Incorporer le beurre manié. Parsemer de persil haché et faire cuire 3 minutes, à feu vif, en remuant au fouet.

■ Verser la sauce sur les moules. Servir.

1 PORTION : 461 CALORIES 21 g GLUCIDES 73 g PROTÉINES
5 g LIPIDES 0 g FIBRES

FILETS DE SÉBASTE AUX NOIX

(POUR 4 PERSONNES)

1 mL	poivre noir	¼ c. à t.
1 mL	paprika	¼ c. à t.
2 mL	graines de fenouil	½ c. à t.
4	grands filets de sébaste	4
45 mL	beurre	3 c. à s.
75 mL	noix de pecan	⅓ tasse
15 mL	persil frais haché	1 c. à s.
	jus de citron	
	sel	

■ Broyer poivre, sel, paprika et graines de fenouil dans un mortier. Bien assaisonner les deux côtés des filets du mélange.

■ Faire chauffer, à feu moyen, 30 mL (2 c. à s.) de beurre dans une grande poêle à frire. Ajouter les filets et cuire 4 minutes.

■ Retourner les filets et continuer la cuisson 3 à 4 minutes ou selon l'épaisseur des filets. Retirer les filets cuits de la poêle et les placer dans un plat de service chaud.

■ Faire fondre le reste du beurre dans la poêle chaude. Ajouter les noix et cuire 1 minute. Arroser de jus de citron et mélanger. Verser les noix sur les filets de poisson. Parsemer de persil. Servir.

1 PORTION : 282 CALORIES 6 g GLUCIDES 19 g PROTÉINES
20 g LIPIDES 0 g FIBRES

1

Choisir des filets de sébaste frais.

2

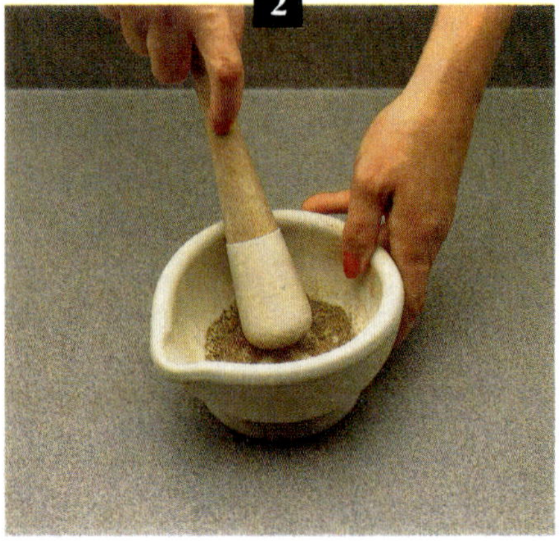

Broyer poivre, sel, paprika et graines de fenouil dans un mortier.

3

Bien assaisonner les filets des deux côtés.

Placer les filets dans le beurre chaud et cuire 4 minutes.

Retourner les filets et continuer la cuisson.

Retirer les filets de la poêle. Faire fondre le reste du beurre et ajouter les noix de pecan.

FLÉTAN SAUTÉ AUX LÉGUMES

(POUR 4 PERSONNES)

4	tranches de flétan	4
250 mL	farine assaisonnée	1 tasse
30 mL	beurre	2 c. à s.
15 mL	huile végétale	1 c. à s.
1	carotte, épluchée et émincée	1
1	poivron vert, émincé	1
1	branche de céleri, émincée	1
250 mL	fumet de poisson, chaud (page 182)	1 tasse
2 mL	fécule de maïs	½ c. à t.
30 mL	eau froide	2 c. à s.
	jus de citron	
	sel et poivre	

■ Préchauffer le four à 190 °C (375 °F).

■ Saler, poivrer et enfariner le poisson. Faire chauffer beurre et huile dans une grande poêle à frire allant au four, à feu moyen. Ajouter le poisson et cuire 8 minutes ou selon l'épaisseur des tranches. Retourner le poisson 2 à 3 fois durant la cuisson.

■ Mettre la poêle au four et continuer la cuisson 6 minutes. Transférer le poisson dans un plat de service et tenir chaud.

■ Mettre tous les légumes dans la poêle chaude et bien assaisonner. Couvrir et cuire 4 minutes, à feu moyen.

■ Incorporer le fumet de poisson et porter à ébullition; cuire 1 minute.

■ Délayer la fécule de maïs dans l'eau froide. Incorporer au mélange de légumes et cuire 1 minute, à feu doux.

■ Accompagner le poisson de la sauce aux légumes. Arroser de jus de citron. Servir aussitôt.

1 PORTION : 325 CALORIES 16 g GLUCIDES 34 g PROTÉINES
14 g LIPIDES 1,0 g FIBRES

FILETS DE SOLE AMANDINE

(POUR 4 PERSONNES)

4	grands filets de sole	4	
250 mL	farine	1 tasse	
30 mL	beurre	2 c. à s.	
5 mL	huile végétale	1 c. à t.	
45 mL	amandes effilées	3 c. à s.	
15 mL	persil frais haché	1 c. à s.	
	sel et poivre		
	paprika		
	jus de 1 citron		

■ Saler, poivrer et saupoudrer les filets de paprika. Bien les enfariner.

■ Faire chauffer beurre et huile dans une poêle à frire, à feu vif. Ajouter le poisson et cuire 2 minutes. Retourner les filets et continuer la cuisson 2 minutes. Transférer les filets dans un plat de service chaud.

■ Mettre amandes, persil et jus de citron dans la poêle chaude; cuire 1 minute, à feu vif. Placer le mélange sur les filets et servir aussitôt.

1 PORTION : 264 CALORIES 15 g GLUCIDES 20 g PROTÉINES 14 g LIPIDES 1,0 g FIBRES

BAR FARCI EN PAPILLOTE

(POUR 4 PERSONNES)

4	bars de 375 à 500 g (3/4 à 1 lb) chacun, nettoyés	4
45 mL	beurre fondu	3 c. à s.
2	échalotes sèches, épluchées et finement hachées	2
250 g	champignons, nettoyés et hachés	1/2 lb
15 mL	persil frais haché	1 c. à s.
1	poivron rouge, en dés	1
	jus de 1 citron	
	sel et poivre	

■ Préchauffer le four à 220 °C (425 °F).

■ Saler, poivrer et arroser de jus de citron l'intérieur des poissons. Placer les poissons sur une grande feuille de papier d'aluminium. Mettre de côté.

■ Faire chauffer, à feu moyen, la moitié du beurre dans une poêle à frire. Ajouter les échalotes et cuire 2 minutes.

■ Ajouter champignons, persil et poivron. Saler, poivrer et cuire 6 minutes.

■ Farcir les poissons et les badigeonner de beurre fondu. Bien sceller le papier d'aluminium. Placer les papillotes dans un plat à rôtir. Cuire au four 16 à 18 minutes.

■ Servir avec du jus de citron.

1 PORTION :	646 CALORIES	30 g GLUCIDES	83 g PROTÉINES
	22 g LIPIDES	2,0 g FIBRES	

MÉROU NOIRCI DE BATON ROUGE

(POUR 4 PERSONNES)

5 mL	poivre noir	1 c. à t.
5 mL	chili en poudre	1 c. à t.
5 mL	thym	1 c. à t.
1 mL	gingembre	1/4 c. à t.
5 mL	paprika	1 c. à t.
5 mL	poivre de Cayenne	1 c. à t.
4	tranches de mérou	4
	huile d'olive	

■ Bien mélanger épices et thym dans un petit bol. Mettre de côté.

■ Préchauffer le four à 180 °C (350 °F).

■ Laver et assécher le poisson. Verser un peu d'huile dans une assiette et y placer le poisson. Retourner le poisson pour enduire les deux côtés d'huile. Mettre de côté.

■ Verser une goutte d'huile dans une poêle en fonte et en enduire la poêle à l'aide d'un morceau de papier absorbant. Faire chauffer à feu vif. Ajouter le mélange d'épices et de thym et remuer de temps à autre. Cuire 2 minutes.

■ Ajouter le poisson. Cuire, à feu moyen, 3 à 4 minutes de chaque côté ou selon l'épaisseur des tranches.

■ Mettre au four et prolonger la cuisson 7 à 8 minutes.

1 PORTION : 212 CALORIES 0 g GLUCIDES 35 g PROTÉINES 8 g LIPIDES 0 g FIBRES

BAUDROIE AU COULIS DE TOMATE

(POUR 4 PERSONNES)

30 mL	huile d'olive	2 c. à s.
1	oignon, finement haché	1
1	gousse d'ail, épluchée, écrasée et hachée	1
4	grosses tomates, coupées en 6	4
45 mL	basilic frais haché	3 c. à s.
50 mL	fumet de poisson (page 182)	¼ tasse
30 mL	pâte de tomates	2 c. à s.
4	filets de baudroie d'Amérique, de grosseur moyenne	4
	pincée de cassonade	
	sel et poivre	

■ Préchauffer le four à 180 °C (350 °F).

■ Faire chauffer, à feu moyen, 15 mL (1 c. à s.) d'huile dans une sauteuse. Ajouter oignon et ail; cuire 6 minutes, à feu doux.

■ Ajouter tomates et basilic. Saler, poivrer et cuire, à feu doux, 10 minutes, en remuant de temps à autre.

■ Incorporer fumet de poisson, pâte de tomates et cassonade. Prolonger la cuisson 6 à 7 minutes.

■ Faire chauffer, à feu moyen, le reste de l'huile dans une poêle à frire. Ajouter le poisson et cuire 2 minutes de chaque côté.

■ Mettre le poisson dans un plat à rôtir. Verser les tomates dessus. Mettre au four et cuire 10 minutes ou selon l'épaisseur des filets.

■ Si désiré, passer la sauce et ajouter 30 mL (2 c. à s.) de crème sure.

1 PORTION : 342 CALORIES 9 g GLUCIDES 42 g PROTÉINES
15 g LIPIDES 2,0 g FIBRES

1

Choisir un poisson frais.

2

Mettre oignon et ail dans l'huile chaude et cuire 6 minutes, à feu doux.

3

Ajouter tomates et basilic. Cuire 10 minutes, en remuant de temps à autre.

Incorporer fumet de poisson, pâte de tomates et cassonade.

Faire cuire le poisson 2 minutes de chaque côté.

Placer le poisson dans un plat à rôtir. Couvrir des tomates et continuer la cuisson au four.

FILETS DE DORÉ SAUTÉS

(POUR 4 PERSONNES)

15 mL	beurre	1 c. à s.
15 mL	huile d'olive	1 c. à s.
4	filets de doré	4
1	poivron rouge, en julienne	1
1	courgette, en julienne	1
125 mL	pignons	½ tasse
30 mL	zeste d'orange, râpé	2 c. à s.
	jus de citron	
	sel et poivre	

■ Préchauffer le four à 190 °C (375 °F).

■ Faire chauffer beurre et huile dans une sauteuse allant au four, à feu moyen. Ajouter le poisson, saler, poivrer et cuire 3 minutes.

■ Retourner les filets. Mettre au four et continuer la cuisson 6 à 8 minutes ou selon l'épaisseur des filets.

■ Retirer le poisson de la sauteuse et garder chaud.

■ Mettre poivron et courgette dans la sauteuse chaude. Cuire 4 minutes, à feu vif.

■ Ajouter le reste des ingrédients, saler, poivrer et cuire 3 minutes. Verser le tout sur les filets de poisson. Servir.

1 PORTION : 236 CALORIES 6 g GLUCIDES 25 g PROTÉINES
12 g LIPIDES 0 g FIBRES

CREVETTES SAUTÉES RICHMOND

(POUR 4 PERSONNES)

15 mL	huile d'olive	1 c. à s.
625 g	crevettes fraîches, décortiquées et nettoyées	1 ¼ lb
2	betteraves moyennes, cuites et en quartiers	2
250 mL	maïs cuit	1 tasse
2	gousses d'ail, épluchées, écrasées et hachées	2
15 mL	estragon frais haché	1 c. à s.
1	avocat, pelé et en quartiers	1
5 mL	persil frais haché	1 c. à t.
	jus de 1 citron	
	sel et poivre	

■ Faire chauffer l'huile dans une poêle à frire, à feu vif. Ajouter les crevettes, saler, poivrer et cuire 2 minutes.

■ Retourner les crevettes et continuer la cuisson 2 à 3 minutes. Retirer les crevettes de la sauteuse et les mettre de côté.

■ Mettre légumes et ail dans la poêle chaude. Cuire 1 minute, à feu vif. Ajouter les crevettes. Saler, poivrer et ajouter l'estragon. Cuire 2 minutes.

■ Disposer les crevettes et les légumes sur un plat de service. Placer les quartiers d'avocat tout autour et les arroser de jus de citron. Parsemer de persil. Servir.

1 PORTION : 334 CALORIES 20 g GLUCIDES 40 g PROTÉINES
10 g LIPIDES 3,7 g FIBRES

Moules au gratin

MOULES AU GRATIN

(POUR 4 PERSONNES)

4 kg	moules, brossées et lavées	9 lb
125 mL	vin blanc sec	½ tasse
3	tranches de pain blanc, écroûtées	3
125 mL	lait	½ tasse
30 mL	beurre	2 c. à s.
125 mL	échalotes sèches, épluchées et hachées	½ tasse
4	gousses d'ail, épluchées, écrasées et hachées	4
60 mL	persil frais haché	4 c. à s.
30 mL	ciboulette fraîche hachée	2 c. à s.
	pincée de poivre de Cayenne	
	sel et poivre	

■ Placer les moules dans une très grande casserole. Ajouter le vin, couvrir et cuire, à feu moyen, jusqu'à ce que les moules s'ouvrent. Secouer la casserole 2 à 3 fois durant la cuisson. Jeter les moules qui restent fermées.

■ Retirer les moules de leur coquille, bien les égoutter et les hacher. Mettre de côté. Réserver les demi-coquilles.

■ Placer un coton à fromage dans une fine passoire et passer le liquide de cuisson. Verser le liquide dans une casserole et cuire 5 minutes, à feu vif. Mettre de côté.

■ Mettre le pain dans un bol et ajouter le lait. Laisser tremper.

■ Faire chauffer le beurre dans une poêle à frire, à feu moyen. Ajouter échalotes et ail. Cuire 4 minutes.

■ Ajouter persil, ciboulette et poivre de Cayenne. Cuire 1 minute.

■ Ajouter les moules hachées. Saler, poivrer, bien mélanger et retirer du feu.

■ Presser le pain pour en extraire le lait. Ajouter le pain au mélange de moules et bien incorporer. Ajouter le liquide de cuisson réduit et mélanger.

■ Farcir les demi-coquilles. Placer au four sous le gril chaud. Dorer 3 minutes. Servir.

1 PORTION : 560 CALORIES 39 g GLUCIDES 76 g PROTÉINES
9 g LIPIDES 1,0 g FIBRES

PALOURDES FARCIES

(POUR 4 PERSONNES)

24	palourdes, brossées et lavées	24
125 mL	eau	½ tasse
4	tranches de pain blanc, écroûtées	4
125 mL	lait	½ tasse
30 mL	beurre	2 c. à s.
1	oignon, finement haché	1
1	gousse d'ail, épluchée, écrasée et hachée	1
5 mL	persil frais haché	1 c. à t.
5 mL	origan	1 c. à t.
	quelques gouttes de sauce Worcestershire	
	sel, poivre, paprika	

■ Mettre les palourdes dans une grande casserole. Ajouter l'eau, couvrir et porter à ébullition. Cuire 5 minutes. S'assurer que toutes les palourdes sont complètement ouvertes. Jeter celles qui restent fermées.

■ Retirer les palourdes de leur coquille, les hacher et les mettre dans un bol. Réserver 24 demi-coquilles. Mettre de côté.

■ Mettre le pain dans un bol. Ajouter le lait et laisser tremper 5 minutes.

■ Faire chauffer, à feu moyen, le beurre dans une poêle à frire. Ajouter oignon et ail. Cuire 4 minutes, à feu moyen. Retirer du feu.

■ Presser le pain pour en extraire le lait. Ajouter le pain au mélange à l'oignon. Ajouter les palourdes hachées et mélanger. Saler, poivrer. Ajouter tous les assaisonnements. Mélanger de nouveau.

■ Remettre la poêle à feu vif et cuire la farce 2 à 3 minutes.

■ Farcir les demi-coquilles. Étaler un lit de gros sel au fond d'un plat à rôtir (pour supporter les coquilles). Placer les palourdes farcies sur le sel. Faire griller 5 minutes au four.

1 PORTION : 238 CALORIES 24 g GLUCIDES 15 g PROTÉINES
9 g LIPIDES 1,1 g FIBRES

1

N'utiliser que des palourdes très fraîches. Bien brosser et laver les palourdes avant la cuisson.

2

Mettre les palourdes dans une grande casserole. Ajouter l'eau, couvrir et faire cuire.

3

Retirer les palourdes de leur coquille. Jeter celles qui restent fermées.

4

Hacher les palourdes.

5

Faire tremper le pain dans le lait.

6

Farcir les palourdes.

FLÉTAN POCHÉ EN SAUCE POISSON

(POUR 4 PERSONNES)

4	tranches de flétan	4
1,5 L	fumet de poisson, chaud (page 182)	6 tasses
30 mL	beurre	2 c. à s.
45 mL	farine	3 c. à s.
375 mL	fumet de poisson, chaud	1½ tasse
30 mL	crème à 35% (facultatif)	2 c. à s.
15 mL	persil frais haché	1 c. à s.
	paprika	
	sel et poivre	

■ Placer le poisson dans une grande sauteuse et y verser 1,5 L (6 tasses) de fumet de poisson. Laisser mijoter, à feu doux, 4 à 5 minutes de chaque côté ou selon l'épaisseur des tranches.

■ Entre-temps, faire chauffer le beurre dans une casserole, à feu moyen. Ajouter la farine; mélanger et cuire 1 minute, à feu doux. Ajouter 375 mL (1½ tasse) de fumet de poisson et bien mélanger au fouet. Continuer la cuisson 6 minutes.

■ Incorporer la crème et rectifier l'assaisonnement; continuer la cuisson 2 minutes.

■ Placer le poisson poché dans un plat de service. Napper de sauce et parsemer de persil. Saupoudrer de paprika et, si désiré, accompagner de champignons.

1 PORTION : 321 CALORIES 6 g GLUCIDES 33 g PROTÉINES
18 g LIPIDES 0 g FIBRES

BŒUF BRAISÉ

(POUR 4 À 6 PERSONNES)

30 mL	huile d'olive	2 c. à s.
1,8 kg	rôti de ronde de bœuf, ficelé	4 lb
3	gros oignons, coupés en 6	3
2	gousses d'ail, épluchées, écrasées et hachées	2
250 mL	sauce aux canneberges	1 tasse
796 mL	tomates en conserves, égouttées et hachées	28 oz
125 mL	vin de xérès	½ tasse
750 mL	bouillon de bœuf, chaud	3 tasses
5 mL	basilic	1 c. à t.
2 mL	thym	½ c. à t.
5 mL	origan	1 c. à t.
	sel et poivre	

■ Préchauffer le four à 180 °C (350 °F).

■ Faire chauffer l'huile dans une casserole allant au four, à feu vif. Ajouter la viande et saisir sur tous les côtés. Saler, poivrer.

■ Ajouter oignons et ail et continuer la cuisson 8 minutes pour saisir les oignons. Mélanger 1 ou 2 fois durant la cuisson.

■ Ajouter le reste des ingrédients. Saler, poivrer et porter à ébullition. Couvrir et cuire 2 heures 30 minutes à 3 heures au four.

■ Servir avec des légumes frais.

Note : pour une sauce plus épaisse, verser 500 mL (2 tasses) de sauce dans une casserole. Délayer 15 mL (1 c. à s.) de fécule de maïs dans 45 mL (3 c. à s.) d'eau froide. Incorporer à la sauce et cuire 1 minute, à feu vif.

1 PORTION : 634 CALORIES 17 g GLUCIDES 87 g PROTÉINES
23 g LIPIDES 2,0 g FIBRES

RÔTI DE PORC AU VIN DE XÉRÈS

(POUR 4 PERSONNES)

1,6 kg	rôti de porc désossé et ficelé	3½ lb
2	gousses d'ail, épluchées et coupées en petits morceaux	2
15 mL	huile d'olive	1 c. à s.
2	gros oignons, coupés en 6	2
2	gousses d'ail entières, épluchées	2
2 mL	romarin	½ c. à t.
2 mL	thym	½ c. à t.
125 mL	vin de xérès	½ tasse
375 mL	bouillon de poulet, chaud	1½ tasse
15 mL	fécule de maïs	1 c. à s.
45 mL	eau froide	3 c. à s.
	sel et poivre	

■ Préchauffer le four à 180 °C (350 °F).

■ Pratiquer des entailles dans le rôti et y insérer des morceaux d'ail. Faire chauffer, à feu vif, l'huile dans une cocotte. Placer le rôti dans la cocotte et saisir sur tous les côtés.

■ Ajouter oignons, ail et aromates. Saler, poivrer. Mettre au four, sans couvrir, et cuire 1 heure 15 minutes.

■ Retirer le rôti cuit de la cocotte, le recouvrir d'une feuille de papier d'aluminium pour l'empêcher de refroidir et le laisser reposer 10 minutes.

■ Placer la cocotte à feu vif et faire cuire le jus de cuisson 2 minutes. Ajouter le vin et cuire 2 minutes. Incorporer le bouillon de poulet et prolonger la cuisson 3 minutes.

■ Délayer la fécule de maïs dans l'eau froide. Verser dans la sauce et porter à ébullition. Ne pas passer la sauce.

■ Trancher le rôti. Accompagner de la sauce aux oignons. Garnir de pommes de terre.

1 PORTION : 822 CALORIES 6 g GLUCIDES 84 g PROTÉINES
49 g LIPIDES 1,0 g FIBRES

Casserole aux fruits de mer

CASSEROLE AUX FRUITS DE MER

(POUR 4 PERSONNES)

375 g	gros pétoncles	¾ lb
375 g	crevettes décortiquées et nettoyées	¾ lb
2 mL	fenouil	½ c. à t.
15 mL	persil frais haché	1 c. à s.
125 mL	vin blanc sec	½ tasse
375 mL	jus de palourde	1½ tasse
60 mL	beurre	4 c. à s.
250 g	champignons, nettoyés et hachés	½ lb
2	échalotes sèches, épluchées et hachées	2
45 mL	farine	3 c. à s.
45 mL	chapelure	3 c. à s.
	sel et poivre	

■ Mettre pétoncles et crevettes dans une sauteuse. Ajouter fenouil, persil, vin et jus de palourde. Saler, poivrer. Placer un papier ciré directement sur les ingrédients. Porter au point d'ébullition, à feu moyen, sans permettre au liquide de bouillir. Retirer la sauteuse du feu. Laisser reposer 4 minutes.

■ Retirer pétoncles et crevettes du liquide. Mettre de côté. Placer la sauteuse à feu moyen et faire cuire le liquide 4 minutes.

■ Faire chauffer, à feu moyen, 45 mL (3 c. à s.) de beurre dans une poêle à frire. Ajouter champignons et échalotes. Bien saler, poivrer et cuire 4 minutes. Incorporer la farine et cuire 1 minute.

■ Incorporer le liquide de cuisson réservé et bien remuer. Cuire 4 minutes.

■ Émincer en biais pétoncles et crevettes. Disposer dans un plat à gratin. Napper de sauce.

■ Préchauffer le four à GRIL.

■ Incorporer le reste du beurre à la chapelure. Parsemer le mélange de chapelure sur la casserole aux fruits de mer. Griller 3 minutes au four. Servir.

1 PORTION : 416 CALORIES 19 g GLUCIDES 48 g PROTÉINES
15 g LIPIDES 2,1 g FIBRES

BŒUF BOURGUIGNON

(POUR 4 À 6 PERSONNES)

30 mL	huile d'olive	2 c. à s.
1,6 kg	palette de bœuf, en cubes de 2 cm (3/4 po)	3 1/2 lb
3	échalotes sèches, épluchées et hachées	3
3	gousses d'ail, épluchées, écrasées et hachées	3
60 mL	farine	4 c. à s.
750 mL	vin rouge sec	3 tasses
1	feuille de laurier	1
500 mL	bouillon de bœuf, chaud	2 tasses
5 mL	basilic	1 c. à t.
5 mL	persil frais haché	1 c. à t.
45 mL	beurre	3 c. à s.
24	petits oignons blancs, épluchés	24
500 g	champignons, nettoyés et en moitiés	1 lb
	sel et poivre	

■ Préchauffer le four à 180 °C (350 °F).

■ Faire chauffer la moitié de l'huile dans une grande sauteuse allant au four, à feu moyen. Ajouter la moitié de la viande et bien saisir sur tous les côtés. Saler, poivrer. Retirer la viande de la sauteuse et la mettre de côté.

■ Verser le reste de l'huile dans la sauteuse chaude. Ajouter le reste de la viande, échalotes et ail. Saisir sur tous les côtés. Remettre toute la viande dans la sauteuse. Saler, poivrer. Incorporer la farine et cuire 4 à 5 minutes, à feu moyen.

■ Verser le vin dans une casserole. Ajouter la feuille de laurier et porter à ébullition. Faire réduire le liquide du tiers. Puis, verser le liquide sur la viande.

■ Ajouter le bouillon de bœuf et bien mélanger. Ajouter les aromates et porter à ébullition. Couvrir et mettre au four. Cuire 2 heures.

■ Trente minutes avant la fin de la cuisson, faire chauffer le beurre dans une poêle à frire, à feu moyen. Ajouter les oignons. Saler, poivrer et cuire 5 minutes. Ajouter les champignons. Assaisonner au goût et cuire 4 minutes.

■ Verser les légumes dans la sauteuse et finir la cuisson au four. Servir avec des croûtons.

1 PORTION : 788 CALORIES 31 g GLUCIDES 78 g PROTÉINES 32 g LIPIDES 4,7 g FIBRES

Faire saisir la viande, les échalotes et l'ail dans l'huile chaude.

Incorporer la farine et cuire 4 à 5 minutes, à feu moyen.

Porter le vin à ébullition à feu moyen. Faire réduire du tiers.

Verser le vin sur la viande.

Ajouter le bouillon de bœuf et les aromates.

Trente minutes avant la fin de la cuisson, faire sauter les oignons et les champignons dans le beurre chaud.

CASSEROLE NOURRISSANTE

(POUR 6 PERSONNES)

1	grosse aubergine, en moitiés en long	1
30 mL	huile d'olive	2 c. à s.
½	courgette, en dés moyens	½
1	poivron vert, en dés moyens	1
2	courges d'été, en dés moyens	2
3	échalotes sèches, épluchées et hachées	3
2	gousses d'ail, épluchées, écrasées et hachées	2
1 mL	paprika	¼ c. à t.
3	tomates, pelées et en dés	3
125 mL	vin de xérès	½ tasse
250 mL	haricots blancs cuits	1 tasse
375 mL	fromage gruyère râpé	1½ tasse
	sel et poivre	

■ Préchauffer le four à 200 °C (400 °F).

■ Pratiquer de longues incisions entrecroisées sur la chair des demi-aubergines. Badigeonner d'huile et mettre dans un plat à rôtir, la peau vers le haut. Cuire 40 minutes, au four. Extraire la pulpe, la hacher et la mettre de côté.

■ Faire chauffer le reste de l'huile dans une poêle à frire, à feu moyen. Incorporer les légumes, sauf tomates et haricots. Ajouter ail et paprika. Saler, poivrer, bien mélanger et cuire 10 minutes, en remuant de temps à autre.

■ Ajouter pulpe d'aubergine et tomates. Bien mélanger et saler, poivrer. Couvrir et cuire 12 minutes, à feu doux. Incorporer vin et haricots.

■ Régler le four à 190 °C (375 °F).

■ Verser le mélange dans un plat à gratin beurré. Parsemer de fromage. Cuire 12 minutes, au four.

1 PORTION : 231 CALORIES 19 g GLUCIDES 11 g PROTÉINES 12 g LIPIDES 5,1 g FIBRES

PUDDING AUX POIREAUX

(POUR 4 À 6 PERSONNES)

15 mL	beurre	1 c. à s.
4	blancs de poireaux cuits, égouttés et hachés	4
4	œufs battus	4
150 mL	farine	$\frac{2}{3}$ tasse
1 mL	muscade	$\frac{1}{4}$ c. à t.
375 mL	lait	$1\frac{1}{2}$ tasse
	pincée de paprika	
	sel et poivre	

■ Préchauffer le four à 190 °C (375 °F).

■ Beurrer un plat à gratin.

■ Mettre les poireaux cuits dans un bol. Ajouter les œufs et bien mélanger. Incorporer la farine. Ajouter paprika, muscade et lait. Saler, poivrer. Bien mélanger au fouet.

■ Verser le mélange dans le plat beurré. Cuire 40 minutes au four. Trancher et servir.

1 PORTION :	244 CALORIES	31 g GLUCIDES	11 g PROTÉINES
	9 g LIPIDES	3,6 g FIBRES	

GOULACHE

(POUR 4 À 6 PERSONNES)

30 mL	huile d'olive	2 c. à s.
1,6 kg	palette de bœuf, en cubes de 2 cm (3/4 po)	3 1/2 lb
3	oignons, émincés	3
45 mL	paprika	3 c. à s.
3	gousses d'ail, épluchées, écrasées et hachées	3
60 mL	farine	4 c. à s.
1 L	bouillon de bœuf, chaud	4 tasses
15 mL	basilic	1 c. à s.
5 mL	carvi	1 c. à t.
2 mL	thym	1/2 c. à t.
	sel et poivre	

■ Préchauffer le four à 160 °C (325 °F).

■ Faire chauffer la moitié de l'huile dans une sauteuse allant au four, à feu moyen. Ajouter la moitié de la viande et bien saisir sur tous les côtés. Saler, poivrer. Retirer de la sauteuse et mettre de côté. Ajouter le reste d'huile et répéter le même procédé pour le reste de la viande. Retirer et mettre de côté.

■ Mettre les oignons dans la sauteuse chaude. Cuire 8 minutes, à feu moyen, en mélangeant de temps à autre. Ajouter paprika et ail. Bien mélanger et cuire 8 minutes, à feu moyen.

■ Remettre toute la viande dans la sauteuse. Saupoudrer de farine et bien mélanger. Cuire 4 minutes, à feu doux. Ajouter le reste des ingrédients. Saler, poivrer et mélanger. Porter à ébullition, couvrir et mettre au four. Cuire 3 heures.

■ Accompagner de crème sure et de pommes de terre bouillies.

1 PORTION : 576 CALORIES 15 g GLUCIDES 75 g PROTÉINES 24 g LIPIDES 1,2 g FIBRES

1

Faire saisir la viande dans l'huile chaude.

2

Retirer la viande de la sauteuse. Mettre de côté.

3

Faire cuire les oignons dans la sauteuse chaude.

Ajouter paprika et ail, mélanger et cuire 8 minutes, à feu moyen.

Remettre toute la viande saisie dans la sauteuse. Saupoudrer de farine et mélanger.

Ajouter le bouillon de bœuf et le reste des ingrédients.

LÉGUMES AU CHILI

(POUR 6 À 8 PERSONNES)

15 mL	huile d'olive	1 c. à s.
1	gros oignon, finement haché	1
3	gousses d'ail, épluchées, écrasées et hachées	3
2	branches de céleri, en dés	2
2	carottes, épluchées et en dés	2
2	courgettes, en dés	2
1	poivron vert, en dés	1
1	poivron rouge, en dés	1
30 mL	chili en poudre	2 c. à s.
2 mL	clou de girofle moulu	½ c. à t.
25 mL	origan	1½ c. à s.
1	feuille de laurier	1
796 mL	tomates en conserve, hachées, avec le jus	28 oz
30 mL	pâte de tomates	2 c. à s.
250 g	champignons nettoyés et coupés en deux	½ lb
	pincée de paprika	
	pincée de sucre	
	sel et poivre	
	fromage cheddar râpé	

■ Préchauffer le four à 160 °C (325 °F).

■ Faire chauffer l'huile dans une grande sauteuse allant au four, à feu vif. Ajouter oignon, ail et céleri. Cuire 8 minutes, à feu moyen, en remuant de temps à autre.

■ Ajouter carottes, courgettes, poivrons, épices et aromates. Saler, poivrer et bien mélanger. Couvrir et cuire 8 minutes, à feu doux.

■ Bien incorporer les tomates avec leur jus, la pâte de tomates et le sucre. Couvrir et cuire 40 minutes, au four.

■ Ajouter les champignons, mélanger et prolonger la cuisson au four pendant 20 minutes, sans couvrir.

■ Couronner de fromage râpé. Accompagner de pain grillé.

1 PORTION : 116 CALORIES, 14 g GLUCIDES, 5 g PROTÉINES, 5 g LIPIDES, 3,6 g FIBRES

HARICOTS À L'AIL

(POUR 4 À 6 PERSONNES)

500 g	petits haricots blancs	1 lb
1	bouquet garni (thym, laurier, basilic et persil)	1
12	gousses d'ail entières, épluchées	12
30 mL	persil haché	2 c. à s.
500 mL	vin blanc sec	2 tasses
15 mL	basilic	1 c. à s.
	sel et poivre	

■ Placer les haricots dans un bol. Recouvrir complètement d'eau froide et laisser tremper 12 heures.

■ Égoutter, puis verser les haricots dans une grande casserole allant au four. Recouvrir complètement d'eau froide. Saler, poivrer et ajouter le bouquet garni. Cuire à feu moyen, sans couvrir, pendant 1 heure 30 minutes.

■ Préchauffer le four à 150 °C (300 °F).

■ Bien égoutter les haricots et les remettre dans la même casserole. Ajouter ail, persil, vin et basilic. Saler, poivrer. Recouvrir d'eau et porter à ébullition. Couvrir et cuire 1 heure 30 minutes au four.

■ Trente minutes avant la fin de la cuisson, retirer le couvercle.

1 PORTION :	174 CALORIES	18 g GLUCIDES	8 g PROTÉINES
	0 g LIPIDES	7,5 g FIBRES	

HARICOTS EN POT

(POUR 4 À 6 PERSONNES)

500 g	petits haricots blancs	1 lb
125 g	lard salé, en dés	¼ lb
15 mL	moutarde en poudre	1 c. à s.
1½	oignon, finement haché	1½
150 mL	ketchup aux tomates	⅔ tasse
2	gousses d'ail, épluchées, écrasées et hachées	2
50 mL	mélasse	¼ tasse
1,2 L	eau chaude	5 tasses
	sel et poivre	

■ Placer les haricots dans un grand bol et les recouvrir complètement d'eau froide. Laisser tremper 12 heures.

■ Égoutter les haricots et les placer dans une grande casserole. Recouvrir complètement d'eau froide. Porter à ébullition. Saler, poivrer et cuire 30 minutes, à feu moyen.

■ Préchauffer le four à 150 °C (300 °F).

■ Égoutter les haricots et les placer dans un pot en grès. Ajouter le reste des ingrédients, y compris l'eau chaude. Saler, poivrer généreusement. Couvrir et cuire 3 heures, au four.

■ Trente minutes avant la fin de la cuisson, retirer le couvercle.

1 PORTION : 296 CALORIES 34 g GLUCIDES 8 g PROTÉINES 15 g LIPIDES 7,7 g FIBRES

POIREAUX EN SAUCE

(POUR 4 PERSONNES)

4	gros blancs de poireaux	4
50 mL	oignon émincé, cuit	1/4 tasse
4	grosses pommes de terre, épluchées et émincées	4
1 mL	muscade	1/4 c. à t.
500 mL	sauce blanche légère, chaude	2 tasses
250 mL	fromage gruyère râpé	1 tasse
	pincée de paprika	
	sel et poivre blanc	

■ En partant à 2 cm (3/4 po) de la base, fendre les poireaux en 4, les rincer abondamment sous l'eau froide en écartant les feuilles pour éliminer le sable. Faire cuire 35 minutes, dans l'eau bouillante salée. Bien égoutter.

■ Préchauffer le four à 180 °C (350 °F).

■ Émincer les poireaux et les placer dans un plat à gratin beurré. Répartir les oignons cuits sur les poireaux. Recouvrir de pommes de terre. Saler, poivrer.

■ Incorporer muscade et paprika à la sauce blanche. Verser la sauce sur les légumes. Parsemer de fromage. Cuire 40 minutes, au four. Servir.

1 PORTION : 481 CALORIES 64 g GLUCIDES 16 g PROTÉINES
18 g LIPIDES 3,9 g FIBRES

AGNEAU AU CARI

(POUR 4 PERSONNES)

30 mL	huile d'olive	2 c. à s.
1,4 kg	épaule d'agneau, en gros cubes	3 lb
1	gros oignon, haché	1
2	gousses d'ail, épluchées, écrasées et hachées	2
45 mL	cari	3 c. à s.
45 mL	farine	3 c. à s.
750 mL	bouillon de poulet, chaud	3 tasses
2	bananes plantains, en rondelles	2
	sel et poivre	

■ Préchauffer le four à 180 °C (350 °F).

■ Faire chauffer l'huile dans une sauteuse allant au four, à feu vif. Ajouter la viande et saisir sur tous les côtés, pendant 6 minutes. Saler, poivrer.

■ Ajouter oignon et ail. Mélanger et cuire 4 minutes, à feu vif. Ajouter le cari, bien mélanger et cuire 3 minutes.

■ Bien incorporer la farine et cuire 3 minutes, à feu moyen.

■ Arroser du bouillon de poulet. Saler, poivrer et porter à ébullition. Couvrir et cuire 2 heures au four.

■ Quinze minutes avant la fin de la cuisson, ajouter les bananes plantains.

■ Servir avec des pâtes.

1 PORTION : 673 CALORIES 21 g GLUCIDES 73 g PROTÉINES 33 g LIPIDES 1,2 g FIBRES

Faire saisir la viande dans l'huile chaude.

Ajouter oignon et ail. Mélanger et cuire 4 minutes, à feu vif.

Ajouter le cari, bien mélanger et cuire 3 minutes.

Ajouter la farine, bien mélanger et cuire 3 minutes, à feu moyen.

Incorporer le bouillon de poulet.

Quinze minutes avant la fin de la cuisson, ajouter les bananes plantains.

PÂTE À CRÊPES

250 mL	farine	1 tasse
2 mL	sel	½ c. à t.
4	œufs	4
250 mL	eau Perrier ou eau minérale	1 tasse
300 mL	lait	1¼ tasse
45 mL	beurre fondu, tiède	3 c. à s.

■ Tamiser farine et sel dans un bol. Ajouter les œufs et bien mélanger. Ajouter l'eau minérale et mélanger au fouet. Incorporer le lait et fouetter. Ajouter le beurre fondu et fouetter.

■ Passer la pâte dans une fine passoire. Réfrigérer 1 heure avant d'utiliser.

Note : si la pâte est trop épaisse, ajouter un peu d'eau. Bien mélanger la pâte avant de l'utiliser.

1 RECETTE : 1273 CALORIES 122 g GLUCIDES 50 g PROTÉINES 65 g LIPIDES 4,7 g FIBRES

CRÊPES À L'AUBERGINE

(POUR 4 PERSONNES)

1	grosse aubergine, en moitiés en long	1
15 mL	huile d'olive	1 c. à s.
30 mL	beurre	2 c. à s.
3	échalotes sèches, épluchées et hachées	3
2	gousses d'ail, épluchées, écrasées et hachées	2
2	grosses tomates, pelées et hachées	2
5 mL	basilic	1 c. à t.
5 mL	persil frais haché	1 c. à t.
8	crêpes (page 216)	8
500 mL	sauce blanche légère, chaude	2 tasses
300 mL	fromage gruyère râpé	1¼ tasse
	sel et poivre	

■ Préchauffer le four à 190 °C (375 °F).

■ Pratiquer de longues incisions entrecroisées sur la chair des demi-aubergines. Badigeonner d'huile et mettre dans un plat à rôtir, la peau vers le haut. Cuire 40 minutes, au four. Extraire la pulpe, la hacher et la mettre de côté.

■ Régler le four à 180 °C (350 °F).

■ Faire chauffer le beurre dans une casserole, à feu moyen. Ajouter échalotes et ail. Cuire 5 minutes, à feu doux.

■ Ajouter la pulpe d'aubergine et mélanger. Incorporer tomates et aromates. Saler, poivrer et cuire 12 minutes, à feu doux.

■ Étaler le mélange sur les crêpes, rouler et placer dans un plat à gratin beurré. Couvrir de sauce blanche. Parsemer de fromage. Cuire 12 minutes, au four. Servir.

1 PORTION : 715 CALORIES 51 g GLUCIDES 27 g PROTÉINES 45 g LIPIDES 3,0 g FIBRES

CASSEROLE À L'AGNEAU ET AUX LÉGUMES

(POUR 4 PERSONNES)

5 mL	basilic	1 c. à t.
1 mL	thym	¼ c. à t.
60 mL	farine	4 c. à s.
30 mL	huile d'olive	2 c. à s.
1,2 kg	épaule d'agneau, dégraissée et en gros cubes	2½ lb
50 mL	vin de xérès	¼ tasse
500 mL	bouillon de poulet, chaud	2 tasses
15 mL	beurre	1 c. à s.
24	petits oignons blancs, épluchés	24
6	échalotes sèches, entières, épluchées	6
1	branche de céleri, coupée en gros morceaux et blanchie	1
4	carottes épluchées, coupées en gros morceaux et blanchies	4
1	poivron jaune, en gros dés	1
1	poivron rouge, en gros dés	1
	sel et poivre	

■ Préchauffer le four à 180 °C (350 °F).

■ Incorporer basilic et thym à la farine. Enrober les cubes de viande de farine. Saler, poivrer généreusement.

■ Faire chauffer l'huile dans une sauteuse allant au four, à feu vif. Ajouter la viande et bien saisir sur tous les côtés, pendant 8 minutes. Ajouter le vin et cuire 3 minutes.

■ Incorporer le bouillon de poulet. Saler, poivrer. Porter à ébullition, couvrir et mettre au four. Cuire 2 heures à 2 heures 30 minutes ou selon la grosseur des cubes.

■ Faire chauffer le beurre dans une poêle à frire, à feu moyen. Ajouter oignons et échalotes. Cuire 8 minutes en mélangeant de temps à autre.

■ Une heure et demie avant la fin de la cuisson, ajouter les oignons à la viande.

■ Quinze minutes avant la fin de la cuisson, ajouter tous les autres légumes. Saler, poivrer, couvrir et finir la cuisson.

■ Accompagner d'une purée de patates douces.

1 PORTION : 709 CALORIES 37 g GLUCIDES 66 g PROTÉINES
33 g LIPIDES 4,5 g FIBRES

1

Enrober les cubes de viande de farine assaisonnée.

2

Faire saisir la viande dans l'huile chaude.

3

Ajouter le vin de xérès.

4

Faire sauter les oignons et les échalotes dans le beurre chaud.

5

Une heure et demie avant la fin de la cuisson, ajouter les oignons à la viande.

6

Quinze minutes avant la fin de la cuisson, ajouter tous les autres légumes.

CÔTES DE PORC FUMÉES ET CHOUCROUTE

(POUR 4 PERSONNES)

30 g	lard salé, en dés	1 oz
2	oignons, en dés	2
1	grosse boîte de choucroute	1
250 mL	vin blanc sec	1 tasse
250 mL	bouillon de poulet, chaud	1 tasse
1	bouquet garni (thym, laurier, basilic et persil)	1
4	côtes de porc fumées	4
	sel et poivre	

■ Préchauffer le four à 190 °C (375 °F).

■ Faire chauffer, à feu moyen, le lard salé dans une casserole allant au four. Ajouter les oignons et cuire 7 minutes, à feu moyen.

■ Bien rincer la choucroute sous l'eau froide pendant 3 minutes. Essorer et presser pour en extraire complètement l'eau.

■ Ajouter la choucroute à la casserole. Incorporer vin, bouillon de poulet et bouquet garni. Mélanger et porter à ébullition. Couvrir et cuire 2 heures au four. Mélanger 2 fois durant la cuisson.

■ Trente minutes avant la fin de la cuisson, ajouter les côtes de porc. Couvrir et finir la cuisson.

■ Accompagner de pommes de terre et de carottes bouillies.

1 PORTION : 403 CALORIES 10 g GLUCIDES 22 g PROTÉINES 26 g LIPIDES 1,0 g FIBRES

PETITES CÔTES AU POT

(POUR 4 À 6 PERSONNES)

2,7 kg	bout de côtes de bœuf, en morceaux de 5 cm (2 po)	6 lb
4	blancs de poireaux	4
4	grosses carottes, épluchées	4
2	oignons rouges, épluchés	2
2	petits navets blancs, épluchés	2
2	cœurs de céleri	2
2	clous de girofle	2
1	bouquet garni (thym, laurier, basilic et persil)	1
375 mL	vin blanc sec	1½ tasse
	sel et poivre	

■ Dégraisser partiellement la viande et la placer dans une grande casserole. Couvrir complètement d'eau et porter à ébullition, à feu moyen. Ajouter 250 mL (1 tasse) d'eau froide et porter à ébullition une seconde fois. Écumer complètement la surface du liquide.

■ En partant à 2 cm (¾ po) de la base, fendre les poireaux en 4, les rincer abondamment sous l'eau froide en écartant les feuilles pour éliminer le sable.

■ Ajouter les poireaux à la casserole ainsi que le reste des ingrédients. Porter à ébullition, à feu moyen. Continuer la cuisson à feu doux, sans couvrir, pendant 3 heures.

■ Retirer les légumes au fur et à mesure qu'ils sont cuits. Cinq minutes avant la fin de la cuisson, remettre les légumes dans la casserole pour les réchauffer. Accompagner de moutarde forte.

1 PORTION : 1003 CALORIES 29 g GLUCIDES 119 g PROTÉINES
40 g LIPIDES 8,1 g FIBRES

RAGOÛT D'AGNEAU

(POUR 4 PERSONNES)

1,2 kg	épaule d'agneau, dégraissée et coupée en cubes de 2,5 cm (1 po)	2½ lb
50 mL	farine assaisonnée	¼ tasse
30 mL	huile d'olive	2 c. à s.
1	gros oignon, émincé	1
2	gousses d'ail, épluchées, écrasées et hachées	2
750 mL	bouillon de bœuf, chaud	3 tasses
4	tomates, en quartiers	4
3	pommes de terre, épluchées et en quartiers	3
125 mL	olives noires dénoyautées	½ tasse
1	gros poivron rouge, en cubes	1
	sel et poivre	

■ Préchauffer le four à 180 °C (350 °F).

■ Enrober les cubes de viande de farine. Mettre de côté.

■ Faire chauffer l'huile dans une sauteuse allant au four, à feu vif. Ajouter oignon et ail. Cuire 6 minutes, à feu doux, en mélangeant une fois durant la cuisson. Retirer l'oignon avec une écumoire. Mettre de côté.

■ Placer la viande dans la sauteuse chaude. Saler, poivrer. Faire saisir, à feu moyen, 6 à 8 minutes. Remettre l'oignon cuit dans la sauteuse et bien mélanger.

■ Incorporer bouillon de bœuf et tomates. Saler, poivrer. Porter à ébullition. Couvrir et cuire 1 heure, au four.

■ Ajouter pommes de terre et olives, couvrir et continuer la cuisson 1 heure, au four.

■ Ajouter les poivrons, couvrir et prolonger la cuisson au four, 15 à 20 minutes. Servir.

1 PORTION : 680 CALORIES 34 g GLUCIDES 65 g PROTÉINES 32 g LIPIDES 3,9 g FIBRES

Enrober les cubes de viande de farine.

Faire cuire l'oignon et l'ail dans l'huile chaude.

Retirer l'oignon avec une écumoire.

4

Bien saisir la viande.

5

Ajouter l'oignon cuit.

6

Incorporer le bouillon de bœuf.

PAUPIETTES DE VEAU

(POUR 4 PERSONNES)

45 mL	**beurre**	**3 c. à s.**
2	**échalotes sèches, épluchées et finement hachées**	**2**
125 g	**champignons, nettoyés et hachés**	**¼ lb**
2	**saucisses de porc**	**2**
4	**grandes escalopes de veau**	**4**
4	**grosses tomates, en moitiés en largeur**	**4**
2 mL	**basilic**	**½ c. à t.**
375 mL	**vin blanc sec**	**1½ tasse**
	sel et poivre	

■ Faire chauffer, à feu moyen, 30 mL (2 c. à s.) de beurre dans une sauteuse allant au four. Ajouter les échalotes et cuire 2 minutes. Incorporer les champignons, saler, poivrer et cuire 3 minutes.

■ Retirer la chair des saucisses de leur boyau. Ajouter la chair aux champignons. Bien mélanger et cuire 3 minutes. Retirer du feu.

■ Laisser refroidir la farce et l'étaler sur les escalopes. Saler, poivrer, rouler et ficeler.

■ Préchauffer le four à 190 °C (375 °F).

■ Placer les tomates dans un plat à gratin. Saler, poivrer et parsemer de basilic. Mettre au four et cuire 8 minutes. Retirer les tomates du four et conserver le jus. Recouvrir le tout d'une feuille de papier d'aluminium pour garder chaud.

■ Régler le four à 180 °C (350 °F).

■ Faire chauffer le reste du beurre dans la sauteuse, à feu moyen. Ajouter les paupiettes et saisir sur tous les côtés, 8 à 10 minutes.

■ Ajouter le vin et porter à ébullition. Incorporer le jus des tomates, couvrir et cuire 15 minutes, au four.

■ Servir les paupiettes tranchées sur les demi-tomates et nappées de sauce.

1 PORTION : 507 CALORIES 12 g GLUCIDES 36 g PROTÉINES 28 g LIPIDES 2,7 g FIBRES

CASSEROLE AU MAÏS

(POUR 4 PERSONNES)

15 mL	beurre	1 c. à s.
1	échalote sèche, épluchée et hachée	1
1	oignon, haché	1
2	gousses d'ail, épluchées, écrasées et hachées	2
1 mL	poivre noir	¼ c. à t.
5 mL	herbes de Provence*	1 c. à t.
5 mL	basilic	1 c. à t.
250 mL	fèves gourganes vertes cuites	1 tasse
375 mL	maïs en grains, cuit	1½ tasse
50 mL	crème sure	¼ tasse
	sel	

■ Faire chauffer le beurre dans une casserole, à feu moyen. Ajouter échalote, oignon et ail. Cuire 4 minutes, à feu doux.

■ Ajouter épices et aromates. Saler, poivrer. Bien mélanger et cuire 2 minutes.

■ Ajouter gourganes et maïs. Mélanger et cuire 4 minutes, à feu doux. Incorporer la crème sure et laisser mijoter 2 minutes. Servir.

* Un mélange de thym, romarin, feuilles de laurier, basilic et sariette.

1 PORTION : 197 CALORIES 31 g GLUCIDES 6 g PROTÉINES 6 g LIPIDES 5,3 g FIBRES

RAGOÛT DE POULET AU JAMBON

(POUR 4 PERSONNES)

1,6 kg	poulet, coupé en 8 morceaux	3½ lb
30 mL	huile d'olive	2 c. à s.
3	gousses d'ail, épluchées, blanchies et en purée	3
3	échalotes sèches, épluchées et hachées	3
1	épaisse tranche de jambon de Virginie, en gros dés	1
125 mL	vin blanc sec	½ tasse
500 mL	bouillon de poulet, chaud	2 tasses
2 mL	poivre noir	½ c. à t.
1 mL	thym	¼ c. à t.
15 mL	basilic frais haché	1 c. à s.
250 g	têtes de champignons, nettoyées	½ lb
2	poivrons jaunes, épépinés et en cubes	2
30 mL	fécule de maïs	2 c. à s.
45 mL	eau froide	3 c. à s.
	sel et poivre	

■ Préchauffer le four à 160 °C (325 °F).

■ Retirer la peau du poulet.

■ Faire chauffer la moitié de l'huile dans une sauteuse allant au four, à feu moyen. Ajouter les morceaux de poulet et saisir sur tous les côtés. Incorporer ail, échalotes et jambon. Mélanger et cuire 6 minutes, à feu moyen.

■ Arroser du vin et cuire 3 minutes. Incorporer bouillon de poulet, sel, poivre et aromates. Couvrir et cuire 30 minutes, au four.

■ Faire chauffer le reste de l'huile dans une poêle à frire, à feu moyen. Ajouter champignons et poivrons. Cuire 5 minutes. Saler, poivrer.

■ Sortir le poulet du four; ajouter les légumes au plat de cuisson.

■ Délayer la fécule de maïs dans l'eau froide. Incorporer à la sauce et laisser mijoter 4 minutes, à feu doux. Servir.

1 PORTION : 707 CALORIES 13 g GLUCIDES 91 g PROTÉINES 30 g LIPIDES 2,2 g FIBRES

1 Faire saisir les morceaux de poulet dans l'huile chaude.

2 Ajouter ail, échalotes et jambon. Cuire 6 minutes, à feu moyen.

3 Incorporer le vin et cuire 3 minutes.

Incorporer bouillon de poulet et aromates.

Faire sauter les champignons et les poivrons dans l'huile chaude.

Délayer la fécule de maïs dans l'eau froide et l'incorporer à la sauce.

CRÊPES AU PROSCIUTTO

(POUR 4 À 6 PERSONNES)

30 mL	beurre	2 c. à s.
2	échalotes sèches, épluchées et hachées	2
15 mL	persil frais haché	1 c. à s.
250 g	champignons, nettoyés et émincés	1/2 lb
45 mL	vin de xérès	3 c. à s.
500 mL	sauce blanche légère, chaude	2 tasses
8	crêpes (page 216)	8
8	fines tranches de prosciutto	8
300 mL	fromage gruyère râpé	1 1/4 tasse
	sel et poivre	

■ Préchauffer le four à 190 °C (375 °F).

■ Faire chauffer le beurre dans une poêle à frire, à feu moyen. Ajouter échalotes et persil. Cuire 3 minutes. Incorporer les champignons, saler, poivrer et cuire 8 minutes.

■ Ajouter le vin et 125 mL (1/2 tasse) de sauce blanche; bien mélanger.

■ Placer une crêpe dans un plat à gratin beurré. Ajouter une tranche de prosciutto. Recouvrir d'une petite quantité de farce aux champignons. Poivrer généreusement. Plier en 4. Répéter le même procédé pour le reste des crêpes.

■ Verser la sauce blanche sur les crêpes pliées. Parsemer de fromage. Cuire 12 minutes, au four.

1 PORTION : 575 CALORIES 36 g GLUCIDES 23 g PROTÉINES 37 g LIPIDES 2,4 g FIBRES

CASSEROLE AU POULET AUX LÉGUMES

(POUR 4 PERSONNES)

1,6 kg	poulet, coupé en 8 morceaux	3½ lb
3	carottes, épluchées et coupées en deux	3
2	branches de céleri, en morceaux de 2,5 cm (1 po)	2
4	pommes de terre moyennes, épluchées	4
15 mL	persil frais haché	1 c. à s.
5 mL	basilic	1 c. à t.
24	champignons, nettoyés et en dés (facultatif)	24
45 mL	beurre	3 c. à s.
60 mL	farine	4 c. à s.
2 mL	paprika	½ c. à t.
	sel et poivre	

■ Retirer la peau des morceaux de poulet. Placer le poulet dans une casserole. Recouvrir d'eau froide et porter à ébullition. Écumer.

■ Ajouter carottes, céleri et pommes de terre. Saler, poivrer. Ajouter persil et basilic. Porter à ébullition et cuire 30 minutes, à feu moyen.

■ Ajouter les champignons et prolonger la cuisson 7 minutes. Retirer la casserole du feu. Enlever le poulet et les légumes du liquide de cuisson. Réserver le liquide.

■ Faire chauffer le beurre dans une sauteuse, à feu moyen. Ajouter la farine, mélanger et cuire 3 minutes, à feu doux.

■ Ajouter 750 mL (3 tasses) du liquide de cuisson réservé, bien remuer et cuire 12 minutes, à feu moyen. Saler, poivrer.

■ Remettre les morceaux de poulet dans la sauce. Ajouter les légumes. Saupoudrer de paprika. Assaisonner au goût et laisser mijoter 5 minutes. Servir.

1 PORTION : 856 CALORIES 48 g GLUCIDES 94 g PROTÉINES
32 g LIPIDES 6,0 g FIBRES

CASSEROLE AU RIZ AUX CHAMPIGNONS

(POUR 4 PERSONNES)

1	grosse aubergine, en moitiés, en long	1
550 mL	eau	2¼ tasses
2 mL	sel	½ c. à t.
250 mL	riz, rincé	1 tasse
45 mL	beurre	3 c. à s.
500 g	champignons, nettoyés et émincés	1 lb
2	échalotes sèches, épluchées et hachées	2
1	gousse d'ail, épluchée, écrasée et hachée	1
1 mL	poivre noir	¼ c. à t.
2 mL	basilic	½ c. à t.
250 mL	fromage gruyère râpé	1 tasse
	huile d'olive	
	sel et poivre	

■ Préchauffer le four à 200 °C (400 °F).

■ Pratiquer de longues incisions entrecroisées sur la chair des demi-aubergines. Badigeonner d'huile et mettre dans un plat à rôtir, la peau vers le haut. Cuire 40 minutes, au four. Extraire la pulpe, la hacher et la mettre de côté.

■ Verser l'eau dans une casserole, à feu moyen. Saler, couvrir et porter à ébullition. Ajouter le riz, couvrir et cuire 12 minutes ou jusqu'à ce que le liquide soit complètement absorbé. Ajouter 15 mL (1 c. à s.) de beurre, mélanger, couvrir et continuer la cuisson, à feu très doux, pendant 15 minutes.

■ Faire chauffer 30 mL (2 c. à s.) de beurre dans une sauteuse, à feu moyen. Ajouter champignons, échalotes, ail et aromates. Cuire 6 minutes.

■ Ajouter la pulpe d'aubergine, bien mélanger et assaisonner au goût. Cuire 3 minutes. Ajouter le riz et bien incorporer.

■ Préchauffer le four à GRIL.

■ Verser le mélange dans un plat à gratin. Parsemer de fromage. Placer sous le gril et gratiner 5 minutes. Servir.

1 PORTION : 325 CALORIES 34 g GLUCIDES 12 g PROTÉINES
16 g LIPIDES 4,7 g FIBRES

CASSEROLE AUX PATATES DOUCES

(POUR 6 PERSONNES)

4	grosses patates douces, avec la peau	4
4	tranches de bacon	4
45 mL	beurre	3 c. à s.
2 mL	cannelle	½ c. à t.
1 mL	muscade	¼ c. à t.
125 mL	crème à 15%	½ tasse
50 mL	lait	¼ tasse
	sel et poivre blanc	

■ Faire cuire les patates douces avec la peau, dans l'eau bouillante salée. Éplucher et réduire en purée.

■ Préchauffer le four à 190 °C (375 °F).

■ Faire cuire le bacon croustillant, puis le hacher grossièrement. Mettre de côté.

■ Incorporer tous les autres ingrédients à la purée de patates, sauf le bacon. Bien mélanger et assaisonner au goût.

■ Placer la purée dans un plat à gratin. Mettre au four pendant 18 minutes. Parsemer de bacon haché et prolonger la cuisson au four, 5 minutes. Servir.

1 PORTION : 187 CALORIES 20 g GLUCIDES 5 g PROTÉINES
10 g LIPIDES 1,7 g FIBRES

CASSEROLE AU POULET AUX POIVRONS JAUNES

(POUR 4 PERSONNES)

1,6 kg	poulet, coupé en 8 morceaux	3½ lb
30 mL	huile d'olive	2 c. à s.
1	oignon, émincé	1
2	gousses d'ail, épluchées, écrasées et hachées	2
2	poivrons jaunes, en cubes	2
6	tomates italiennes, en quartiers	6
1 mL	safran	¼ c. à t.
250 mL	vin blanc sec	1 tasse
15 mL	beurre	1 c. à s.
	pincée de piments rouges séchés broyés	
	sel et poivre	

■ Retirer la peau du poulet.

■ Faire chauffer la moitié de l'huile dans une poêle à frire, à feu moyen. Ajouter oignon et ail. Cuire 4 minutes. Incorporer poivrons, tomates, piments broyés et safran. Saler, poivrer, mélanger et cuire 5 minutes.

■ Arroser du vin et cuire 6 minutes, à feu doux.

■ Faire chauffer le reste de l'huile et le beurre dans une sauteuse, à feu moyen. Ajouter les morceaux de poulet. Saler, poivrer et cuire 8 minutes. Retourner les morceaux et prolonger la cuisson 6 minutes.

■ Retirer les poitrines de poulet de la sauteuse. Garder chaud, au four. Continuer la cuisson des autres morceaux pendant 8 minutes.

■ Disposer tous les morceaux de poulet dans un plat de service. Napper de garniture aux poivrons. Servir.

1 PORTION : 729 CALORIES 13 g GLUCIDES 89 g PROTÉINES 33 g LIPIDES 3,3 g FIBRES

Faire cuire l'oignon et l'ail dans l'huile chaude.

Ajouter les poivrons.

Ajouter les tomates, les piments et le safran.

4

Incorporer le vin.

5

Faire saisir les morceaux de poulet pendant 8 minutes.

6

Retourner les morceaux de poulet et prolonger la cuisson.

CASSEROLE AUX PÂTES AU FROMAGE

(POUR 4 PERSONNES)

30 mL	beurre	2 c. à s.
2	échalotes sèches, épluchées et hachées	2
375 g	champignons, nettoyés et émincés	3/4 lb
45 mL	vin de xérès	3 c. à s.
60 mL	farine	4 c. à s.
750 mL	lait, chaud	3 tasses
2 mL	poivre blanc	1/2 c. à t.
750 mL	pâtes cuites «al dente», chaudes	3 tasses
250 mL	fromage mozzarella râpé	1 tasse
	pincée de muscade	
	sel et poivre	

■ Préchauffer le four à 190 °C (375 °F).

■ Faire chauffer le beurre dans une sauteuse, à feu moyen. Ajouter échalotes et champignons. Saler, poivrer et cuire 5 minutes. Arroser du vin et continuer la cuisson 3 minutes.

■ Ajouter la farine, bien mélanger et cuire 2 minutes, à feu doux. Incorporer le lait chaud au fouet. Saler et ajouter muscade et poivre blanc. Cuire 12 minutes, à feu doux. Remuer fréquemment.

■ Ajouter les pâtes et bien mélanger. Verser les pâtes dans un plat à gratin beurré. Recouvrir de fromage. Cuire 10 minutes, au four.

1 PORTION : 441 CALORIES 57 g GLUCIDES 20 g PROTÉINES 14 g LIPIDES 3,1 g FIBRES

SAUMON CRÉMEUX AU CARI

(POUR 4 PERSONNES)

2	darnes de saumon, cuites	2
45 mL	beurre	3 c. à s.
1	oignon, finement haché	1
1	branche de céleri, émincée	1
250 g	champignons, nettoyés et coupés en trois	½ lb
30 mL	cari	2 c. à s.
45 mL	farine	3 c. à s.
625 mL	bouillon de poulet léger, chaud	2½ tasses
45 mL	crème à 35%	3 c. à s.
30 mL	vin de xérès	2 c. à s.
	quelques gouttes de jus de citron	
	sel et poivre	

■ Retirer l'os des darnes et émietter le saumon. Mettre de côté.

■ Faire chauffer le beurre dans une poêle à frire, à feu moyen. Ajouter oignon et céleri. Cuire 3 minutes.

■ Ajouter les champignons. Saler, poivrer. Incorporer le cari et cuire 4 minutes, à feu doux. Ajouter la farine, mélanger et cuire 2 minutes.

■ Incorporer le bouillon de poulet. Saler, poivrer. Cuire 8 à 10 minutes, à feu doux. Incorporer crème et vin. Ajouter le saumon. Arroser de jus de citron, mélanger et laisser mijoter 6 minutes, à feu doux.

■ Accompagner de pâtes ou de riz.

1 PORTION : 283 CALORIES 7 g GLUCIDES 22 g PROTÉINES 18 g LIPIDES 2,0 g FIBRES

CÔTES DE BŒUF BRAISÉES

(POUR 4 PERSONNES)

2,3 kg	bout de côtes de bœuf, en cubes de 5 cm (2 po)	5 lb
15 mL	huile d'olive	1 c. à s.
2	oignons, en quartiers	2
2	gousses d'ail, épluchées, écrasées et hachées	2
3	échalotes sèches, entières, épluchées	3
250 mL	vin rouge sec	1 tasse
5 mL	basilic	1 c. à t.
2 mL	thym	½ c. à t.
796 mL	tomates en conserve, hachées, avec le jus	28 oz
500 mL	bouillon de bœuf, chaud	2 tasses
15 mL	pâte de tomates	1 c. à s.
	sel et poivre	

■ Préchauffer le four à 180 °C (350 °F).

■ Dégraisser partiellement la viande. Faire chauffer l'huile dans une sauteuse allant au four, à feu vif. Ajouter la viande et la saisir sur tous les côtés, 8 à 10 minutes. Saler, poivrer.

■ Ajouter oignons, ail et échalotes. Cuire 5 à 6 minutes, à feu moyen. Incorporer le vin rouge et cuire 3 minutes.

■ Ajouter le reste des ingrédients. Saler, poivrer et bien mélanger. Porter à ébullition, couvrir et cuire 3 heures, au four. Si nécessaire, ajouter un peu de bouillon de bœuf durant la cuisson.

■ Accompagner de pommes de terre et de carottes bouillies.

1 PORTION : 1049 CALORIES 20 g GLUCIDES 126 g PROTÉINES
47 g LIPIDES 2,7 g FIBRES

1

Saisir les côtes de bœuf dans l'huile chaude. Saler, poivrer.

2

Ajouter les oignons et l'ail.

3

Ajouter les échalotes. Cuire 5 à 6 minutes, à feu moyen.

Incorporer le vin rouge et cuire 3 minutes.

Ajouter les tomates hachées et le jus.

Ajouter le bouillon de bœuf et la pâte de tomates.

CASSEROLE À L'AUBERGINE

(POUR 4 PERSONNES)

1	grosse aubergine, en moitiés en long	1
30 mL	huile d'olive	2 c. à s.
1	oignon, haché	1
1	gousse d'ail, épluchée, écrasée et hachée	1
2	grosses tomates, pelées et en dés	2
1	petite courgette, coupée en demi-rondelles	1
2 mL	basilic	½ c. à t.
125 mL	fromage gruyère râpé	½ tasse
	pincée de sucre	
	sel et poivre	

■ Préchauffer le four à 200 °C (400 °F).

■ Pratiquer de longues incisions entrecroisées sur la chair des demi-aubergines. Badigeonner d'huile et mettre dans un plat à rôtir, la peau vers le haut. Cuire 40 minutes, au four.

■ Extraire la pulpe, la hacher et la mettre de côté.

■ Faire chauffer le reste de l'huile dans une poêle à frire, à feu vif. Ajouter oignon et ail; mélanger et cuire 6 minutes. Incorporer tomates, courgette et basilic. Saler, poivrer et cuire 20 minutes, à feu moyen, en mélangeant de temps à autre.

■ Ajouter la pulpe d'aubergine et bien mélanger. Ajouter la moitié du fromage et la pincée de sucre, mélanger et assaisonner au goût.

■ Régler le four à 190 °C (375 °F).

■ Verser le mélange dans un plat à gratin. Recouvrir du reste de fromage. Faire cuire 20 minutes, au four. Servir.

1 PORTION : 138 CALORIES 7 g GLUCIDES 4 g PROTÉINES
10 g LIPIDES 2,5 g FIBRES

CASSEROLE AU POULET AUX TOMATES

(POUR 4 PERSONNES)

1,6 à 1,8 kg	poulet, lavé	3½ à 4 lb
125 mL	farine	½ tasse
45 mL	beurre	3 c. à s.
2	échalotes sèches, épluchées et hachées	2
2	gousses d'ail, épluchées, écrasées et hachées	2
250 g	champignons, nettoyés et coupés en deux	½ lb
3	tomates italiennes, en quartiers	3
250 mL	vin blanc sec	1 tasse
125 mL	bouillon de poulet, chaud	½ tasse
7 mL	basilic	1½ c. à t.
	sel et poivre	

■ Préchauffer le four à 180 °C (350 °F).

■ Couper le poulet en 8 morceaux et retirer la peau. Bien enfariner les morceaux.

■ Faire chauffer le beurre dans une sauteuse allant au four, à feu moyen. Ajouter les morceaux de poulet et les saisir sur tous les côtés, 8 à 10 minutes.

■ Ajouter échalotes, ail, champignons et tomates. Saler, poivrer et cuire 6 minutes, à feu moyen.

■ Incorporer vin, bouillon de poulet et basilic. Porter à ébullition. Couvrir et cuire 25 minutes, au four.

1 PORTION : 706 CALORIES 25 g GLUCIDES 96 g PROTÉINES 20 g LIPIDES 3,6 g FIBRES

Épaule de veau braisée

ÉPAULE DE VEAU BRAISÉE

(POUR 4 À 6 PERSONNES)

Bouillon de veau

1,4 kg	os de veau, coupés en morceaux par le boucher	3 lb
2	oignons non épluchés, coupés en quartiers	2
2	carottes, épluchées et coupées en grosses rondelles	2
125 mL	vin blanc sec	½ tasse
2	feuilles de laurier	2
5 mL	thym	1 c. à t.
2	clous de girofle	2
6	grains de poivre	6
2	gousses d'ail, épluchées, écrasées et hachées	2
	sel et poivre	

Épaule de veau

30 mL	beurre	2 c. à s.
1,6 à 1,8 kg	épaule de veau désossée, roulée et ficelée	3½ à 4 lb
1	gros oignon, en cubes	1
4	carottes entières, épluchées	4
2	gousses d'ail, épluchées, écrasées et hachées	2
125 mL	vin blanc sec	½ tasse
½	chou vert, en deux	½
1	bouquet garni (thym, laurier, basilic et persil)	1
15 mL	fécule de maïs	1 c. à s.
45 mL	eau froide	3 c. à s.
	sel et poivre	

■ Préchauffer le four à 220 °C (425 °F).

■ Pour préparer le bouillon, mettre os et légumes dans un plat à rôtir. Mettre au four pendant 30 minutes. Retirer le plat du four.

■ Placer le plat à rôtir sur une cuisinière, à feu moyen. Verser 375 mL (1½ tasse) d'eau sur les os, et cuire 6 minutes. Puis, transvider dans une grande casserole.

■ Ajouter vin, épices, aromates et ail. Couvrir complètement les os d'eau froide. Saler et porter à ébullition. Dès que le liquide commence à bouillir, en écumer la surface. Continuer la cuisson, à feu doux, pendant 1 heure 30 minutes.

■ Retirer du feu. Passer le bouillon et laisser refroidir. Se conserve 3 à 4 jours au réfrigérateur.

■ Préchauffer le four à 150 °C (300 °F).

■ Choisir une casserole allant au four, un peu plus grande que le rôti. Faire chauffer le beurre dans la casserole, à feu moyen. Ajouter la viande et bien la saisir sur tous les côtés. Saler, poivrer.

■ Retirer le rôti de la casserole et mettre de côté.

■ Mettre tous les légumes, sauf le chou, dans la casserole chaude. Ajouter l'ail et cuire 7 minutes, à feu moyen.

■ Remettre la viande dans la casserole. Ajouter vin et chou. Continuer la cuisson 4 minutes. Couvrir complètement le rôti de bouillon de veau. Ajouter le bouquet garni et porter à ébullition. Couvrir et cuire 1 heure 30 minutes, au four.

■ Retirer viande braisée et légumes de la casserole. Mettre de côté. Passer le liquide de cuisson et en réserver la moitié.

■ Verser le liquide réservé dans une casserole. Délayer la fécule de maïs dans l'eau froide. Incorporer au liquide dans la casserole et cuire 2 minutes, à feu moyen.

■ Napper la viande braisée et les légumes de sauce. Servir.

1 PORTION : 700 CALORIES 14 g GLUCIDES 69 g PROTÉINES 36 g LIPIDES 3,2 g FIBRES

BŒUF MIROTON

(POUR 4 PERSONNES)

375 g	reste de bœuf bouilli	¾ lb
30 mL	beurre	2 c. à s.
2	oignons, hachés	2
30 mL	farine	2 c. à s.
250 mL	vin blanc sec	1 tasse
250 mL	bouillon de bœuf léger, chaud	1 tasse
15 mL	persil frais haché	1 c. à s.
1 L	purée de pommes de terre	4 tasses
	beurre fondu	
	sel et poivre	

■ Préchauffer le four à 190 °C (375 °F).

■ Hacher la viande et mettre de côté.

■ Faire chauffer le beurre dans une poêle à frire, à feu moyen. Ajouter les oignons et cuire 4 minutes.

■ Ajouter la viande. Saler, poivrer et cuire 4 minutes, à feu moyen. Bien incorporer la farine et cuire 1 minute.

■ Ajouter vin, bouillon et persil. Mélanger et cuire 15 minutes, à feu doux.

■ Verser le mélange dans un plat à gratin. Couvrir de purée de pommes de terre. Saler, poivrer. Arroser légèrement de beurre fondu. Cuire 20 minutes, au four.

1 PORTION : 520 CALORIES 40 g GLUCIDES 35 g PROTÉINES
20 g LIPIDES 2,9 g FIBRES

PÂTÉ DE BŒUF AUX TOMATES

(POUR 4 PERSONNES)

15 mL	huile	1 c. à s.
1	oignon, finement haché	1
1	branche de céleri, hachée	1
1	poivron vert, haché	1
3	gousses d'ail, épluchées, écrasées et hachées	3
5 mL	basilic	1 c. à t.
2 mL	thym	½ c. à t.
500 g	bœuf maigre haché	1 lb
5 mL	moutarde en poudre	1 c. à t.
796 mL	tomates en conserve, égouttées et hachées	28 oz
175 mL	jus de tomate	¾ tasse
750 mL	purée de pommes de terre	3 tasses
	beurre fondu	
	sel et poivre	

■ Préchauffer le four à 190 °C (375 °F).

■ Faire chauffer l'huile dans une poêle à frire, à feu moyen. Ajouter oignon, céleri, poivron et ail. Cuire 3 minutes.

■ Ajouter aromates, bœuf et moutarde. Saler, poivrer et cuire 8 minutes, à feu moyen.

■ Incorporer tomates et jus de tomate. Continuer la cuisson 3 minutes.

■ Verser le mélange dans un plat à gratin. Recouvrir de purée de pommes de terre. Arroser légèrement de beurre fondu. Cuire 20 minutes, au four.

1 PORTION : 456 CALORIES 36 g GLUCIDES 32 g PROTÉINES
21 g LIPIDES 3,8 g FIBRES

COQ AU VIN

(POUR 4 PERSONNES)

1,6 à 1,8 kg	poulet, lavé	3½ à 4 lb	
45 mL	farine	3 c. à s.	
125 g	porc salé, en dés	¼ lb	
24	petits oignons entiers, épluchés	24	
250 g	têtes de champignons, nettoyées	½ lb	
3	échalotes sèches, épluchées et hachées	3	
2	gousses d'ail, épluchées, écrasées et hachées	2	
45 mL	beurre	3 c. à s.	
1 L	vin rouge sec	4 tasses	
1	bouquet garni (thym, laurier, basilic et persil)	1	
	sel et poivre		

■ Couper le poulet en 8 morceaux et retirer la peau. Enfariner les morceaux. Mettre de côté.

■ Préchauffer le four à 180 °C (350 °F).

■ Faire chauffer les lardons de porc salé dans une sauteuse allant au four, à feu moyen. Ajouter les oignons. Saler, poivrer et cuire 5 minutes. Retirer les oignons de la sauteuse. Mettre de côté.

■ Mettre champignons, échalotes et ail dans la sauteuse chaude. Saler, poivrer. Cuire 5 minutes, à feu moyen. Retirer et mettre de côté.

■ Faire fondre le beurre dans la sauteuse chaude. Ajouter les morceaux de poulet et les saisir sur tous les côtés, 8 à 10 minutes.

■ Incorporer vin et bouquet garni. Assaisonner au goût. Porter à ébullition, couvrir et cuire 30 minutes, au four.

■ Ajouter oignons et champignons. Mettre au four, sans couvrir, et cuire 15 à 18 minutes.

1 PORTION : 957 CALORIES 30 g GLUCIDES 99 g PROTÉINES
29 g LIPIDES 4,0 g FIBRES

1

Couper le poulet en 8 morceaux et retirer la peau.

2

Enfariner les morceaux de poulet.

3

Faire sauter les oignons avec les lardons. Retirer et mettre de côté.

Mettre champignons, échalotes et ail dans la sauteuse chaude. Faire cuire, retirer et mettre de côté.

Faire sauter les morceaux de poulet dans le beurre chaud.

Retourner le poulet pour saisir l'autre côté.

Casserole Mont-Blanc

CASSEROLE MONT-BLANC

(POUR 6 PERSONNES)

300 g	haricots rouges secs	10 oz
2 L	eau	8 tasses
1	os de jambon charnu	1
2	feuilles de laurier	2
2 mL	thym	½ c. à t.
2	gousses d'ail, épluchées et en moitiés	2
5 mL	basilic	1 c. à t.
30 mL	huile d'olive	2 c. à s.
1	oignon, haché	1
1	branche de céleri, en dés	1
1	poivron vert, en dés	1
2	saucisses épicées, en morceaux de 1,2 cm (½ po)	2
45 mL	vinaigre de vin	3 c. à s.
500 mL	riz blanc ou brun, cuit et chaud	2 tasses
	quelques gouttes de sauce aux piments forts	
	sel et poivre	

■ Faire tremper les haricots dans l'eau froide pendant 8 heures. Égoutter.

■ Mettre les haricots dans une grande casserole. Ajouter suffisamment d'eau pour qu'elle couvre les haricots de 2,5 cm (1 po). Porter à ébullition. Écumer.

■ Ajouter os de jambon, feuilles de laurier, thym, ail et basilic. Saler, poivrer. Couvrir et cuire 1 heure, à feu moyen.

■ Faire chauffer, à feu moyen, la moitié de l'huile dans une poêle à frire. Ajouter oignon, céleri et poivron. Saler, poivrer et cuire 4 minutes. Verser le mélange dans la casserole contenant les haricots, mélanger et cuire 15 minutes, sans couvrir.

■ Faire chauffer, à feu moyen, le reste de l'huile dans la poêle à frire. Ajouter les saucisses et cuire 7 minutes. Retourner les saucisses une fois durant la cuisson.

■ Mettre les saucisses dans la casserole contenant les haricots. Arroser de sauce aux piments forts. Remuer et prolonger la cuisson 15 minutes ou jusqu'à ce que les haricots soient complètement cuits.

■ Cinq minutes avant la fin de la cuisson, ajouter le vinaigre.

■ Servir sur du riz chaud.

1 PORTION : 284 CALORIES 28 g GLUCIDES 12 g PROTÉINES
14 g LIPIDES 5,3 g FIBRES

Lasagne aux légumes

LASAGNE AUX LÉGUMES

(POUR 4 À 6 PERSONNES)

30 mL	huile d'olive	2 c. à s.
2	oignons, finement hachés	2
3	échalotes sèches, épluchées et finement hachées	3
3	gousses d'ail, épluchées, écrasées et hachées	3
125 mL	vin blanc sec	½ tasse
2	branches de céleri, émincées	2
2	courgettes avec la peau, en dés	2
3	carottes, épluchées et émincées	3
30 mL	estragon haché	2 c. à s.
30 mL	basilic	2 c. à s.
30 mL	persil frais haché	2 c. à s.
5 mL	clou de girofle moulu	1 c. à t.
2 mL	marjolaine	½ c. à t.
2 mL	chili en poudre	½ c. à t.
2	poivrons verts, émincés	2
1	poivron rouge, émincé	1
500 g	champignons, nettoyés et émincés	1 lb
3	tomates, pelées et en dés	3
125 mL	fromage romano râpé	½ tasse
250 mL	fromage parmesan râpé	1 tasse
1,2 L	sauce blanche	5 tasses
250 mL	fromage gruyère râpé	1 tasse
	lasagne, en feuilles ou en lanières, cuites	
	sel et poivre	

■ Préchauffer le four à 180 °C (350 °F).

■ Faire chauffer l'huile dans une grande sauteuse, à feu moyen. Ajouter oignons, échalotes et ail. Cuire 6 minutes.

■ Ajouter le vin, mélanger et cuire 3 minutes, à feu vif.

■ Incorporer céleri, courgettes et carottes. Saler, poivrer. Ajouter épices et aromates, mélanger et couvrir. Cuire 10 minutes, à feu moyen.

■ Ajouter le reste des légumes. Saler, poivrer et mélanger. Cuire, à feu moyen, pendant 15 minutes, sans couvrir, pour faire évaporer la plupart du liquide.

■ Beurrer un plat à lasagne. Tapisser le fond d'une couche de lasagne. Recouvrir d'une couche du mélange aux légumes. Parsemer d'une couche de romano et de parmesan. Napper d'une couche de sauce blanche.

■ Remplir le plat en alternant lasagne, légumes, romano, parmesan et sauce. Terminer par une couche de lasagne. Napper le tout de sauce blanche. Recouvrir de fromage gruyère.

■ Cuire 40 minutes, au four.

1 PORTION : 887 CALORIES 87 g GLUCIDES 37 g PROTÉINES 42 g LIPIDES 6,8 g FIBRES

CASSEROLE AUX POMMES

(POUR 4 À 6 PERSONNES)

4	œufs entiers	4
125 mL	farine	½ tasse
5 mL	poudre à pâte	1 c. à t.
1 mL	sel	¼ c. à t.
125 mL	lait	½ tasse
30 mL	rhum	2 c. à s.
30 mL	beurre fondu	2 c. à s.
3	pommes, pelées, évidées et émincées	3
30 mL	sucre	2 c. à s.
15 mL	cannelle	1 c. à s.
2	blancs d'œufs, battus ferme	2
15 mL	cassonade	1 c. à s.

■ Mettre les œufs entiers dans un bol et les mélanger au fouet.

■ Tamiser farine, poudre à pâte et sel. Verser sur les œufs et bien mélanger. Incorporer lait et rhum. Réfrigérer 1 heure.

■ Préchauffer le four à 190 °C (375 °F).

■ Faire chauffer le beurre dans une poêle à frire, à feu moyen. Ajouter pommes, sucre et cannelle. Cuire 12 minutes et mettre de côté.

■ Retirer la pâte du réfrigérateur et incorporer les blancs d'œufs à l'aide d'une spatule. Verser le mélange dans un plat à gratin beurré. Disposer les pommes sautées au centre. Saupoudrer de cassonade. Cuire 45 minutes au four.

1 PORTION : 255 CALORIES 30 g GLUCIDES 9 g PROTÉINES 10 g LIPIDES 2,2 g FIBRES

MÉLANGE DE RIZ AUX OIGNONS VERTS

(POUR 4 PERSONNES)

625 mL	**bouillon de légumes, chaud**	**2½ tasses**
250 mL	**mélange de riz à grains longs et de riz sauvage**	**1 tasse**
15 mL	**beurre**	**1 c. à s.**
4	**oignons verts, en dés**	**4**
	sel et poivre	

■ Verser le bouillon de légumes dans une casserole. Porter à ébullition, à feu moyen. Ajouter le riz. Saler, poivrer, couvrir et cuire 45 minutes, à feu doux.

■ Retirer du feu et laisser reposer 6 minutes.

■ Faire fondre le beurre dans une poêle à frire, à feu moyen. Ajouter les oignons verts et cuire 4 minutes.

■ Incorporer les oignons verts au riz. Servir.

1 PORTION : 131 CALORIES 23 g GLUCIDES 3 g PROTÉINES
3 g LIPIDES 1,1 g FIBRES

SALADE DE TORTELLINI AU FROMAGE

(POUR 4 PERSONNES)

Vinaigrette crémeuse

2 mL	sel	½ c. à t.
2 mL	poivre	½ c. à t.
30 mL	vinaigre de vin	2 c. à s.
90 mL	huile d'olive	6 c. à s.
45 mL	crème sure	3 c. à s.

Salade

500 g	tortellini au fromage, cuits	1 lb
125 mL	olives noires, dénoyautées et émincées	½ tasse
3	oignons verts, hachés	3
1	poivron jaune, émincé	1
1	poivron rouge, émincé	1
50 mL	noix de Grenoble ou de pecan, en moitiés	¼ tasse
75 mL	vinaigrette crémeuse	⅓ tasse
	sel, poivre et paprika	

■ Pour préparer la vinaigrette, mettre sel et poivre dans un bol. Ajouter le vinaigre et bien mélanger. Incorporer l'huile. Ajouter la crème sure, mélanger et mettre de côté.

■ Placer tous les ingrédients de la salade dans un bol, sauf la vinaigrette. Assaisonner au goût et mélanger.

■ Verser la vinaigrette sur la salade et mélanger de nouveau. Servir.

1 PORTION : 285 CALORIES 20 g GLUCIDES 6 g PROTÉINES
20 g LIPIDES 1,7 g FIBRES

Tortellini primavera

TORTELLINI PRIMAVERA

(POUR 4 PERSONNES)

15 mL	huile d'olive	1 c. à s.
1	carotte, épluchée et émincée	1
4	oignons verts, en morceaux de 2,5 cm (1 po)	4
1	branche de céleri, émincée	1
250 g	champignons, nettoyés et émincés	½ lb
1	poivron jaune, émincé	1
2	gousses d'ail, épluchées, écrasées et hachées	2
15 mL	basilic frais haché	1 c. à s.
375 mL	bouillon de poulet, chaud	1½ tasse
15 mL	fécule de maïs	1 c. à s.
45 mL	eau froide	3 c. à s.
4	portions de tortellini au veau cuits, chauds	4
175 mL	petits pois cuits	¾ tasse
30 mL	fromage parmesan râpé	2 c. à s.
30 mL	fromage romano râpé	2 c. à s.
	sel et poivre	

■ Faire chauffer l'huile dans une sauteuse, à feu moyen. Ajouter carotte, oignons verts et céleri. Couvrir et cuire 4 minutes.

■ Ajouter le reste des légumes, sauf les petits pois. Saler, poivrer. Ajouter ail et basilic. Mélanger, couvrir et cuire 3 minutes, à feu moyen.

■ Incorporer le bouillon de poulet et porter à ébullition.

■ Délayer la fécule de maïs dans l'eau froide. Incorporer à la sauce et cuire 1 minute.

■ Ajouter les pâtes et mélanger. Incorporer petits pois et fromages. Mélanger et laisser mijoter 1 minute. Servir.

---

1 PORTION : 330 CALORIES 33 g GLUCIDES 14 g PROTÉINES
16 g LIPIDES 4,1 g FIBRES

RIZ FRIT AU JAMBON ET AUX ŒUFS

(POUR 4 PERSONNES)

5 mL	beurre	1 c. à t.
2	œufs, battus	2
15 mL	huile d'olive	1 c. à s.
1	feuille de chou chinois (bok choy), émincée	1
1	gousse d'ail, épluchée, écrasée et hachée	1
1	poivron jaune, émincé	1
1	tranche de jambon de Virginie ou prosciutto, taillée en julienne	1
750 mL	riz cuit	3 tasses
15 mL	persil frais haché	1 c. à s.
	sel et poivre	

■ Faire chauffer le beurre dans une poêle à frire, à feu moyen. Ajouter les œufs battus et cuire 15 secondes. Mélanger rapidement et cuire 30 secondes.

■ Retourner l'omelette et continuer la cuisson 30 secondes. Retirer du feu et laisser refroidir.

■ Couper l'omelette froide en julienne. Mettre de côté.

■ Faire chauffer l'huile dans une grande poêle à frire, à feu vif. Ajouter chou chinois, ail et poivron; cuire 4 minutes, à feu moyen.

■ Ajouter le jambon, mélanger et cuire 4 minutes.

■ Ajouter riz et persil. Saler, poivrer et cuire 8 minutes, jusqu'à ce que le riz commence à brunir.

■ Ajouter les œufs, bien mélanger et cuire 3 minutes. Servir.

1 PORTION : 239 CALORIES 34 g GLUCIDES 8 g PROTÉINES 8 g LIPIDES 1,7 g FIBRES

Verser les œufs battus dans le beurre chaud et cuire 15 secondes.

Mélanger rapidement et cuire 30 secondes.

Retourner l'omelette et continuer la cuisson 30 secondes.

4

Couper l'omelette froide en julienne.

5

Faire cuire chou chinois, ail et poivron dans l'huile chaude.

6

Ajouter le jambon, mélanger et cuire 4 minutes. Ajouter le riz.

SAUCE AUX TOMATES FRAÎCHES

(POUR 6 À 8 PERSONNES)

30 mL	huile d'olive	2 c. à s.
1	gros oignon, haché	1
1	carotte, épluchée et en dés	1
1	branche de céleri, en dés	1
3	gousses d'ail, épluchées, écrasées et hachées	3
12	grosses tomates mûres, pelées et hachées	12
30 mL	pâte de tomates	2 c. à s.
15 mL	basilic frais haché	1 c. à s.
2 mL	thym	½ c. à t.
15 mL	persil frais haché	1 c. à s.
15 mL	origan	1 c. à s.
1	feuille de laurier	1
	sel et poivre	

■ Faire chauffer l'huile dans une sauteuse, à feu moyen. Ajouter oignon, carotte et céleri. Cuire 8 minutes, à feu doux.

■ Ajouter l'ail, mélanger et cuire 3 minutes.

■ Ajouter le reste des ingrédients. Saler, poivrer et porter à ébullition. Couvrir partiellement et cuire 70 minutes, à feu doux. Remuer 3 à 4 fois durant la cuisson.

■ Servir sur des pâtes chaudes.

1 PORTION : 101 CALORIES 12 g GLUCIDES 2 g PROTÉINES 5 g LIPIDES 3,4 g FIBRES

AGNOLOTTI AUX ANCHOIS

(POUR 4 PERSONNES)

5	gousses d'ail, épluchées	5
175 mL	pignons	¾ tasse
6 à 8	filets d'anchois, égouttés	6 à 8
250 mL	basilic frais	1 tasse
50 mL	huile d'olive	¼ tasse
125 mL	fromage parmesan râpé	½ tasse
4	portions d'agnolotti cuits, chauds	4
	poivre du moulin	

■ Mélanger ail, pignons, anchois et basilic au robot culinaire, pendant 30 secondes.

■ Ajouter huile et fromage et bien mélanger.

■ Verser le mélange sur les pâtes chaudes. Poivrer. Bien incorporer et servir.

1 PORTION : 382 CALORIES 38 g GLUCIDES 13 g PROTÉINES
20 g LIPIDES 1,4 g FIBRES

SPAGHETTI AVEC SAUCE À LA VIANDE ET AU VIN BLANC

(POUR 4 PERSONNES)

30 mL	huile d'olive	2 c. à s.
1	gousse d'ail, épluchée, écrasée et hachée	1
1	oignon moyen, haché	1
1	branche de céleri, en dés	1
500 g	bœuf maigre haché	1 lb
250 mL	vin blanc sec	1 tasse
625 mL	sauce tomate	2½ tasses
2 mL	basilic	½ c. à t.
2 mL	thym	½ c. à t.
15 mL	persil frais haché	1 c. à s.
4	portions de spaghetti cuits, chauds	4
	sel et poivre	

■ Faire chauffer l'huile dans une sauteuse, à feu moyen. Ajouter ail, oignon et céleri. Cuire 3 minutes, à feu moyen.

■ Ajouter la viande. Saler, poivrer, mélanger et cuire 4 minutes, à feu moyen. Mélanger 2 fois durant la cuisson.

■ Incorporer le vin, remuer et cuire 4 minutes.

■ Incorporer sauce tomate et aromates. Mélanger et cuire 6 minutes, à feu doux.

■ Servir sur les spaghetti chauds.

1 PORTION : 527 CALORIES 48 g GLUCIDES 33 g PROTÉINES 18 g LIPIDES 0 g FIBRES

LINGUINI AUX PALOURDES

(POUR 4 PERSONNES)

32	palourdes, brossées et lavées	32
250 mL	eau	1 tasse
15 mL	huile d'olive	1 c. à s.
3	échalotes sèches, épluchées et hachées	3
2	gousses d'ail, épluchées, écrasées et hachées	2
2	oignons verts, hachés	2
1	poivron rouge, en dés	1
2	grosses tomates, pelées et hachées	2
15 mL	estragon haché	1 c. à s.
4	portions de linguini cuits, chauds	4
	jus de 1 citron	
	sel et poivre	

■ Placer les palourdes dans une casserole. Ajouter eau et jus de citron. Couvrir et cuire 5 minutes. Mélanger 1 fois durant la cuisson. Toutes les palourdes doivent être complètement ouvertes. Jeter celles qui restent fermées. Retirer du feu. Laisser les palourdes dans le liquide de cuisson pour les empêcher de refroidir.

■ Faire chauffer l'huile dans une sauteuse, à feu moyen. Ajouter échalotes sèches, ail et oignons verts. Mélanger et cuire 4 minutes, à feu doux.

■ Ajouter poivron rouge et tomates. Saler, poivrer. Ajouter l'estragon et cuire 12 minutes, à feu moyen.

■ Servir les linguini dans les assiettes. Placer les palourdes avec leurs coquilles sur les pâtes chaudes. Napper le tout de sauce. Servir.

1 PORTION : 308 CALORIES 47 g GLUCIDES 17 g PROTÉINES 6 g LIPIDES 1,5 g FIBRES

PÂTES À LA SAUCE AUX DEUX VIANDES

(POUR 4 À 6 PERSONNES)

30 mL	huile d'olive	2 c. à s.
1	oignon, haché	1
1	branche de céleri, en dés	1
2	gousses d'ail, épluchées, écrasées et hachées	2
3	oignons verts, hachés	3
900 g	grosses tomates, pelées, épépinées et en cubes	2 lb
30 mL	pâte de tomates	2 c. à s.
15 mL	persil frais haché	1 c. à s.
15 mL	thym frais haché	1 c. à s.
30 mL	basilic frais haché	2 c. à s.
5 mL	origan frais haché	1 c. à t.
250 g	bœuf maigre haché	½ lb
250 g	veau haché	½ lb
250 mL	sauce tomate	1 tasse
4 à 6	portions de pâtes cuites, chaudes	4 à 6
	quelques gouttes de sauce tabasco	
	pincée de piments rouges séchés broyés	
	pincée de sucre	
	sel et poivre	

■ Faire chauffer la moitié de l'huile dans une sauteuse, à feu moyen. Ajouter oignon, céleri, ail et oignons verts. Cuire 4 minutes, à feu doux.

■ Ajouter tomates, pâte de tomates, aromates et sucre. Saler, poivrer, mélanger et porter à ébullition. Cuire 18 minutes, à feu doux, en remuant de temps à autre.

■ Faire chauffer le reste de l'huile dans une poêle à frire, à feu vif. Ajouter les deux viandes, saler, poivrer et cuire 7 minutes, à feu moyen.

■ Bien égoutter la viande et l'ajouter au mélange aux tomates. Incorporer la sauce tomate. Saler, poivrer, remuer et continuer la cuisson 35 minutes, à feu doux. Remuer durant la cuisson.

■ Servir sur des pâtes chaudes.

1 PORTION : 454 CALORIES 50 g GLUCIDES 26 g PROTÉINES 17 g LIPIDES 3,6 g FIBRES

Faire cuire oignon, céleri, ail et oignons verts dans l'huile chaude.

Ajouter les tomates.

Incorporer la pâte de tomates.

4

Ajouter aromates et sucre.

5

Faire sauter la viande dans l'huile chaude.

6

Bien égoutter la viande avant de l'ajouter à la sauce.

RIGATONI AUX CREVETTES

(POUR 4 PERSONNES)

15 mL	huile d'olive	1 c. à s.
375 g	crevettes décortiquées, nettoyées et coupées en moitiés	¾ lb
3	échalotes sèches, épluchées et hachées	3
250 g	champignons, nettoyés et coupés en deux	½ lb
15 mL	gingembre frais haché	1 c. à s.
3	tomates, pelées et hachées	3
15 mL	basilic frais haché	1 c. à s.
4	portions de rigatoni cuits, chauds	4
	pincée de piments rouges séchés broyés	
	sel et poivre	

■ Faire chauffer l'huile dans une poêle à frire, à feu moyen. Ajouter les crevettes et cuire 2 minutes, à feu vif. Retourner les crevettes et prolonger la cuisson 1 minute. Retirer les crevettes de la poêle et mettre de côté.

■ Ajouter échalotes, champignons et gingembre. Saler, poivrer et cuire 5 minutes, à feu vif.

■ Ajouter tomates, basilic et piments broyés. Saler, poivrer et cuire 8 minutes, à feu moyen.

■ Remettre les crevettes dans la sauce et laisser mijoter 3 minutes, à feu doux.

■ Ajouter les pâtes chaudes, mélanger et laisser mijoter 3 minutes. Servir.

1 PORTION : 357 CALORIES 48 g GLUCIDES 31 g PROTÉINES
5 g LIPIDES 3,0 g FIBRES

TORTELLINI ET PENNE À L'AUBERGINE

(POUR 4 PERSONNES)

1	aubergine, coupée en deux en long	1
15 mL	huile d'olive	1 c. à s.
1½	oignon, finement haché	1½
2	gousses d'ail, épluchées, écrasées et hachées	2
250 g	champignons, nettoyés et en dés	½ lb
2 mL	basilic	½ c. à t.
1 mL	thym	¼ c. à t.
250 mL	vin blanc sec	1 tasse
2	grosses tomates, pelées et en dés	2
2	portions de penne cuits, chauds	2
2	portions de tortellini cuits, chauds	2
	fromage parmesan râpé	
	sel et poivre	

■ Saupoudrer les demi-aubergines de sel. Laisser reposer à la température de la pièce pendant 1 heure. Rincer à l'eau froide, assécher et peler. Couper la chair en dés. Mettre de côté.

■ Faire chauffer l'huile dans une sauteuse, à feu moyen. Ajouter oignon et ail. Cuire, à feu doux, 6 minutes.

■ Ajouter champignons, aubergine et aromates. Saler, poivrer et cuire 8 minutes, à feu moyen.

■ Arroser du vin blanc et cuire 3 minutes, à feu vif. Incorporer les tomates et mélanger. Saler, poivrer et cuire 12 minutes, à feu moyen.

■ Placer les pâtes chaudes dans un bol. Napper de sauce et bien mélanger. Servir avec le parmesan.

1 PORTION : 310 CALORIES 45 g GLUCIDES 9 g PROTÉINES 6 g LIPIDES 3,5 g FIBRES

Fettuccine aux moules fraîches

FETTUCCINE AUX MOULES FRAÎCHES

(POUR 4 PERSONNES)

900 g	moules fraîches, brossées et lavées	2 lb
50 mL	eau	¼ tasse
15 mL	huile d'olive	1 c. à s.
2	gousses d'ail, épluchées, écrasées et hachées	2
50 mL	vin blanc sec	¼ tasse
30 mL	beurre manié (page 155)	2 c. à s.
15 mL	persil frais haché	1 c. à s.
4	portions de fettuccine cuits, chauds	4
	jus de 1 citron	
	liquide de cuisson des moules	
	sel et poivre	

■ Placer les moules dans une grande casserole. Ajouter jus de citron et eau. Poivrer. Couvrir et cuire à feu moyen, jusqu'à ce que les moules s'ouvrent complètement.

■ Retirer la casserole du feu. Jeter les moules qui ne se sont pas ouvertes. Décoquiller les autres moules, les mettre dans un bol et les couvrir. Mettre de côté. Remettre, dans la casserole, le jus qui se trouve dans les coquilles.

■ Passer le jus de cuisson dans un coton à fromage placé dans une passoire. Mettre de côté.

■ Faire chauffer l'huile dans une poêle à frire, à feu moyen. Ajouter l'ail et cuire 2 minutes.

■ Ajouter le vin blanc et cuire 2 minutes, à feu vif.

■ Incorporer le liquide de cuisson, saler, poivrer et cuire 2 minutes. Retirer du feu.

■ Incorporer le beurre manié au fouet. Parsemer de persil haché et poivrer. Ajouter les pâtes chaudes et les moules, mélanger et servir.

1 PORTION : 358 CALORIES 39 g GLUCIDES 21 g PROTÉINES
12 g LIPIDES 0 g FIBRES

OMELETTE AUX SPAGHETTI

(POUR 4 PERSONNES)

4	portions de spaghetti cuits, chauds	4
15 mL	persil frais haché	1 c. à s.
45 mL	beurre	3 c. à s.
250 mL	fromage parmesan râpé	1 tasse
4	œufs, bien battus	4
	sel et poivre	

■ Mettre les spaghetti chauds dans un bol à mélanger. Saler, poivrer, ajouter le persil et 30 mL (2 c. à s.) de beurre et mélanger. Bien incorporer le fromage.

■ Mettre les spaghetti de côté et laisser refroidir. Les mélanger 2 fois pendant qu'ils refroidissent.

■ Saler, poivrer les œufs battus. Verser les œufs sur les spaghetti froids et bien incorporer.

■ Faire chauffer le reste du beurre dans une grande poêle à frire. Mélanger les spaghetti et les verser dans le beurre chaud. Cuire 2 à 3 minutes, à feu moyen.

■ Retourner l'omelette et prolonger la cuisson 3 minutes. Servir.

1 PORTION : 413 CALORIES 35 g GLUCIDES 20 g PROTÉINES
21 g LIPIDES 0 g FIBRES

1

Mettre les spaghetti chauds dans un bol à mélanger. Saler, poivrer et ajouter le persil.

2

Ajouter 30 mL (2 c. à s.) de beurre et mélanger.

3

Ajouter le fromage et mélanger de nouveau.

Verser les œufs battus sur les spaghetti froids. Bien incorporer.

Verser le mélange dans le beurre chaud.

Retourner l'omelette.

POULET SAUTÉ SUR COQUILLETTES

(POUR 4 PERSONNES)

15 mL	huile d'olive	1 c. à s.
1	poitrine de poulet sans peau, désossée et en lanières	1
4	oignon verts, en morceaux de 2,5 cm (1 po)	4
1	branche de céleri, en lanières	1
1	poivron rouge grillé, en grosses lanières	1
30 mL	sauce soya	2 c. à s.
375 mL	bouillon de poulet, chaud	1½ tasse
5 mL	fécule de maïs	1 c. à t.
10 mL	eau froide	2 c. à t.
4	portions de coquillettes cuites, chaudes	4
	sel et poivre	
	fromage romano râpé	

■ Faire chauffer l'huile dans une poêle à frire, à feu moyen. Ajouter le poulet. Saler, poivrer et cuire 3 minutes. Ajouter oignons verts, céleri et poivron. Saler, poivrer et cuire 4 minutes.

■ Arroser de sauce soya, mélanger et cuire 2 minutes.

■ Incorporer le bouillon de poulet et laisser mijoter 2 minutes, à feu doux.

■ Délayer la fécule de maïs dans l'eau froide. Incorporer à la sauce et porter à ébullition 1 minute.

■ Verser la sauce sur les pâtes chaudes. Saupoudrer de romano. Servir.

1 PORTION : 292 CALORIES 37 g GLUCIDES 21 g PROTÉINES
7 g LIPIDES 0 g FIBRES

ASSIETTE DE RIZ ET DE POIS CHICHES

(POUR 4 PERSONNES)

15 mL	huile d'olive	1 c. à s.
1	oignon, finement haché	1
1	gousse d'ail, épluchée, écrasée et hachée	1
½	branche de céleri, en dés	½
1	poivron vert, en dés	1
3	tomates, pelées et en dés	3
2 mL	basilic	½ c. à t.
1 mL	thym	¼ c. à t.
15 mL	persil frais haché	1 c. à s.
540 mL	pois chiches en conserve, égouttés	19 oz
4	portions de riz cuit	4
	sel et poivre	

■ Faire chauffer l'huile dans une sauteuse, à feu moyen. Ajouter oignon, ail et céleri. Cuire 5 minutes, à feu doux.

■ Ajouter poivron vert, tomates et aromates. Saler, poivrer et cuire, à feu moyen, 12 minutes.

■ Incorporer les pois chiches et laisser mijoter 4 minutes.

■ Servir accompagné de riz.

1 PORTION : 350 CALORIES 61 g GLUCIDES 14 g PROTÉINES
6 g LIPIDES 10,5 g FIBRES

RAVIOLI EN SAUCE AUX ÉPINARDS

(POUR 4 PERSONNES)

2	bottes d'épinards frais	2
250 mL	eau froide	1 tasse
15 mL	beurre	1 c. à s.
1	gousse d'ail, épluchée, écrasée et hachée	1
625 mL	sauce blanche, chaude	2½ tasse
4	portions de ravioli cuits	4
	fromage parmesan râpé	
	sel et poivre	

■ Éliminer les queues des épinards. Laver les feuilles soigneusement à l'eau froide.

■ Placer les épinards dans une casserole et ajouter l'eau. Saler, couvrir et cuire, à feu moyen-vif, 3 à 4 minutes. Retirer du feu.

■ Égoutter et presser les épinards dans les mains pour en extraire l'eau. Hacher et mettre de côté.

■ Faire chauffer le beurre dans une poêle à frire, à feu moyen. Ajouter épinards hachés et ail; faire sauter 3 minutes.

■ Saler, poivrer. Ajouter la sauce blanche et bien remuer. Cuire 3 minutes.

■ Ajouter les pâtes, mélanger et laisser mijoter 3 minutes.

■ Parsemer de fromage. Servir.

1 PORTION : 417 CALORIES 49 g GLUCIDES 15 g PROTÉINES 18 g LIPIDES 2,9 g FIBRES

SPAGHETTINI AU BASILIC

(POUR 4 PERSONNES)

15 mL	huile d'olive	1 c. à s.
1	oignon moyen, haché	1
2	gousses d'ail, épluchées, écrasées et hachées	2
45 mL	basilic frais haché	3 c. à s.
4	tomates pelées, épépinées et hachées	4
15 mL	piment fort haché	1 c. à s.
1 mL	thym	1/4 c. à t.
50 mL	fromage sardo râpé	1/4 tasse
4	portions de spaghettini cuits, chauds	4
	pincée de sucre	
	sel et poivre du moulin	

■ Faire chauffer l'huile dans une sauteuse. Ajouter oignon et ail; cuire 4 minutes, à feu doux.

■ Ajouter basilic, tomates, sucre, piment fort et thym. Saler, poivrer. Mélanger et faire cuire, à feu doux, sans couvrir, 25 à 30 minutes. Mélanger de temps à autre.

■ Incorporer fromage râpé et pâtes chaudes. Napper de sauce et bien mélanger. Servir.

1 PORTION :	245 CALORIES	42 g GLUCIDES	8 g PROTÉINES
	5 g LIPIDES	2,2 g FIBRES	

FETTUCCINE CARBONARA

(POUR 4 PERSONNES)

15 mL	huile d'olive	1 c. à s.	
2	gousses d'ail, épluchées, écrasées et hachées	2	
5	tranches de prosciutto, en lanières	5	
125 mL	vin blanc sec	½ tasse	
2	œufs	2	
50 mL	fromage pecorino râpé	¼ tasse	
150 mL	fromage parmesan râpé	⅔ tasse	
4	portions de fettuccine cuits, chauds	4	
	persil frais haché		
	poivre du moulin		

■ Faire chauffer l'huile dans une sauteuse, à feu moyen. Ajouter ail et prosciutto; cuire 3 minutes, à feu doux.

■ Arroser du vin et continuer la cuisson 2 à 3 minutes. Retirer la sauteuse du feu et mettre de côté.

■ Fouetter les œufs dans un bol. Poivrer. Bien incorporer les fromages. Verser le mélange sur les pâtes chaudes égouttées et mélanger rapidement. Poivrer de nouveau.

■ Ajouter le mélange de prosciutto. Parsemer de persil et mélanger de nouveau. Servir.

1 PORTION : 351 CALORIES 36 g GLUCIDES 15 g PROTÉINES 14 g LIPIDES 0 g FIBRES

1 Faire cuire ail et prosciutto dans l'huile chaude.

2 Arroser du vin et continuer la cuisson.

3 Fouetter les œufs dans un bol.

4

Ajouter les fromages et bien incorporer.

5

Verser le mélange aux œufs sur les pâtes chaudes.

6

Incorporer le mélange au prosciutto.

NOUILLES AUX ŒUFS AU CARI

(POUR 4 PERSONNES)

15 mL	huile d'olive	1 c. à s.
1	oignon moyen, haché	1
1	gousse d'ail, épluchée, écrasée et hachée	1
1	branche de céleri, en dés	1
30 mL	cari	2 c. à s.
45 mL	farine	3 c. à s.
500 mL	bouillon de poulet, chaud	2 tasses
15 mL	pâte de tomates	1 c. à s.
1	pomme, pelée, évidée et en dés	1
4	portions de spaghetti cuits, chauds	4
	sel et poivre	

■ Faire chauffer l'huile dans une poêle à frire, à feu moyen. Ajouter oignon, ail et céleri; cuire 3 à 4 minutes. Incorporer le cari et cuire 3 à 4 minutes, à feu doux.

■ Ajouter la farine et bien remuer; couvrir et cuire 3 minutes, à feu doux.

■ Ajouter le bouillon de poulet, remuer et bien assaisonner. Ajouter pâte de tomates et pomme; mélanger et cuire 6 à 7 minutes, sans couvrir, à feu moyen.

■ Verser sur les nouilles chaudes et servir.

1 PORTION : 271 CALORIES 52 g GLUCIDES 7 g PROTÉINES
4 g LIPIDES 1,5 g FIBRES

FETTUCCINE À LA MODE

(POUR 4 PERSONNES)

15 mL	huile d'olive	1 c. à s.
1	courgette, émincée	1
1	poivron jaune, émincé	1
45 mL	farine	3 c. à s.
500 mL	bouillon de poulet, chaud	2 tasses
50 mL	crème à 35%, fouettée	1/4 tasse
250 mL	fromage gruyère râpé	1 tasse
4	portions de fettuccine cuits, chauds	4
	sel et poivre	

■ Faire chauffer l'huile dans une sauteuse, à feu moyen. Ajouter courgette et poivron; saler, poivrer et cuire 4 minutes.

■ Incorporer la farine; couvrir et cuire 3 à 4 minutes, à feu doux.

■ Ajouter le bouillon de poulet; saler, poivrer et bien mélanger. Incorporer la crème fouettée. Cuire 2 à 3 minutes, sans couvrir, à feu moyen.

■ Ajouter le fromage et cuire 2 minutes.

■ Ajouter les pâtes, mélanger et réchauffer 1 minute. Servir.

1 PORTION : 356 CALORIES 47 g GLUCIDES 13 g PROTÉINES 13 g LIPIDES 1,2 g FIBRES

RIZ POUR FRUITS DE MER OU LÉGUMES

(POUR 4 PERSONNES)

500 mL	eau froide	2 tasses
250 mL	riz, rincé et égoutté	1 tasse
15 mL	beurre	1 c. à s.
	sel	

■ Verser l'eau dans une casserole. Saler et ajouter le riz. Mélanger, couvrir et porter à ébullition.

■ Réduire le feu à doux, et prolonger la cuisson 16 minutes.

■ Ajouter le beurre et mélanger avec une fourchette. Couvrir et cuire 3 minutes, à feu doux.

■ Servir avec des fruits de mer ou des légumes.

1 PORTION : 124 CALORIES 22 g GLUCIDES 2 g PROTÉINES
3 g LIPIDES 1,0 g FIBRES

SPAGHETTI AU PECORINO

(POUR 4 PERSONNES)

4	portions de spaghetti	4
250 mL	fromage pecorino râpé	1 tasse
	sel et poivre du moulin	

■ Faire cuire les spaghetti dans beaucoup d'eau bouillante salée. Bien égoutter et réserver 125 mL (½ tasse) du liquide de cuisson.

■ Placer les spaghetti cuits dans une grande casserole. Ajouter le fromage et poivrer. Ajouter le liquide de cuisson chaud et bien mélanger. Servir aussitôt.

1 PORTION : 257 CALORIES 35 g GLUCIDES 14 g PROTÉINES
7 g LIPIDES 0 g FIBRES

RISOTTO

(POUR 4 PERSONNES)

30 mL	beurre		2 c. à s.
½	oignon, finement haché		½
125 mL	vin blanc sec		½ tasse
1 L	eau		4 tasses
250 mL	riz italien		1 tasse
50 mL	fromage parmesan râpé		¼ tasse
	sel et poivre		

■ Faire fondre la moitié du beurre dans une casserole, à feu moyen. Ajouter l'oignon et cuire 3 minutes, à feu doux.

■ Arroser du vin et cuire 3 minutes, à feu moyen.

■ Ajouter la moitié de l'eau. Saler, poivrer et porter à ébullition.

■ Ajouter le riz, remuer et cuire, à feu moyen, jusqu'à ce que le liquide soit complètement absorbé.

■ Ajouter le reste de l'eau, remuer et continuer la cuisson à feu doux, jusqu'à ce que le liquide soit complètement absorbé.

■ Incorporer le fromage râpé à l'aide d'une fourchette. Ajouter le reste du beurre et mélanger. Saler, poivrer. Couvrir et laisser reposer 5 minutes. Servir.

1 PORTION : 194 CALORIES 23 g GLUCIDES 4 g PROTÉINES
7 g LIPIDES 1,0 g FIBRES

SAUCE AU PERSIL ET AU BASILIC

(POUR 4 PERSONNES)

250 mL	persil frais, lavé et essoré	1 tasse
250 mL	basilic frais, lavé et essoré	1 tasse
3	gousses d'ail, épluchées	3
50 mL	huile d'olive	¼ tasse
75 mL	fromage parmesan râpé	⅓ tasse
4	portions de pâtes cuites, chaudes	4
50 mL	pignons	¼ tasse
	sel et poivre	

■ Mélanger persil et basilic au robot culinaire.

■ Ajouter l'ail et bien mélanger.

■ Ajouter huile d'olive et fromage. Saler, poivrer. Mélanger pour bien incorporer les ingrédients.

■ Verser la sauce sur les pâtes chaudes et mélanger. Parsemer de pignons. Servir.

1 PORTION : 313 CALORIES 38 g GLUCIDES 8 g PROTÉINES
15 g LIPIDES 2,5 g FIBRES

Mettre persil et basilic dans le bol du robot culinaire.

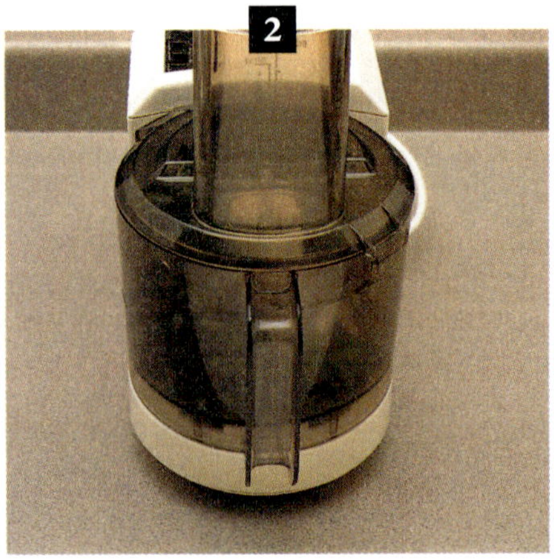

Bien mélanger.

Ajouter l'ail et mélanger de nouveau.

Ajouter huile d'olive et fromage.

Saler, poivrer et mélanger pour bien incorporer les ingrédients.

Incorporer la sauce aux pâtes chaudes.

SPAGHETTI AUX BOULETTES DE VIANDE

(POUR 4 PERSONNES)

375 g	bœuf maigre haché	¾ lb
1	œuf	1
45 mL	oignon haché, cuit	3 c. à s.
15 mL	persil frais haché	1 c. à s.
30 mL	huile d'olive	2 c. à s.
1	poivron jaune, en dés	1
500 mL	sauce tomate épicée	2 tasses
4	portions de spaghetti cuits, chauds	4
125 mL	fromage romano ou parmesan râpé	½ tasse
	sel, poivre et paprika	

■ Mettre bœuf haché, œuf, oignon et persil dans un bol à mélanger. Saler, poivrer et saupoudrer de paprika. Bien incorporer et former des boulettes. Mettre de côté.

■ Faire chauffer l'huile dans une sauteuse, à feu moyen. Ajouter les boulettes de viande. Cuire 6 minutes et faire brunir sur tous les côtés.

■ Ajouter le poivron et continuer la cuisson 3 minutes.

■ Ajouter la sauce tomate, saler, poivrer et remuer. Laisser mijoter 8 minutes, à feu doux.

■ Servir les spaghetti dans les assiettes. Partager les boulettes entre chaque assiette. Napper de sauce.

■ Accompagner de fromage râpé au moment de servir.

1 PORTION : 480 CALORIES 45 g GLUCIDES 31 g PROTÉINES
20 g LIPIDES 0 g FIBRES

TORTELLINI AU GRATIN

(POUR 4 PERSONNES)

30 mL	beurre	2 c. à s.
1	oignon, finement haché	1
40 mL	farine	2½ c. à s.
500 mL	lait chaud	2 tasses
250 mL	fromage gruyère râpé	1 tasse
4	portions de tortellini cuits, chauds	4
	pincée de muscade	
	sel et poivre blanc	

■ Préchauffer le four à 200 °C (400 °F).

■ Faire fondre le beurre dans une casserole, à feu moyen. Ajouter l'oignon et cuire 5 minutes, à feu doux.

■ Ajouter la farine, bien mélanger et cuire 1 minute, à feu doux.

■ Incorporer le lait chaud au fouet. Saupoudrer de muscade et saler, poivrer. Cuire 10 minutes, à feu doux. Remuer 2 à 3 fois durant la cuisson.

■ Ajouter la moitié du fromage, remuer et cuire 1 minute. Ajouter les pâtes chaudes, mélanger et retirer du feu.

■ Verser les pâtes dans un plat à gratin beurré. Parsemer de gruyère. Cuire 8 minutes, au four.

1 PORTION : 409 CALORIES 50 g GLUCIDES 17 g PROTÉINES
16 g LIPIDES 1,0 g FIBRES

PÂTES PRINTANIÈRES

(POUR 4 PERSONNES)

15 mL	huile d'olive	1 c. à s.
3	oignons verts, hachés	3
2	carottes, épluchées et tranchées en biais	2
15 mL	gingembre frais haché	1 c. à s.
2 mL	basilic	½ c. à t.
1	poivron vert, en dés	1
125 mL	vin blanc sec	½ tasse
375 mL	bouillon de poulet, chaud	1½ tasse
1	tête de brocoli, lavée et en bouquets	1
15 mL	fécule de maïs	1 c. à s.
45 mL	eau froide	3 c. à s.
4	portions de pâtes cuites, chaudes	4
	sel et poivre	

■ Faire chauffer l'huile dans une poêle à frire, à feu moyen. Ajouter oignons verts et carottes. Cuire 3 minutes.

■ Ajouter gingembre, basilic, poivron et vin. Mélanger et cuire 3 minutes.

■ Ajouter bouillon de poulet et brocoli. Saler, poivrer et cuire 4 minutes.

■ Délayer la fécule de maïs dans l'eau froide. Incorporer à la sauce et cuire 1 minute. Corriger l'assaisonnement.

■ Servir sur les pâtes chaudes.

1 PORTION : 250 CALORIES 42 g GLUCIDES 7 g PROTÉINES
4 g LIPIDES 2,2 g FIBRES

DE SPIRALE EN SPIRALE

(POUR 4 À 6 PERSONNES)

500 mL	rotini (spirales) cuits	2 tasses
4	cœurs d'artichaut, en quartiers	4
125 mL	olives noires, dénoyautées et émincées	½ tasse
½	piment doux rôti, haché	½
½	branche de céleri, hachée	½
5 mL	moutarde forte	1 c. à t.
50 mL	mayonnaise	¼ tasse
30 mL	sauce chili	2 c. à s.
	sel et poivre	

■ Bien mélanger tous les ingrédients dans un bol. Saler, poivrer. Laisser mariner 2 heures au réfrigérateur.

■ Mélanger avant de servir.

1 PORTION : 182 CALORIES 20 g GLUCIDES 3 g PROTÉINES 10 g LIPIDES 1,0 g FIBRES

RIZ PILAF

(POUR 4 PERSONNES)

15 mL	beurre	1 c. à s.
2	échalotes sèches, épluchées et hachées	2
1/2	branche de céleri, hachée	1/2
15 mL	basilic frais haché	1 c. à s.
15 mL	persil frais haché	1 c. à s.
1 mL	poivre de Cayenne	1/4 c. à t.
250 mL	riz à grains longs, rincé	1 tasse
375 mL	bouillon de poulet, chaud	1 1/2 tasse
	sel et poivre	

■ Préchauffer le four à 180 °C (350 °F).

■ Faire chauffer le beurre dans une casserole allant au four, à feu moyen. Ajouter légumes, épices et aromates. Saler, poivrer et cuire 3 minutes, à feu moyen.

■ Incorporer le riz. Saler, poivrer. Cuire 3 minutes, à feu moyen, ou jusqu'à ce que le riz commence à adhérer au fond de la casserole.

■ Ajouter le bouillon de poulet, remuer et porter à ébullition. Couvrir et cuire 18 minutes, au four.

1 PORTION :	145 CALORIES	26 g GLUCIDES	3 g PROTÉINES
	3 g LIPIDES	1,0 g FIBRES	

Mettre les légumes dans le beurre chaud.

Ajouter épices et aromates. Saler, poivrer et cuire 3 minutes, à feu moyen.

Incorporer le riz. Saler, poivrer.

Cuire 3 minutes ou jusqu'à ce que le riz commence à adhérer au fond de la casserole.

Ajouter le bouillon de poulet et remuer.

Porter à ébullition, couvrir et faire cuire au four.

SPAGHETTI À L'HUILE D'OLIVE

(POUR 4 PERSONNES)

45 mL	**huile d'olive**	**3 c. à s.**
3	**gousses d'ail, épluchées, écrasées et hachées**	**3**
1 mL	**chili en poudre**	**¼ c. à t.**
4	**portions de spaghetti cuits, chauds**	**4**
	sel et poivre	

■ Faire chauffer l'huile dans une poêle à frire, à feu moyen. Ajouter ail et chili, mélanger et cuire 2 minutes, à feu très doux.

■ Placer les spaghetti chauds dans un grand bol à mélanger. Verser le mélange à l'ail sur les pâtes, saler, poivrer et bien incorporer.

■ Si désiré, ajouter des légumes en julienne, sautés à l'huile.

■ Accompagner de fromage au moment de servir.

1 PORTION : 252 CALORIES 35 g GLUCIDES 5 g PROTÉINES
11 g LIPIDES 0 g FIBRES

PENNE À LA PROVENÇALE

(POUR 4 PERSONNES)

30 mL	huile d'olive	2 c. à s.
2	gousses d'ail, épluchées, écrasées et hachées	2
1	poivron rouge, cuit et haché	1
30 mL	persil frais haché	2 c. à s.
12	olives grecques entières	12
15 mL	câpres	1 c. à s.
2	filets d'anchois, hachés	2
2	grosses tomates, pelées et en dés	2
1 mL	poivre de Cayenne	¼ c. à t.
4	portions de penne cuits, chauds	4
125 mL	fromage parmesan râpé	½ tasse
	sel et poivre	

■ Faire chauffer l'huile dans une sauteuse, à feu moyen. Ajouter ail, poivron et persil. Cuire 2 minutes.

■ Ajouter olives, câpres et anchois, mélanger et cuire 2 minutes.

■ Incorporer tomates et poivre de Cayenne. Saler, poivrer et cuire 6 minutes, à feu moyen.

■ Ajouter pâtes chaudes et fromage, mélanger et servir.

1 PORTION : 314 CALORIES 39 g GLUCIDES 11 g PROTÉINES
13 g LIPIDES 2,0 g FIBRES

Rotini aux pétoncles

ROTINI AUX PÉTONCLES

(POUR 4 PERSONNES)

2	échalotes sèches, épluchées et hachées	2
250 g	champignons, nettoyés et coupés en 3	½ lb
500 g	pétoncles frais, lavés	1 lb
15 mL	persil frais haché	1 c. à s.
125 mL	vin blanc sec	½ tasse
375 mL	jus de palourde	1½ tasse
30 mL	beurre	2 c. à s.
30 mL	farine	2 c. à s.
125 mL	fromage gruyère râpé	½ tasse
4	portions de rotini (spirales) cuits, chauds	4
	fromage parmesan râpé	
	sel et poivre	

■ Mettre échalotes sèches, champignons, pétoncles, persil, vin et jus de palourde dans une sauteuse. Saler, poivrer et couvrir d'une feuille de papier ciré. Porter à ébullition, à feu moyen. Retirer immédiatement du feu. Laisser reposer les pétoncles dans le liquide de cuisson pendant 3 minutes.

■ Retirer les pétoncles du liquide avec une écumoire. Mettre de côté.

■ Remettre la sauteuse à feu moyen. Faire cuire le liquide de cuisson et les champignons pendant 7 minutes. Mettre de côté.

■ Faire chauffer le beurre dans une casserole, à feu moyen. Ajouter la farine, mélanger avec une cuillère de bois et cuire 2 minutes, à feu doux.

■ Ajouter le liquide de cuisson avec les champignons. Bien remuer et cuire 5 minutes, à feu doux.

■ Ajouter gruyère et pétoncles. Mélanger et laisser mijoter 3 minutes, à feu très doux.

■ Ajouter les pâtes chaudes, mélanger et laisser mijoter 3 minutes. Accompagner de fromage râpé.

1 PORTION : 493 CALORIES 51 g GLUCIDES 41 g PROTÉINES 12 g LIPIDES 2,0 g FIBRES

LASAGNE AU VEAU

(POUR 4 À 6 PERSONNES)

15 mL	huile d'olive	1 c. à s.
1	oignon moyen, en dés	1
1	poivron vert, en dés	1
1	poivron jaune, en dés	1
1	branche de céleri, en dés	1
1	courgette, en dés moyens	1
5 mL	beurre	1 c. à t.
500 g	veau maigre haché	1 lb
1 L	sauce blanche, chaude	4 tasses
625 mL	fromage mozzarella râpé	2½ tasses
	pincée de clou de girofle	
	sel, poivre et paprika	
	lasagne, cuites	

■ Faire chauffer l'huile dans une sauteuse, à feu moyen. Ajouter oignon, poivrons, céleri et courgette. Saler, poivrer. Cuire 8 à 10 minutes, à feu doux.

■ Faire fondre le beurre dans une poêle à frire. Ajouter le veau haché et faire sauter quelques minutes pour brunir la viande. Égoutter la viande et l'incorporer au mélange aux légumes.

■ Ajouter les épices, puis 250 mL (1 tasse) de sauce blanche. Saler, poivrer et laisser mijoter 3 à 4 minutes, à feu doux.

■ Préchauffer le four à 190 °C (375 °F).

■ Beurrer un plat à lasagne. Tapisser le fond d'une couche de lasagne. Recouvrir d'une couche du mélange à la viande. Parsemer d'une couche de fromage. Napper d'une couche de sauce blanche. Remplir le plat en superposant des couches de lasagne, viande, fromage et sauce. Terminer avec une couche de lasagne. Napper le tout de sauce blanche. Recouvrir du reste de fromage. Poivrer.

■ Faire gratiner au four, 20 à 30 minutes. Servir.

1 PORTION : 835 CALORIES 62 g GLUCIDES 45 g PROTÉINES
45 g LIPIDES 1,0 g FIBRES

Faire sauter les légumes dans l'huile chaude.

Faire revenir la viande dans une poêle à frire.

Ajouter la viande égouttée, 250 mL (1 tasse) de sauce blanche et les épices.

4

Étaler une couche du mélange à la viande sur les lasagne.

5

Parsemer de fromage.

6

Napper d'une couche de sauce.

LINGUINI À LA SICILIENNE

(POUR 4 PERSONNES)

15 mL	huile d'olive	1 c. à s.
2	oignons verts, émincés	2
1	poivron jaune, émincé	1
1	échalote sèche, épluchée et émincée	1
30 mL	basilic frais haché	2 c. à s.
1	saucisse italienne cuite, émincée	1
250 g	champignons, nettoyés et émincés	½ lb
375 mL	bouillon de poulet, chaud	1½ tasse
15 mL	fécule de maïs	1 c. à s.
45 mL	eau froide	3 c. à s.
4	portions de linguini cuits, chauds	4
	sel et poivre	

■ Faire chauffer l'huile dans une sauteuse. Ajouter oignons verts, poivron, échalote sèche, basilic et saucisse. Cuire 3 minutes, à feu moyen-vif.

■ Ajouter les champignons. Saler, poivrer et cuire 3 minutes, à feu moyen.

■ Incorporer le bouillon de poulet et porter à ébullition.

■ Délayer la fécule de maïs dans l'eau froide. Incorporer à la sauce et cuire 2 minutes, à feu doux.

■ Verser la sauce sur les pâtes chaudes, mélanger et servir.

1 PORTION : 295 CALORIES 43 g GLUCIDES 11 g PROTÉINES 9 g LIPIDES 2,2 g FIBRES

ROTINI À LA VIANDE

(POUR 4 PERSONNES)

15 mL	huile d'olive	1 c. à s.
1	oignon, finement haché	1
2	gousses d'ail, épluchées, écrasées et hachées	2
1	branche de céleri, en dés	1
15 mL	basilic frais haché	1 c. à s.
15 mL	persil frais haché	1 c. à s.
125 mL	vin blanc sec	½ tasse
250 g	porc maigre haché	½ lb
750 g	veau maigre haché	1½ lb
5	grosses tomates, pelées et hachées	5
30 mL	pâte de tomates	2 c. à s.
2 mL	thym	½ c. à t.
4	portions de rotini (spirales) cuits, chauds	4
	pincée de sucre	
	sel et poivre	
	fromage parmesan râpé	

■ Faire chauffer l'huile dans une sauteuse, à feu moyen. Ajouter oignon, ail et céleri. Cuire 6 minutes, à feu moyen.

■ Ajouter basilic, persil et vin. Cuire 3 minutes.

■ Ajouter les viandes, saler, poivrer et cuire 6 minutes, à feu moyen. Mélanger 2 fois durant la cuisson.

■ Incorporer tomates, pâte de tomates, sucre et thym. Saler, poivrer et cuire 18 minutes, à feu doux.

■ Ajouter les pâtes chaudes et mélanger. Servir avec le fromage râpé.

1 PORTION : 687 CALORIES 45 g GLUCIDES 57 g PROTÉINES 29 g LIPIDES 2,5 g FIBRES

PÂTES AUX POIREAUX ET AU POULET

(POUR 4 PERSONNES)

15 mL	beurre	1 c. à s.
2	blancs de poireaux cuits, émincés	2
1	poitrine de poulet sans peau, désossée et en lanières	1
125 mL	vin blanc sec	½ tasse
15 mL	estragon frais haché	1 c. à s.
375 mL	bouillon de poulet, chaud	1½ tasse
15 mL	fécule de maïs	1 c. à s.
45 mL	eau froide	3 c. à s.
15 mL	persil frais haché	1 c. à s.
4	portions de penne ou rigatoni cuits, chauds	4
	sel et poivre	

■ Faire fondre le beurre dans une sauteuse, à feu moyen. Ajouter poireaux et poulet. Saler, poivrer, couvrir et cuire 5 minutes, à feu doux.

■ Retirer le couvercle et ajouter vin et estragon; cuire 3 minutes, à feu doux.

■ Ajouter le bouillon de poulet, saler, poivrer et laisser mijoter 3 minutes.

■ Délayer la fécule de maïs dans l'eau froide. Incorporer à la sauce et porter à ébullition pendant 1 minute. Verser le mélange dans un bol et ajouter persil et pâtes chaudes. Bien mélanger et servir.

1 PORTION : 309 CALORIES 41 g GLUCIDES 19 g PROTÉINES
5 g LIPIDES 0 g FIBRES

MÉDAILLONS ET LÉGUMES SAUTÉS

(POUR 4 PERSONNES)

15 mL	huile d'olive	1 c. à s.
4	escalopes de porc *ou* 2 poitrines de poulet sans peau, désossées et en lanières	4
1	branche de céleri, en bâtonnets de 2,5 cm (1 po) de long	1
1	poivron rouge, émincé	1
20	cosses de pois, nettoyées	20
6	cœurs d'artichauts en conserve, coupés en quartiers	6
30 mL	sauce tériyaki	2 c. à s.
375 mL	bouillon de poulet, chaud	1½ tasse
5 mL	fécule de maïs	1 c. à t.
30 mL	eau froide	2 c. à s.
4	portions de médaillons farcis cuits, chauds	4
	sel et poivre	

■ Faire chauffer l'huile dans une poêle à frire, à feu moyen. Ajouter la viande et cuire 3 minutes. Saler, poivrer. Retirer la viande et la mettre de côté.

■ Mettre les légumes dans la poêle chaude, mélanger et cuire 3 minutes, à feu moyen. Ajouter sauce tériyaki et bouillon de poulet. Poivrer et porter à ébullition.

■ Délayer la fécule de maïs dans l'eau froide. Incorporer à la sauce et cuire 1 minute, à feu moyen.

■ Remettre la viande dans la poêle et laisser mijoter 1 minute.

■ Servir sur les pâtes chaudes.

1 PORTION : 458 CALORIES 34 g GLUCIDES 40 g PROTÉINES
18 g LIPIDES 4,1 g FIBRES

RIGATONI ET SAUCE AUX PALOURDES

(POUR 4 À 6 PERSONNES)

1,4 kg	palourdes, brossées et lavées	3 lb
125 mL	eau	½ tasse
30 mL	huile d'olive	2 c. à s.
1	oignon, haché	1
1	échalote sèche, épluchée et hachée	1
3	gousses d'ail, épluchées, écrasées et hachées	3
900 g	tomates, pelées, épépinées et en cubes	2 lb
45 mL	pâte de tomates	3 c. à s.
5 mL	basilic	1 c. à t.
5 mL	origan	1 c. à t.
4 à 6	portions de rigatoni cuits, chauds	4 à 6
	jus de 1 citron	
	quelques gouttes de sauce aux piments forts	
	sel et poivre	

■ Mettre les palourdes dans une grande casserole. Ajouter eau et jus de citron. Couvrir et cuire, à feu moyen, jusqu'à ce les palourdes soient ouvertes. Jeter toutes celles qui restent fermées.

■ Décoquiller les palourdes, les hacher et les mettre de côté.

■ Passer le jus de cuisson dans une passoire tapissée d'un coton à fromage. Mettre de côté.

■ Faire chauffer l'huile dans une sauteuse, à feu moyen. Ajouter oignon, échalote et ail. Cuire 3 minutes, à feu doux.

■ Ajouter tomates, pâte de tomates et aromates. Saler, poivrer et porter à ébullition. Cuire 45 minutes, à feu doux. Mélanger quelques fois durant la cuisson.

■ Verser le jus de cuisson des palourdes dans une petite casserole. Cuire 6 minutes, à feu vif.

■ Prendre 125 mL (½ tasse) du liquide de cuisson et l'incorporer à la sauce tomate. Cuire 15 minutes, à feu moyen.

■ Mettre les palourdes hachées dans la sauce et bien remuer. Laisser mijoter 3 minutes, à feu doux.

■ Ajouter les pâtes chaudes, mélanger et servir.

1 PORTION : 377 CALORIES 50 g GLUCIDES 25 g PROTÉINES 9 g LIPIDES 3,0 g FIBRES

Mettre les palourdes dans une casserole. Ajouter eau et jus de citron.

Couvrir et cuire, à feu moyen, jusqu'à ce que les palourdes soient ouvertes. Jeter celles qui restent fermées.

Décoquiller les palourdes.

4

Faire cuire oignon, échalote et ail dans l'huile chaude.

5

Ajouter tomates, pâte de tomates et aromates. Continuer la cuisson.

6

Ajouter les palourdes hachées à la sauce tomate.

ROTINI ET SAUCE AUX CHAMPIGNONS

(POUR 4 PERSONNES)

45 mL	beurre	3 c. à s.
1	échalote sèche, épluchée et finement hachée	1
500 g	champignons frais, nettoyés et coupés en 3	1 lb
45 mL	farine	3 c. à s.
500 mL	bouillon de poulet, chaud	2 tasses
250 mL	lait chaud	1 tasse
1 mL	muscade	¼ c. à t.
15 mL	persil frais haché	1 c. à s.
4	portions de rotini (spirales) cuits, chauds	4
	sel et poivre	
	paprika	
	fromage parmesan râpé	

■ Faire chauffer le beurre dans une casserole, à feu moyen. Ajouter l'échalote et cuire 2 minutes. Ajouter les champignons; saler, poivrer et cuire 5 minutes.

■ Incorporer la farine et cuire 2 minutes, à feu doux.

■ Saler, poivrer et incorporer le bouillon de poulet; remuer et porter à ébullition. Ajouter lait, muscade, persil et paprika; remuer et cuire 7 minutes, à feu doux, tout en remuant de temps à autre.

■ Servir la sauce sur les pâtes chaudes. Saupoudrer de parmesan.

1 PORTION : 380 CALORIES 55 g GLUCIDES 13 g PROTÉINES
12 g LIPIDES 3,6 g FIBRES

ARTICHAUTS VINAIGRETTE

(POUR 4 PERSONNES)

4	gros artichauts, lavés	4
4	rondelles de citron	4
375 mL	vinaigrette	1½ tasse

■ Casser la queue des artichauts. Parer la base en enlevant la partie non comestible. Enlever les feuilles défraîchies. Placer une rondelle de citron à la base de chaque artichaut et ficeler.

■ Plonger les artichauts dans une grande casserole contenant 2 L (8 tasses) d'eau bouillante salée. Couvrir partiellement et cuire 40 à 50 minutes, à feu moyen, ou selon la grosseur.

■ Les artichauts sont cuits lorsque les feuilles se détachent facilement. Bien égoutter les artichauts cuits et les presser pour en retirer l'excédent d'eau. Pour servir, détacher les feuilles de l'artichaut et les placer dans une assiette de service. Retirer le «foin» qui recouvre le fond d'artichaut et le jeter.

■ Placer les fonds d'artichauts dans les assiettes de service et les remplir de vinaigrette. Servir.

1 PORTION :	662 CALORIES	17 g GLUCIDES	3 g PROTÉINES
	65 g LIPIDES	0 g FIBRES	

POIREAUX AU PARMESAN

(POUR 4 PERSONNES)

6	poireaux	6
45 mL	miel	3 c. à s.
45 mL	fromage parmesan râpé	3 c. à s.
	jus de ½ citron	
	pincée de muscade	
	sel et poivre	
	quartiers de citron	

■ Préchauffer le four à 200 °C (400 °F).

■ Couper et jeter la partie verte des poireaux. Couper le blanc en morceaux de 4 cm (1½ po), les placer dans un bol d'eau froide; laisser tremper 20 minutes.

■ Égoutter les poireaux et les mettre dans un plat à gratin. Ajouter de l'eau froide pour les couvrir à peine. Ajouter miel, jus de citron, muscade, sel et poivre.

■ Porter à ébullition, à feu moyen, et laisser bouillir 5 minutes. Ne pas couvrir.

■ Enfourner et cuire 30 minutes, sans couvrir. Retourner les poireaux et poursuivre la cuisson pendant 30 minutes.

■ Disposer les poireaux dans un plat de service et saupoudrer de parmesan. Accompagner de quartiers de citron.

1 PORTION :	114 CALORIES	26 g GLUCIDES	2 g PROTÉINES
	0 g LIPIDES	1,0 g FIBRES	

CHOU ROUGE BRAISÉ

(POUR 4 À 6 PERSONNES)

1	chou rouge moyen	1
30 g	lard salé en dés	1 oz
2	tranches de bacon, en dés	2
1	gros oignon, en petites sections	1
2	gousses d'ail, épluchées et en moitiés	2
15 mL	piment vert fort haché	1 c. à s.
500 mL	vin rouge sec	2 tasses
	sel et poivre	

■ Préchauffer le four à 160 °C (325 °F).

■ Couper le chou en quartiers et retirer le trognon. Émincer finement le chou et le placer 30 minutes dans l'eau froide. Égoutter et mettre de côté.

■ Mettre le lard salé dans une casserole allant au four. Faire cuire 3 minutes, à feu moyen. Jeter le lard et mettre le bacon dans la casserole chaude. Cuire 3 minutes.

■ Ajouter chou, oignon, ail et piment. Saler, poivrer et cuire à feu doux, 12 minutes.

■ Incorporer le vin et porter à ébullition, à feu vif. Couvrir et cuire 2 heures, au four.

Note : si nécessaire, ajouter un peu d'eau durant la cuisson.

1 PORTION : 150 CALORIES 5 g GLUCIDES 2 g PROTÉINES
6 g LIPIDES 1,3 g FIBRES

LÉGUMES SAUTÉS

(POUR 4 À 6 PERSONNES)

15 mL	huile d'olive	1 c. à s.
½	oignon jaune, émincé	½
3	jeunes carottes, épluchées et émincées en biais	3
½	poivron rouge, en cubes	½
½	poivron blanc hollandais, en cubes	½
1	poivron vert allongé, en cubes	1
½	courgette, coupée en biais, en demi-rondelles épaisses	½
⅓	courge d'été jaune, coupée en biais, en demi-rondelles épaisses	⅓
30 mL	pignons	2 c. à s.
15 mL	gingembre frais haché	1 c. à s.
2	gousses d'ail, épluchées, écrasées et hachées	2
	sel et poivre	

■ Faire chauffer, à feu moyen-vif, l'huile dans une poêle à frire. Ajouter oignon et carottes; cuire 2 minutes. Couvrir et prolonger la cuisson 2 minutes.

■ Ajouter le reste des ingrédients et bien mélanger. Saler, poivrer et cuire à feu vif, sans couvrir, 5 à 6 minutes.

■ Si désiré, arroser de jus de citron avant de servir.

1 PORTION : 68 CALORIES 7 g GLUCIDES 1 g PROTÉINES 4 g LIPIDES 1,7 g FIBRES

MAÏS AU FOUR À LA MODE DE VIRGINIE

(POUR 4 À 6 PERSONNES)

10 à 12 épis de maïs
beurre frais
sel

■ Préchauffer le four à 180 °C (350 °F).

■ Écarter les feuilles des épis et ôter la barbe. Refermer les feuilles sur les épis et faire tremper 12 minutes, dans l'eau froide.

■ Retirer de l'eau et égoutter. Placer les épis dans un plat à gratin. Ajouter 375 mL (1½ tasse) d'eau. Mettre au four et cuire 35 à 40 minutes.

■ Saler et accompagner de beurre au moment de servir.

1 PORTION : 273 CALORIES 42 g GLUCIDES 6 g PROTÉINES
9 g LIPIDES 7,8 g FIBRES

ÉPIS DE MAÏS DES CAROLINES

(POUR 4 PERSONNES)

8 épis de maïs
pincée de sucre
beurre frais
sel

■ Éplucher les épis et les placer dans l'eau bouillante. Ne pas saler. Ajouter le sucre, couvrir et cuire 5 minutes, ou selon la grosseur.

■ Saler et servir avec du beurre frais.

1 PORTION : 255 CALORIES 39 g GLUCIDES 5 g PROTÉINES
9 g LIPIDES 7,2 g FIBRES

Maïs au four à la mode de Virginie

CHOU CHINOIS AU GINGEMBRE

(POUR 4 PERSONNES)

1	chou chinois (bok choy)	1
15 mL	huile d'olive	1 c. à s.
15 mL	gingembre frais pelé et haché	1 c. à s.
1	gousse d'ail, épluchée, écrasée et hachée	1
2	tomates, nettoyées, en sections	2
15 mL	sauce tériyaki	1 c. à s.
	sel et poivre	

■ Effeuiller le chou chinois et bien laver les feuilles. Couper la pointe des feuilles et, autant que possible, n'utiliser que la partie blanche. Couper le chou en biais en gros tronçons.

■ Faire chauffer, à feu moyen-vif, l'huile dans une poêle à frire. Ajouter le chou, couvrir et cuire 3 minutes.

■ Ajouter gingembre et ail. Saler, poivrer. Ajouter les tomates et cuire, à feu vif, 5 minutes, sans couvrir.

■ Incorporer la sauce tériyaki. Servir.

1 PORTION : 49 CALORIES 4 g GLUCIDES 1 g PROTÉINES 3 g LIPIDES 1,8 g FIBRES

MÉDAILLONS DE POMMES DE TERRE

(POUR 4 À 6 PERSONNES)

2	œufs, légèrement battus	2
5 mL	persil haché	1 c. à t.
1 mL	paprika	1/4 c. à t.
1 mL	poivre blanc	1/4 c. à t.
75 mL	farine	1/3 tasse
4	grosses pommes de terre, épluchées et placées dans un bol d'eau froide	4
2	gousses d'ail, épluchées	2
	huile végétale	
	sel et poivre	

■ Mettre œufs et persil dans un bol. Ajouter paprika, poivre blanc et farine. Bien mélanger.

■ Retirer les pommes de terre de l'eau et les essuyer avec un linge propre. Râper les pommes de terre et les passer sous l'eau froide. Bien égoutter.

■ Presser les pommes de terre râpées pour en retirer l'excédent d'eau, puis les assécher de nouveau.

■ Mettre les pommes de terre râpées dans le mélange aux œufs. Saler, poivrer et mélanger. Couvrir et réfrigérer 15 minutes.

■ Faire chauffer, à feu vif, 30 mL (2 c. à s.) d'huile dans une poêle en fonte. Ajouter l'ail et cuire 2 minutes. Enlever et jeter l'ail.

■ Placer des cuillerées de pommes de terre dans l'huile chaude. Aplatir avec une spatule pour former des médaillons. Faire cuire 3 minutes, à feu moyen.

■ Retourner et prolonger la cuisson 3 minutes. Retirer de la poêle et assécher sur du papier absorbant. Garder chaud au four.

■ Répéter le même procédé pour cuire le reste des pommes de terre.

■ Servir avec de la crème sure.

1 PORTION : 228 CALORIES 33 g GLUCIDES 6 g PROTÉINES
8 g LIPIDES 1,6 g FIBRES

Mettre œufs et persil dans un bol.

Ajouter paprika, poivre blanc et farine. Bien mélanger.

Retirer les pommes de terre de l'eau et les essuyer avec un linge propre.

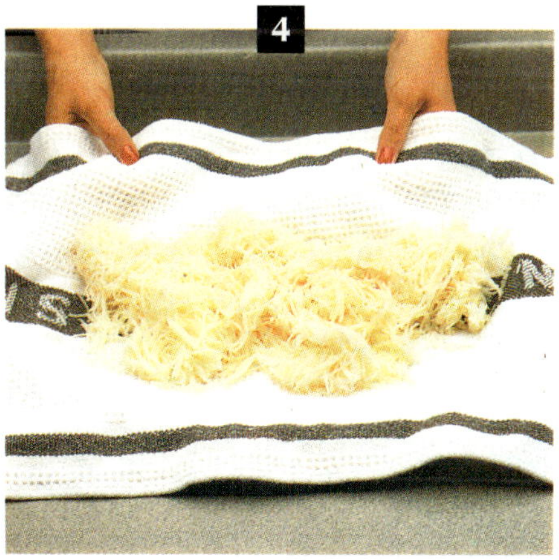

Assécher les pommes de terre râpées.

Mettre les pommes de terre râpées dans le mélange aux œufs.

Aplatir les pommes de terre avec une spatule pour former des médaillons. Faire cuire dans l'huile chaude.

PURÉE DE POMMES DE TERRE

(POUR 4 PERSONNES)

5	grosses pommes de terre, épluchées, lavées et en quartiers	5
45 mL	beurre	3 c. à s.
50 mL	lait chaud	1/4 tasse
	pincée de muscade	
	sel et poivre blanc	

■ Placer les pommes de terre dans une casserole remplie d'eau froide salée. Couvrir et porter à ébullition; faire cuire à feu moyen.

■ Bien égoutter les pommes de terre cuites et les remettre dans la casserole vide. Faire sécher, à feu très doux, pendant 2 minutes.

■ Enlever les pommes de terre de la casserole et les forcer à travers une fine passoire.

■ Remettre la purée de pommes de terre dans la casserole. Ajouter beurre et lait chaud. Saler, poivrer et ajouter la muscade; bien incorporer. Servir.

1 PORTION : 229 CALORIES 34 g GLUCIDES 3 g PROTÉINES 9 g LIPIDES 1,7 g FIBRES

POMMES DE TERRE AU GRATIN

(POUR 4 PERSONNES)

3	grosses pommes de terre, épluchées, émincées et placées dans l'eau froide	3
1 mL	sarriette	¼ c. à t.
1 mL	poivre de Cayenne	¼ c. à t.
1 mL	poivre blanc	¼ c. à t.
15 mL	persil frais haché	1 c. à s.
1	gousse d'ail, épluchée	1
2	œufs, battus	2
175 mL	lait	¾ tasse
125 mL	crème à 35%	½ tasse
	sel	
	beurre	

■ Préchauffer le four à 180 °C (350 °F).

■ Égoutter et assécher les pommes de terre émincées. Mettre dans un bol.

■ Mélanger sarriette, poivre de Cayenne, poivre et persil haché. Incorporer aux pommes de terre.

■ Frotter un plat à gratin avec la gousse d'ail. Beurrer généreusement le plat. Étaler les pommes de terre dans le plat et saler.

■ Bien mélanger au fouet œufs battus, lait et crème. Verser sur les pommes de terre. Mettre au four et cuire 40 à 50 minutes. Servir aussitôt.

1 PORTION : 259 CALORIES 24 g GLUCIDES 7 g PROTÉINES 15 g LIPIDES 1,1 g FIBRES

HARICOTS BLANCS À LA PROVENÇALE

(POUR 8 PERSONNES)

500 mL	petits haricots blancs secs	2 tasses
1	oignon, piqué de 3 clous de girofle	1
15 mL	huile d'olive	1 c. à s.
1	oignon, haché	1
3	gousses d'ail, épluchées, écrasées et hachées	3
796 mL	tomates en conserve, égouttées et hachées	28 oz
50 mL	pâte de tomates	1/4 tasse
10 mL	basilic frais haché	2 c. à t.
10 mL	persil frais haché	2 c. à t.
	sel et poivre	

■ Verser les haricots dans l'eau bouillante salée. Couvrir partiellement et cuire, à feu moyen, 10 minutes. Retirer la casserole du feu. Laisser reposer les haricots 1 heure sans couvrir.

■ Égoutter les haricots et les transvider dans une casserole propre. Recouvrir complètement d'eau froide. Ajouter l'oignon piqué de clous de girofle. Saler, poivrer. Couvrir et cuire, à feu doux, 3 heures. Si nécessaire, ajouter de l'eau durant la cuisson.

■ Faire chauffer, à feu moyen, l'huile dans une poêle à frire. Ajouter oignon haché et ail; cuire, à feu doux, 3 minutes.

■ Incorporer tomates et pâte de tomates. Ajouter les aromates et saler, poivrer. Cuire, à feu doux, 10 minutes.

■ Égoutter les haricots et réserver le liquide de cuisson. Remettre les haricots dans la casserole vide et incorporer le mélange aux tomates. Ajouter 250 mL (1 tasse) du liquide réservé, remuer et rectifier l'assaisonnement. Continuer la cuisson, à feu doux, pendant 35 minutes. Servir avec un rôti.

1 PORTION : 170 CALORIES 29 g GLUCIDES 9 g PROTÉINES
2 g LIPIDES 8,6 g FIBRES

OIGNONS AU FOUR

(POUR 4 À 6 PERSONNES)

6	**gros oignons, non épluchés**
	eau
	sel

■ Préchauffer le four à 190 °C (375 °F).

■ Enlever les racines des oignons, mais ne pas les éplucher.

■ Placer les oignons dans un plat à gratin et recouvrir le fond d'eau. Saler et cuire au four, sans couvrir, pendant 70 minutes ou selon la grosseur des oignons.

■ Retirer les oignons cuits du four et les éplucher. Servir.

1 PORTION :	41 CALORIES	9 g GLUCIDES	1 g PROTÉINES
	0 g LIPIDES	1,5 g FIBRES	

PURÉE D'OIGNONS

(POUR 4 À 6 PERSONNES)

4	oignons espagnols, épluchés et en quartiers	4
15 mL	beurre	1 c. à s.
30 mL	crème à 35%	2 c. à s.
375 mL	purée de pommes de terre (page 310)	1½ tasse
	pincée de muscade	
	pincée de clou de girofle moulu	
	chapelure	
	sel et poivre	
	beurre	

■ Mettre les oignons dans une casserole remplie d'eau bouillante salée. Faire cuire 40 minutes, ou jusqu'à ce qu'ils soient tendres.

■ Retirer du feu et bien égoutter. Réduire en purée au robot culinaire.

■ Remettre la purée d'oignons dans la casserole, à feu vif, et faire sécher 3 à 4 minutes, en remuant de temps à autre.

■ Ajouter 15 mL (1 c. à s.) de beurre et la crème; bien mélanger et cuire, à feu vif, 3 à 4 minutes.

■ Incorporer purée de pommes de terre et épices. Saler, poivrer et cuire, à feu doux, 3 à 4 minutes.

■ Placer la purée d'oignons dans un plat à gratin. Saupoudrer de chapelure. Couronner de quelques noisettes de beurre. Dorer au four 3 minutes.

1 PORTION : 267 CALORIES 36 g GLUCIDES 4 g PROTÉINES 12 g LIPIDES 2,5 g FIBRES

ENDIVES BRAISÉES AU FROMAGE

(POUR 4 À 6 PERSONNES)

8	endives	8
75 mL	eau froide	1/3 tasse
45 mL	beurre	3 c. à s.
500 mL	sauce au fromage, chaude (page 335)	2 tasses
125 mL	fromage gruyère râpé	1/2 tasse
	jus de 1 citron	
	sel et poivre blanc	

■ Jeter les feuilles d'endive abîmées. Retirer le petit cône blanc à la base du trognon. Passer les endives sous l'eau froide. Ne pas les laisser tremper dans l'eau, car elles deviendraient amères.

■ Beurrer une sauteuse et y placer les endives. Ajouter jus de citron et eau froide. Parsemer de beurre et couvrir d'une feuille de papier ciré. Placer un couvercle par-dessus et cuire 40 minutes, à feu doux, ou, si désiré, cuire au four à 150 °C (300 °F).

■ Placer les endives dans un plat à gratin beurré. Saler, poivrer. Recouvrir de sauce. Parsemer de fromage râpé. Faire dorer 15 minutes dans un four préchauffé à 190 °C (375 °F). Servir.

1 PORTION : 275 CALORIES 18 g GLUCIDES 10 g PROTÉINES
18 g LIPIDES 1,8 g FIBRES

ÉPINARDS À L'AIL

(POUR 4 PERSONNES)

4	bottes d'épinards frais	4
15 mL	beurre	1 c. à s.
15 mL	purée de gousses d'ail rôties (page 346)	1 c. à s.
1	pomme, pelée, évidée et émincée	1
30 mL	piment vert fort haché	2 c. à s.
60 mL	amandes effilées	4 c. à s.
	sel et poivre	

■ Enlever la queue des épinards. Laver les épinards 3 à 4 fois dans l'eau froide et les égoutter. Faire cuire à la vapeur ou dans l'eau bouillante salée. Bien égoutter et mettre de côté.

■ Faire fondre, à feu moyen, le beurre dans une sauteuse. Ajouter ail, pomme, piment et amandes; mélanger et cuire 2 minutes.

■ Ajouter les épinards. Saler, poivrer; couvrir et cuire, à feu doux, pendant 3 minutes. Servir.

1 PORTION : 170 CALORIES 12 g GLUCIDES 6 g PROTÉINES 11 g LIPIDES 6,3 g FIBRES

CŒURS DE CÉLERI BRAISÉS

(POUR 4 À 6 PERSONNES)

6	cœurs de céleri (seulement les côtes blanches), raccourcis à 13 cm (5 po)	6
15 mL	beurre	1 c. à s.
1	oignon, en petits dés	1
1	carotte, épluchée et en petits dés	1
1	gousse d'ail, épluchée, écrasée et hachée	1
1	feuille de laurier	1
250 mL	bouillon de poulet, chaud	1 tasse
15 mL	persil haché	1 c. à s.
	sel et poivre	

■ Préchauffer le four à 180 °C (350 °F).

■ Placer les cœurs de céleri dans une casserole remplie d'eau bouillante salée. Couvrir partiellement et cuire 8 minutes. Égoutter et mettre de côté.

■ Faire chauffer, à feu moyen, le beurre dans une sauteuse allant au four. Ajouter oignon, carotte et ail; cuire 4 minutes.

■ Disposer les cœurs de céleri sur les légumes. Saler, poivrer. Ajouter une feuille de laurier. Verser le bouillon de poulet dans la sauteuse. Cuire 5 minutes, à feu moyen, en retournant une fois durant la cuisson.

■ Couvrir et cuire 1 heure au four. Égoutter, parsemer de persil et servir.

1 PORTION : 62 CALORIES 10 g GLUCIDES 2 g PROTÉINES 2 g LIPIDES 3,9 g FIBRES

PUDDING DE MAÏS ATLANTA

(POUR 4 À 6 PERSONNES)

500 mL	maïs frais, en grains	2 tasses
500 mL	lait, au point d'ébullition	2 tasses
5 mL	beurre	1 c. à t.
3	œufs, battus	3
30 mL	piment vert fort haché	2 c. à s.
1	poivron rouge, haché	1
1	petit oignon, haché et cuit	1
	sel et poivre	

■ Préchauffer le four à 160 °C (325 °F).

■ Hacher le maïs au robot culinaire pendant quelques secondes. Verser dans une casserole.

■ Ajouter 250 mL (1 tasse) de lait et le beurre. Saler, poivrer et cuire 12 minutes, à feu doux.

■ Verser les œufs battus dans un bol, ajouter le reste du lait et mélanger au fouet.

■ Incorporer le maïs aux œufs et ajouter le reste des ingrédients. Rectifier l'assaisonnement.

■ Verser le pudding dans un moule à soufflé de 1 L (4 tasses). Placer le moule dans un plat à rôtir contenant 2,5 cm (1 po) d'eau chaude.

■ Mettre au four et cuire 60 à 70 minutes.

1 PORTION : 211 CALORIES 26 g GLUCIDES 11 g PROTÉINES 7 g LIPIDES 3,7 g FIBRES

1

Hacher le maïs au robot culinaire.

2

Verser dans une casserole, ajouter 250 mL (1 tasse) de lait chaud et le beurre. Saler, poivrer et cuire 12 minutes, à feu doux.

3

Verser les œufs battus dans un bol, ajouter le reste du lait et mélanger au fouet.

4

Ajouter le mélange au maïs aux œufs.

5

Incorporer le reste des ingrédients.

6

Verser le mélange dans un moule à soufflé de 1 L (4 tasses). Placer le moule dans un plat à rôtir contenant 2,5 cm (1 po) d'eau chaude.

ASPERGES AU GRATIN

(POUR 4 PERSONNES)

2	bottes d'asperges	2
½	citron	½
500 mL	sauce au fromage, chaude (page 335)	2 tasses
125 mL	fromage gruyère râpé	½ tasse
	sel, poivre, paprika	

■ Peler le pied des asperges. Couper et jeter le bout des pieds. Laver les asperges et les placer dans l'eau bouillante salée. Ajouter le demi-citron et cuire 12 à 18 minutes ou selon la grosseur. Ne pas cuire à l'excès.

■ Pour vérifier la cuisson, piquer le pied des asperges avec la pointe d'un couteau. Le pied doit être tendre, mais pas mou.

■ Préchauffer le four à 200 °C (400 °F).

■ Bien égoutter les asperges, les couper en deux et les placer dans un plat à gratin bien beurré. Napper de sauce et parsemer de fromage râpé. Saler, poivrer et saupoudrer de paprika.

■ Dorer 12 minutes au four et servir.

1 PORTION :	275 CALORIES	22 g GLUCIDES	14 g PROTÉINES
	15 g LIPIDES	3,1 g FIBRES	

ÉCHALOTES ET CHAMPIGNONS À L'ESTRAGON

(POUR 4 PERSONNES)

250 g	échalotes sèches, entières, épluchées	½ lb
15 mL	beurre	1 c. à s.
250 g	champignons, nettoyés et coupés en deux	½ lb
15 mL	zeste de citron haché	1 c. à s.
5 mL	estragon	1 c. à t.
1 mL	safran	¼ c. à t.
	sel et poivre	

■ Faire cuire les échalotes 10 minutes dans l'eau bouillante salée. Retirer du feu et bien égoutter.

■ Faire chauffer, à feu moyen, le beurre dans une casserole. Ajouter les échalotes et le reste des ingrédients. Saler, poivrer; couvrir et cuire, à feu doux, 6 minutes.

■ Servir avec un rôti ou une grillade.

1 PORTION : 95 CALORIES 14 g GLUCIDES 3 g PROTÉINES
3 g LIPIDES 1,5 g FIBRES

CRÊPE DE POMMES DE TERRE

(POUR 4 À 6 PERSONNES)

5	**grosses pommes de terre, épluchées et placées dans un bol d'eau froide**	**5**
50 mL	**beurre**	**¼ tasse**
1	**gousse d'ail, épluchée**	**1**
	sel, poivre, paprika	

■ Retirer les pommes de terre de l'eau et les essuyer avec un linge propre. Râper finement les pommes de terre et les passer sous l'eau froide. Bien égoutter. Presser les pommes de terre râpées pour en retirer l'excédent d'eau, puis les assécher avec un linge propre.

■ Faire fondre la moitié du beurre dans une poêle à frire. Ajouter la gousse d'ail et cuire 1 minute. Jeter l'ail.

■ Mettre les pommes de terre râpées dans le beurre chaud. Saler, poivrer et les aplatir avec une spatule. Disposer le reste du beurre tout autour des pommes de terre. Assaisonner au goût. Couvrir et cuire 17 minutes, à feu moyen.

■ Retirer le couvercle 2 à 3 fois durant la cuisson pour permettre à la vapeur de s'échapper.

■ Retourner la poêle pour que les pommes de terre tombent sur le couvercle. Puis faire glisser de nouveau la crêpe dans la poêle pour cuire l'autre côté. Cuire 17 minutes, à feu moyen. Saler, poivrer.

■ Servir avec un rôti.

1 PORTION :	185 CALORIES	27 g GLUCIDES	2 g PROTÉINES
	8 g LIPIDES	1,4 g FIBRES	

LÉGUMES VARIÉS

(POUR 6 PERSONNES)

250 g	haricots verts parés, lavés et coupés en deux	½ lb
1	carotte, épluchée et émincée	1
125 mL	petits pois frais	½ tasse
1	petite courge d'été jaune, en dés moyens	1
1	poivron jaune, en dés moyens	1
15 mL	beurre	1 c. à s.
1	gousse d'ail, épluchée, écrasée et hachée	1
5 mL	estragon	1 c. à t.
	quelques gouttes de jus de citron	
	sel et poivre	

■ Verser 250 mL (1 tasse) d'eau dans une casserole. Porter à ébullition, à feu moyen. Ajouter haricots et carotte. Saler et cuire 10 minutes.

■ Retirer du feu. Placer sous l'eau froide pendant 3 minutes. Égoutter les légumes et mettre de côté.

■ Verser 125 mL (½ tasse) d'eau dans une casserole. Saler et porter à ébullition, à feu moyen. Ajouter les petits pois et cuire 4 minutes.

■ Ajouter courge et poivron; continuer la cuisson. Dès que les légumes sont cuits, les placer 3 minutes sous l'eau froide. Égoutter et mettre de côté.

■ Faire chauffer le beurre dans une casserole, à feu moyen. Ajouter ail, estragon et tous les légumes. Mélanger, saler, poivrer et arroser de jus de citron. Laisser mijoter 4 minutes. Servir.

1 PORTION : 52 CALORIES 7 g GLUCIDES 2 g PROTÉINES 2 g LIPIDES 4,4 g FIBRES

AUBERGINE ET POMMES DE TERRE EN PURÉE

(POUR 4 À 6 PERSONNES)

1	grosse aubergine, épluchée et en dés	1
3	grosses pommes de terre épluchées, chacune coupée en 3 et bouillies	3
50 mL	lait, chaud	1/4 tasse
15 mL	beurre	1 c. à s.
15 mL	huile d'olive	1 c. à s.
1	oignon, finement haché	1
1	gousse d'ail, épluchée, écrasée et hachée	1
796 mL	tomates en conserve, égouttées et hachées	28 oz
2 mL	origan	1/2 c. à t.
60 mL	fromage gruyère râpé	4 c. à s.
	pincée de muscade	
	sel et poivre blanc	
	gros sel	

■ Placer les dés d'aubergine dans un bol et les saupoudrer de gros sel. Laisser reposer 1 heure à la température ambiante. Rincer, bien égoutter et mettre de côté.

■ Forcer les pommes de terre bouillies à travers une fine passoire. Ajouter lait, beurre, sel, poivre et muscade. Bien mélanger. Garder chaud.

■ Faire chauffer, à feu moyen, l'huile dans une poêle à frire. Ajouter l'oignon et cuire 3 minutes. Ajouter l'ail et cuire 2 minutes.

■ Ajouter l'aubergine, saler, poivrer et cuire, à feu moyen, pendant 20 minutes.

■ Ajouter tomates et origan et prolonger la cuisson 20 minutes. Assaisonner au goût.

■ Préchauffer le four à 180 °C (350 °F).

■ Étaler le mélange à l'aubergine dans un plat à gratin beurré. Recouvrir de purée de pommes de terre. Si désiré, utiliser un sac à pâtisserie muni d'une douille étoilée.

■ Parsemer de fromage gruyère. Cuire 25 minutes, au four.

1 PORTION :	178 CALORIES	26 g GLUCIDES	5 g PROTÉINES
	6 g LIPIDES	3,0 g FIBRES	

Aubergine et pommes de terre en purée

PATATES DOUCES DES CAROLINES

(POUR 4 PERSONNES)

15 mL	huile d'olive	1 c. à s.
12	échalotes sèches, épluchées	12
4	patates douces, épluchées et en cubes	4
15 mL	persil haché	1 c. à s.
	sel et poivre	

■ Faire chauffer l'huile dans une casserole, à feu moyen. Ajouter échalotes et patates douces. Saler, poivrer, couvrir et cuire 18 à 30 minutes tout en remuant 3 à 4 fois.

■ Lorsque les légumes sont cuits, les parsemer de persil et servir.

Note : les patates adhéreront au fond de la casserole si elles ne sont pas remuées fréquemment.

1 PORTION : 193 CALORIES 38 g GLUCIDES 4 g PROTÉINES
3 g LIPIDES 2,6 g FIBRES

POMMES DE TERRE EN SAUCE

(POUR 4 PERSONNES)

4	grosses pommes de terre, épluchées et placées 1 heure dans l'eau froide	4
625 mL	sauce blanche légère	2½ tasses
	sel et poivre du moulin	

■ Préchauffer le four à 180 °C (350 °F).

■ Couper les pommes de terre en tranches de 0,75 cm (⅓ po) d'épaisseur. Disposer une couche de pommes de terre au fond d'un plat à gratin beurré. Saler, poivrer généreusement.

■ Répéter le même procédé pour le reste des pommes de terre. Napper de sauce. Placer au four et cuire, sans couvrir, 1 heure 30 minutes.

1 PORTION : 316 CALORIES 39 g GLUCIDES 8 g PROTÉINES 14 g LIPIDES 1,4 g FIBRES

AUBERGINES FARCIES

(POUR 4 PERSONNES)

2	grosses aubergines	2
30 mL	huile d'olive	2 c. à s.
2	oignons rouges, hachés	2
2	gousses d'ail, épluchées, écrasées et hachées	2
1	courge d'été jaune, hachée	1
15 mL	persil haché	1 c. à s.
5 mL	thym	1 c. à t.
15 mL	origan	1 c. à s.
15 mL	piment vert fort haché	1 c. à s.
796 mL	tomates en conserve, égouttées et hachées	28 oz
250 mL	fromage gruyère râpé	1 tasse
	gros sel	
	sel et poivre	

■ Couper les aubergines en deux, en long. Saupoudrer de gros sel et laisser reposer 2 heures à la température ambiante. Rincer à l'eau froide, bien égoutter et assécher.

■ Extraire la pulpe à l'aide d'une cuillère. Laisser assez de pulpe pour que l'écorce évidée se tienne bien. Hacher la pulpe.

■ Faire chauffer l'huile dans une sauteuse, à feu moyen. Ajouter oignons et ail; cuire pendant 4 minutes.

■ Ajouter la pulpe hachée. Saler, poivrer et cuire 15 minutes.

■ Ajouter la courge d'été. Assaisonner. Ajouter aromates et piment; cuire 15 minutes, à feu moyen.

■ Bien incorporer les tomates. Rectifier l'assaisonnement et cuire 5 minutes.

■ Ajouter 60 mL (4 c. à s.) de fromage gruyère et prolonger la cuisson 5 minutes.

■ Préchauffer le four à 190 °C (375 °F).

■ Farcir les demi-aubergines. Mettre au four et cuire 20 minutes. Parsemer du reste de fromage et prolonger la cuisson 10 minutes.

1 PORTION : 228 CALORIES 17 g GLUCIDES 9 g PROTÉINES
14 g LIPIDES 4,5 g FIBRES

1 Couper les aubergines en deux, en long. Saupoudrer de gros sel et laisser reposer 2 heures à la température ambiante.

2 Extraire la pulpe à l'aide d'une cuillère.

3 Ajouter les aubergines aux oignons cuits et cuire 15 minutes.

Ajouter la courge d'été. Assaisonner. Ajouter aromates et piment; cuire 15 minutes.

Bien incorporer les tomates et continuer la cuisson 5 minutes.

Farcir les demi-aubergines.

PURÉE DE CHOU-FLEUR

(POUR 4 À 6 PERSONNES)

1	petit chou-fleur	1
375 mL	purée de pommes de terre, chaude (page 310)	1½ tasse
45 mL	beurre	3 c. à s.
30 mL	crème à 35%	2 c. à s.
	sel et poivre blanc	

■ Enlever quelques feuilles vertes de chou-fleur. Laver le chou-fleur et le faire cuire dans l'eau bouillante salée pendant 15 minutes, ou selon la grosseur.

■ Retirer le chou-fleur cuit de la casserole et bien l'égoutter. Défaire en gros bouquets. Forcer le tout à travers une passoire.

■ Remettre la purée de chou-fleur dans la casserole vide et faire cuire 3 minutes, à feu très doux.

■ Ajouter purée de pommes de terre, beurre et crème. Saler, poivrer et bien mélanger. Servir.

1 PORTION : 272 CALORIES 29 g GLUCIDES 3 g PROTÉINES
16 g LIPIDES 2,0 g FIBRES

PETITS POIS ET CHAMPIGNONS À L'ÉCHALOTE

(POUR 4 PERSONNES)

1,4 kg	petits pois frais	3 lb
15 mL	beurre	1 c. à s.
250 g	échalotes sèches, épluchées et en quartiers	½ lb
250 g	têtes de champignons, en quartiers	½ lb
15 mL	persil frais haché	1 c. à s.
5 mL	basilic frais haché	1 c. à t.
	sel et poivre	

■ Écosser les petits pois et les faire cuire dans l'eau bouillante salée, sans couvrir, pendant 8 minutes. Égoutter et passer sous l'eau froide. Égoutter de nouveau. Mettre de côté.

■ Faire fondre le beurre dans une sauteuse. Ajouter les échalotes et cuire 4 minutes, à feu moyen.

■ Ajouter les champignons, saler, poivrer et cuire 4 minutes.

■ Ajouter les aromates et mélanger. Saler, poivrer. Ajouter les petits pois et poursuivre la cuisson, à feu doux, pendant 4 minutes.

■ Servir avec un rôti ou une viande grillée.

1 PORTION : 243 CALORIES 40 g GLUCIDES 12 g PROTÉINES
4 g LIPIDES 19,8 g FIBRES

HARICOTS VERTS À LA CRÈME SURE

(POUR 4 PERSONNES)

500 g	haricots verts, lavés et parés	1 lb
30 mL	beurre	2 c. à s.
45 mL	oignon haché	3 c. à s.
5 mL	vinaigre	1 c. à t.
5 mL	sucre	1 c. à t.
30 mL	farine	2 c. à s.
250 mL	liquide de cuisson des haricots	1 tasse
125 mL	crème sure	½ tasse
	sel, poivre, paprika	

■ Faire cuire les haricots, sans couvrir, 10 à 12 minutes, dans un peu d'eau bouillante salée. Dès qu'ils sont cuits, les retirer du feu. Réserver 250 mL (1 tasse) de liquide. Passer les haricots à l'eau froide. Bien égoutter et mettre de côté.

■ Faire chauffer, à feu moyen, le beurre dans une casserole. Ajouter les oignons et cuire, à feu doux, 3 minutes.

■ Ajouter vinaigre et sucre; cuire, à feu moyen, 1 minute.

■ Ajouter la farine, bien mélanger et cuire 1 minute.

■ Incorporer le liquide de cuisson. Saler, poivrer et cuire, à feu doux, 7 minutes.

■ Retirer du feu. Ajouter la crème sure, remuer et saupoudrer de paprika. Ajouter les haricots, mélanger délicatement et laisser mijoter 3 minutes, à feu doux. Servir.

1 PORTION :	171 CALORIES	18 g GLUCIDES	4 g PROTÉINES
	9 g LIPIDES	9,1 g FIBRES	

ENDIVES BRAISÉES

(POUR 4 PERSONNES)

8	endives, lavées	8	
45 mL	beurre	3 c. à s.	
5 mL	cassonade	1 c. à t.	
125 mL	vin blanc sec	½ tasse	
30 mL	persil frais haché	2 c. à s.	
	jus de 1 citron		
	sel et poivre		

■ Préchauffer le four à 180 °C (350 °F).

■ En partant à 2,5 cm (1 po) de la base, couper chaque endive en deux, en long. Bien laver à l'eau froide et assécher.

■ Beurrer légèrement un plat à gratin et y placer les endives. Bien assaisonner et saupoudrer de cassonade. Arroser de jus de citron. Ajouter le vin; couvrir d'une feuille de papier d'aluminium et cuire 45 minutes, au four.

■ Retirer le papier d'aluminium et continuer la cuisson 15 minutes.

■ Disposer les endives dans un plat de service chaud. Réserver 45 mL (3 c. à s.) du liquide de cuisson.

■ Faire fondre le reste du beurre dans une petite casserole. Ajouter persil et liquide réservé. Bien remuer et verser sur les endives. Servir.

1 PORTION : 156 CALORIES 10 g GLUCIDES 4 g PROTÉINES
9 g LIPIDES 2,0 g FIBRES

POMMES DE TERRE ANNA

(POUR 4 À 6 PERSONNES)

5	**grosses pommes de terre, épluchées et émincées**	**5**
50 mL	**beurre clarifié***	**¼ tasse**
	sel et poivre	

■ Faire tremper les pommes de terre 18 minutes dans l'eau froide. Égoutter et assécher avec un linge propre.

■ Préchauffer le four à 200 °C (400 °F).

■ Beurrer généreusement une poêle en fonte. En commençant par le bord de la poêle, étaler les tranches de pommes de terre en cercle, en les faisant se chevaucher légèrement. Badigeonner de beurre clarifié. Saler, poivrer.

■ Recommencer avec un second cercle de pommes de terre en s'assurant qu'il chevauche un peu le précédent. Badigeonner de beurre clarifié. Saler, poivrer.

■ Répéter le même procédé pour utiliser toutes les pommes de terre. Badigeonner de beurre clarifié et saler, poivrer entre chaque cercle.

■ À l'aide d'une spatule, presser les pommes de terre et les recouvrir d'une feuille de papier ciré. Placer un couvercle par-dessus et cuire 3 minutes, à feu moyen.

■ Mettre le tout au four et continuer la cuisson 40 minutes.

■ Démouler et servir. Si désiré, garnir de persil haché.

*Pour clarifier le beurre, le faire fondre, à feu doux, écumer la mousse et verser le beurre liquide. Jeter les résidus.

1 PORTION : 178 CALORIES 27 g GLUCIDES 2 g PROTÉINES 7 g LIPIDES 1,4 g FIBRES

SAUCE AU FROMAGE

(POUR 4 À 6 PERSONNES)

60 mL	beurre	4 c. à s.
1	petit oignon, haché	1
60 mL	farine	4 c. à s.
750 mL	lait, chaud	3 tasses
1 mL	muscade	¼ c. à t.
75 mL	fromage gruyère ou parmesan râpé	⅓ tasse
	pincée de poivre de Cayenne	
	sel et poivre blanc	

■ Faire chauffer, à feu moyen, le beurre dans une casserole. Ajouter l'oignon et cuire 2 minutes.

■ Ajouter la farine, bien mélanger, et cuire 2 minutes, à feu doux.

■ Ajouter la moitié du lait et bien remuer. Incorporer le reste du lait. Ajouter les épices et saler, poivrer. Cuire, à feu doux, 12 minutes, en remuant au fouet de temps à autre.

■ Ajouter le fromage et mélanger. Assaisonner au goût et cuire 3 minutes, à feu doux.

1 PORTION : 231 CALORIES 18 g GLUCIDES 8 g PROTÉINES 14 g LIPIDES 0 g FIBRES

COURGETTES FARCIES

(POUR 4 PERSONNES)

4	grosses courgettes, coupées en deux, en long	4
4	tranches de pain français, écroûtées	4
50 mL	lait	¼ tasse
30 mL	huile d'olive	2 c. à s.
250 g	champignons, nettoyés et hachés	½ lb
1	gousse d'ail, épluchée, écrasée et hachée	1
1	gros oignon, émincé et cuit	1
50 mL	fromage gruyère râpé	¼ tasse
	sel et poivre	

■ Préchauffer le four à 190 °C (375 °F).

■ Évider les courgettes à l'aide d'une cuillère. Hacher la pulpe et mettre de côté.

■ Placer les demi-courgettes évidées dans l'eau bouillante salée et cuire 4 minutes. Retirer et refroidir sous l'eau froide. Bien égoutter et mettre dans un plat à gratin graissé.

■ Faire tremper le pain dans le lait pendant 3 minutes. Presser le pain pour en retirer le lait et mettre de côté.

■ Faire chauffer, à feu vif, l'huile dans une poêle à frire. Ajouter la pulpe hachée, saler, poivrer et cuire 6 minutes, à feu moyen.

■ Ajouter champignons et ail. Assaisonner et cuire 7 minutes.

■ Ajouter le pain et bien mélanger. Ajouter l'oignon cuit et mélanger de nouveau. Cuire 3 minutes.

■ Farcir les demi-courgettes. Saupoudrer de fromage. Cuire 18 minutes, au four. Servir.

1 PORTION : 184 CALORIES 20 g GLUCIDES 6 g PROTÉINES 9 g LIPIDES 4,7 g FIBRES

CŒURS DE CÉLERI À LA VINAIGRETTE

(POUR 4 À 6 PERSONNES)

8	cœurs de céleri, lavés (seulement les côtes blanches)	8
45 mL	vinaigre de vin	3 c. à s.
15 mL	moutarde forte	1 c. à s.
30 mL	échalotes sèches, épluchées et hachées	2 c. à s.
135 mL	huile d'olive	9 c. à s.
15 mL	persil haché	1 c. à s.
	jus de 1 citron	
	sel et poivre	

■ Faire cuire les cœurs de céleri pendant 20 minutes dans l'eau bouillante salée. Bien égoutter et disposer dans un plat de service.

■ Mettre vinaigre, moutarde et échalotes dans un petit bol. Saler, poivrer. Ajouter l'huile, en un mince filet, tout en remuant constamment.

■ Saler, poivrer les cœurs de céleri et les arroser de jus de citron.

■ Verser la vinaigrette sur les cœurs de céleri encore tièdes. Parsemer de persil avant de servir.

1 PORTION : 275 CALORIES 11 g GLUCIDES 2 g PROTÉINES 25 g LIPIDES 4,4 g FIBRES

PLAT DE POIREAUX AUX POMMES DE TERRE

(POUR 4 À 6 PERSONNES)

5	blancs de poireaux	5
1 mL	poivre de Cayenne	1/4 c. à t.
15 mL	persil haché	1 c. à s.
5	grosses pommes de terre, en purée	5
45 mL	beurre fondu	3 c. à s.
50 mL	fromage gruyère râpé (facultatif)	1/4 tasse
	jus de 1/2 citron	
	sel et poivre blanc	

■ Couper les blancs de poireaux en suivant la technique. Rincer abondamment sous l'eau froide en écartant les feuilles.

■ Placer les poireaux lavés dans l'eau bouillante. Ajouter le jus de citron et une pincée de sel. Cuire, à feu moyen, 30 minutes.

■ Préchauffer le four à 190 °C (375 °F).

■ Placer la casserole quelques minutes sous l'eau froide. Égoutter les poireaux et les éponger à fond. Puis les presser pour en retirer le surplus d'eau. Émincer et mettre de côté.

■ Beurrer un plat à gratin moyen. Étaler les poireaux au fond du plat. Saler, poivrer.

■ Incorporer poivre de Cayenne et persil à la purée de pommes de terre. Répartir la purée sur les poireaux. Arroser de beurre fondu et parsemer de fromage.

■ Cuire 30 minutes, au four. Puis placer le plat sous le gril et laisser dorer pendant quelques minutes.

---

1 PORTION : 233 CALORIES 37 g GLUCIDES 4 g PROTÉINES
8 g LIPIDES 1,4 g FIBRES

1

Couper les blancs de poireaux en deux, en laissant 2,5 cm (1 po) à la base.

2

Recouper en deux.

3

Faire cuire les poireaux dans l'eau bouillante salée et citronnée.

Émincer les poireaux.

Étaler les poireaux au fond du plat à gratin beurré.

Recouvrir de la purée de pommes de terre. Arroser de beurre fondu. Parsemer de fromage.

POMMES DE TERRE FARCIES

(POUR 4 PERSONNES)

7	grosses pommes de terre au four	7
45 mL	beurre	3 c. à s.
1	jaune d'œuf	1
60 mL	crème fouettée	4 c. à s.
	fromage gruyère râpé	
	sel, poivre, muscade	

■ Préchauffer le four à 200 °C (400 °F).

■ Piquer les pommes de terre à l'aide d'une fourchette pour permettre à la vapeur de s'échapper durant la cuisson. Cuire 1 heure, au four, ou selon la grosseur.

■ Retirer les pommes de terre cuites du four. Couper une mince tranche au-dessus de chaque pomme de terre. Évider les pommes de terre en forme de barquettes. Réserver 4 barquettes et les mettre de côté.

■ Forcer la pulpe de toutes les pommes de terre à travers une fine passoire. Ajouter beurre, œuf et muscade. Saler, poivrer et mélanger.

■ Incorporer la crème fouettée. Remplir les 4 barquettes. Parsemer de fromage râpé. Placer au four et dorer 5 minutes sous le gril. Servir.

1 PORTION : 338 CALORIES 47 g GLUCIDES 6 g PROTÉINES
14 g LIPIDES 2,4 g FIBRES

RADIS BLANC AU MIEL

(POUR 4 PERSONNES)

1	radis blanc chinois, pelé	1
15 mL	beurre	1 c. à s.
30 mL	gingembre frais haché	2 c. à s.
125 mL	bouillon de poulet, chaud	½ tasse
15 mL	miel	1 c. à s.
15 mL	persil frais haché	1 c. à s.
2 mL	fécule de maïs	½ c. à t.
30 mL	eau froide	2 c. à s.
	sel et poivre	

■ Couper le radis blanc en rondelles de 2,5 cm (1 po) d'épaisseur. Recouper les rondelles en quartiers. Placer le radis dans l'eau bouillante salée, couvrir et cuire 18 à 20 minutes. Égoutter et mettre de côté.

■ Faire fondre le beurre dans une sauteuse, à feu moyen. Ajouter radis et gingembre. Saler, poivrer et cuire 4 minutes, à feu moyen.

■ Ajouter le bouillon de poulet, porter à ébullition et cuire 3 à 4 minutes.

■ Ajouter miel et persil; remuer et cuire 3 minutes.

■ Délayer la fécule de maïs dans l'eau froide. Incorporer au liquide et cuire 2 minutes. Servir.

1 PORTION : 60 CALORIES 8 g GLUCIDES 0 g PROTÉINES
3 g LIPIDES 0 g FIBRES

RAGOÛT DE TOMATES POUR FARCE

(POUR 6 À 8 PERSONNES)

15 mL	huile d'olive	1 c. à s.
1	oignon, finement haché	1
2	gousses d'ail, épluchées, écrasées et hachées	2
1	poivron rouge, épépiné et finement haché	1
10 mL	piment vert fort, finement haché	2 c. à t.
796 mL	tomates en conserve, égouttées et hachées	28 oz
30 mL	pâte de tomates	2 c. à s.
2 mL	basilic	½ c. à t.
2 mL	origan	½ c. à t.
	quelques gouttes de sauce Worcestershire	
	sel et poivre	

■ Faire chauffer l'huile dans une sauteuse, à feu moyen. Ajouter oignon et ail; cuire 2 minutes, à feu doux.

■ Ajouter poivron, piment, tomates, pâte de tomates et aromates. Ajouter la sauce Worcestershire, remuer et saler, poivrer. Porter à ébullition et cuire, à feu doux, 30 minutes. Remuer 2 à 3 fois durant la cuisson.

■ Retirer le ragoût du feu et le verser dans un bol. Laisser refroidir. Couvrir d'une pellicule plastique. Ce ragoût peut se conserver jusqu'à 3 jours au réfrigérateur.

■ Utiliser dans la préparation des aubergines, des courgettes ou des courges d'été.

1 PORTION : 53 CALORIES 8 g GLUCIDES 1 g PROTÉINES
2 g LIPIDES 1,3 g FIBRES

FONDS D'ARTICHAUT FARCIS AUX CHAMPIGNONS

(POUR 4 PERSONNES)

30 mL	beurre	2 c. à s.
2	échalotes sèches, épluchées et hachées	2
375 g	champignons, nettoyés et hachés	¾ lb
45 mL	piments doux rôtis hachés	3 c. à s.
2 mL	cari	½ c. à t.
50 mL	crème à 35%	¼ tasse
15 mL	persil haché	1 c. à s.
250 mL	fromage gruyère râpé	1 tasse
8	fonds d'artichaut en conserve, chauds	8
	sel et poivre	

■ Préchauffer le four à 200 °C (400 °F).

■ Faire chauffer, à feu moyen, le beurre dans une sauteuse. Ajouter échalotes et champignons. Saler, poivrer et cuire 8 minutes, à feu vif.

■ Ajouter piments doux rôtis et cari; mélanger et cuire 3 minutes.

■ Incorporer crème et persil; remuer et cuire 3 minutes. Ajouter la moitié du fromage, bien mélanger et cuire 1 minute.

■ Remplir les fonds d'artichaut. Parsemer de fromage. Cuire 12 minutes, au four.

1 PORTION : 251 CALORIES 18 g GLUCIDES 11 g PROTÉINES 15 g LIPIDES 2,7 g FIBRES

TOMATES FARCIES AU FOUR

(POUR 4 PERSONNES)

2	tranches de pain blanc, écroûtées	2
75 mL	lait	1/3 tasse
4	tomates moyennes	4
15 mL	huile d'olive	1 c. à s.
2	échalotes sèches, épluchées et finement hachées	2
2	gousses d'ail, épluchées, écrasées et hachées	2
20	têtes de champignons, nettoyées et hachées	20
15 mL	persil haché	1 c. à s.
15 mL	piment vert fort haché	1 c. à s.
2 mL	origan	1/2 c. à t.
2 mL	thym	1/2 c. à t.
60 mL	fromage parmesan râpé	4 c. à s.
	sel et poivre	

■ Mettre le pain dans un bol. Ajouter le lait et laisser tremper 15 minutes.

■ Préchauffer le four à 180 °C (350 °F).

■ Pour chaque tomate, retirer le pédoncule et découper une tranche à la base. Enlever les 3/4 de la pulpe avec une petite cuillère, sans percer la peau.

■ Saler, poivrer l'intérieur des tomates. Hacher la pulpe et mettre de côté.

■ Faire chauffer, à feu vif, l'huile dans une sauteuse. Ajouter échalotes, ail, champignons, persil et piment. Cuire 4 minutes.

■ Ajouter la pulpe de tomate hachée. Saler, poivrer. Ajouter origan et thym, mélanger et cuire 4 minutes.

■ Presser le pain pour en extraire le lait. Incorporer le pain à la sauteuse. Cuire 2 minutes, en remuant constamment.

■ Farcir les tomates; les placer dans un moule à muffins. Cuire au four, 15 minutes.

■ Saupoudrer les tomates de parmesan et prolonger la cuisson au four, 5 minutes.

1 PORTION : 167 CALORIES 22 g GLUCIDES 7 g PROTÉINES
6 g LIPIDES 5,0 g FIBRES

1

Mettre le pain dans un bol. Ajouter le lait et laisser tremper 15 minutes.

2

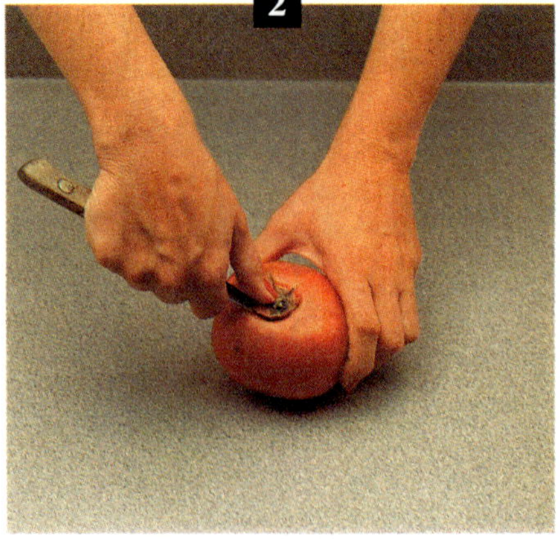

Retirer le pédoncule de chaque tomate.

3

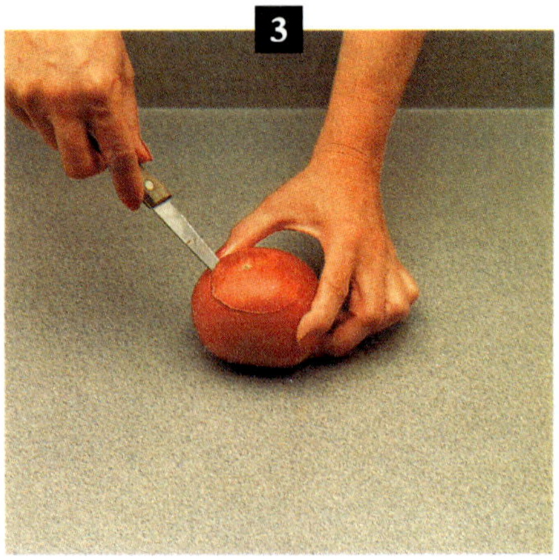

Découper une tranche à la base des tomates.

4

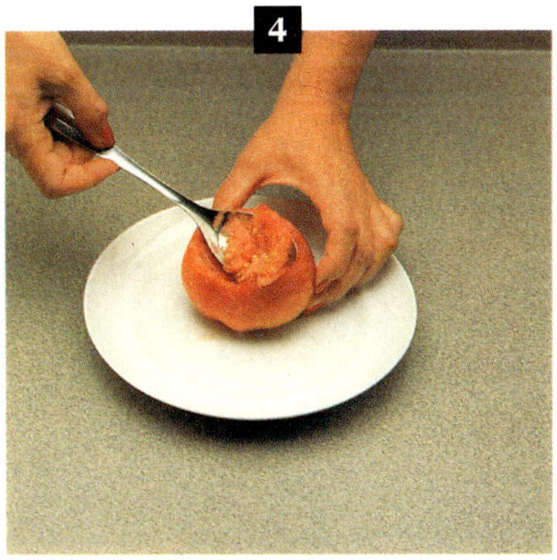

Enlever les ¾ de la pulpe avec une petite cuillère, sans percer la peau.

5

Placer les tomates évidées dans un moule à muffins.

6

Farcir, puis cuire les tomates.

PURÉE DE GOUSSES D'AIL RÔTIES

(POUR 4 À 6 PERSONNES)

10	gousses d'ail, non épluchées	10
30 mL	huile d'olive	2 c. à s.

■ Préchauffer le four à 190 °C (375 °F).

■ Bien envelopper les gousses d'ail dans du papier d'aluminium. Cuire 1 heure, au four.

■ Retirer les gousses d'ail du papier d'aluminium et les éplucher.

■ Réduire l'ail en purée au robot culinaire. Ajouter l'huile d'olive et bien incorporer.

■ Conserver l'ail dans un bocal fermé. Réfrigérer.

■ Utiliser l'ail dans la préparation des sauces ou pour accompagner une viande.

1 PORTION : 53 CALORIES 2 g GLUCIDES 0 g PROTÉINES
5 g LIPIDES 0 g FIBRES

HARICOTS ROUGES NOUVELLE-ORLÉANS

(POUR 4 À 6 PERSONNES)

375 g	haricots rouges secs	¾ lb
4	jarrets de porc fumé	4
5 mL	thym	1 c. à t.
3	feuilles de laurier	3
10 mL	poivre noir	2 c. à t.
5 mL	paprika	1 c. à t.
2 mL	origan	½ c. à t.
2 mL	basilic	½ c. à t.
2 mL	poivre de Cayenne	½ c. à t.
2	gousses d'ail, blanchies, épluchées et en purée	2
2	branches de céleri, en gros dés	2
2	oignons, en dés	2
500 g	saucisse italienne coupée en biais, en morceaux de 2,5 cm (1 po)	1 lb
1	poivron vert, en cubes	1
	quelques gouttes de sauce tabasco	
	sel	

■ Verser les haricots dans un grand bol et les recouvrir complètement d'eau froide. Laisser reposer toute la nuit.

■ Placer les jarrets de porc dans une grande casserole et les recouvrir d'eau. Porter à ébullition. Ajouter épices, aromates et ail. Saler, couvrir partiellement et cuire 1 heure 30 minutes, à feu doux. Les jarrets de porc doivent être bien cuits. Retirer les jarrets de la casserole et mettre de côté. Laisser l'eau de cuisson dans la casserole.

■ Égoutter les haricots et les mettre dans le liquide de cuisson chaud. Ajouter céleri et oignons. Si nécessaire, ajouter de l'eau pour que les haricots soient complètement recouverts de liquide. Mélanger et couvrir partiellement. Cuire 1 heure, à feu moyen. Remuer durant la cuisson.

■ Ajouter saucisse, sauce tabasco et poivron. Mélanger, couvrir partiellement et cuire 15 minutes.

■ Remettre les jarrets de porc dans la casserole. À ce point, le liquide sera presque tout évaporé. Couvrir partiellement et prolonger la cuisson 15 minutes.

■ Servir sur du riz.

1 PORTION : 488 CALORIES 22 g GLUCIDES 32 g PROTÉINES
30 g LIPIDES 7,4 g FIBRES

Placer les jarrets de porc dans une grande casserole et les recouvrir d'eau. Porter à ébullition.

Ajouter épices, aromates et ail. Saler, couvrir partiellement et cuire à feu doux.

Retirer les jarrets de la casserole. Mettre de côté.

4

Égoutter les haricots et les mettre dans le liquide chaud. Ajouter céleri et oignons. Cuire 1 heure.

5

Ajouter saucisse, sauce tabasco et poivron. Continuer la cuisson.

6

Remettre les jarrets dans la casserole.

PORC BRAISÉ AUX COURGETTES

(POUR 4 À 6 PERSONNES)

2 mL	poivre blanc	½ c. à t.
2 mL	poivre noir	½ c. à t.
5 mL	origan	1 c. à t.
2 mL	thym	½ c. à t.
2 mL	poivre de Cayenne	½ c. à t.
2 mL	poudre d'ail	½ c. à t.
60 mL	farine	4 c. à s.
900 g	porc maigre désossé, en cubes	2 lb
45 mL	beurre	3 c. à s.
2	oignons, en dés	2
1	branche de céleri, en dés	1
750 mL	bouillon de poulet, chaud	3 tasses
1	courgette, en dés	1
250 mL	haricots rouges cuits	1 tasse
	sel	

■ Préchauffer le four à 160 °C (325 °F).

■ Mélanger épices et aromates dans un bol. Incorporer le mélange à la farine. Passer la viande dans la farine assaisonnée.

■ Faire chauffer, à feu moyen, le beurre dans une casserole allant au four. Ajouter le porc et saisir sur tous les côtés pendant 10 minutes, ou jusqu'à ce que la farine adhère à la casserole. Saler.

■ Ajouter oignons et céleri, mélanger et continuer la cuisson 8 minutes, à feu moyen.

■ Incorporer le bouillon de poulet. Saler et porter à ébullition. Couvrir et cuire 2 heures, au four.

■ Quinze minutes avant la fin de la cuisson, ajouter courgette et haricots. Mélanger, couvrir et continuer la cuisson.

■ Servir avec une purée de pommes de terre.

1 PORTION : 491 CALORIES 18 g GLUCIDES 42 g PROTÉINES
28 g LIPIDES 4,6 g FIBRES

LENTILLES LOUISVILLE

(POUR 4 PERSONNES)

5 mL	huile d'olive	1 c. à t.
2	carottes, épluchées et en dés	2
1	branche de céleri, en dés	1
4	échalotes sèches, épluchées et coupées en deux	4
1	oignon, haché	1
375 mL	lentilles sèches, lavées et égouttées	1½ tasse
5 mL	assaisonnement cajun pour haricots et riz	1 c. à t.
1 mL	poivre de Cayenne	¼ c. à t.
1	saucisse chorizo, en rondelles	1
	sel et poivre	

■ Faire chauffer l'huile dans une sauteuse, à feu moyen. Ajouter les légumes et cuire 6 minutes, à feu doux.

■ Ajouter lentilles et épices. Saler, poivrer. Mélanger et recouvrir d'eau. Porter à ébullition, couvrir partiellement et cuire 1 heure 15 minutes, à feu doux.

■ Ajouter la saucisse. Saler, poivrer, couvrir partiellement et continuer la cuisson 15 minutes. Servir.

1 PORTION : 159 CALORIES 14 g GLUCIDES 8 g PROTÉINES
8 g LIPIDES 3,8 g FIBRES

AILERONS DE POULET BATON ROUGE

(POUR 4 À 6 PERSONNES)

Marinade

24	ailerons de poulet	24
250 mL	bière	1 tasse
250 mL	bouillon de poulet	1 tasse
15 mL	huile d'olive	1 c. à s.
4	gousses d'ail, blanchies, épluchées et en purée	4
10 mL	sauce Worcestershire	2 c. à t.
5 mL	sauce aux piments forts	1 c. à t.

Assaisonnement

60 mL	beurre	4 c. à s.
5 mL	poivre de Cayenne	1 c. à t.
5 mL	poivre noir	1 c. à t.
5 mL	origan	1 c. à t.
5 mL	basilic	1 c. à t.
5 mL	thym	1 c. à t.
5 mL	romarin	1 c. à t.
	sel	

- Enlever la pointe des ailerons. Placer les ailerons dans un bol et ajouter tous les autres ingrédients de la marinade. Mélanger et réfrigérer 2 heures.
- Préchauffer le four à 230 °C (450 °F).
- Retirer les ailerons de la marinade.
- Faire chauffer le beurre dans une poêle en fonte, à feu moyen. Ajouter épices, aromates et ailerons de poulet. Saler et bien mélanger. Cuire 7 minutes, à feu moyen, en mélangeant fréquemment.
- Mettre au four et prolonger la cuisson 10 minutes. Servir.

1 PORTION : 342 CALORIES 4 g GLUCIDES 32 g PROTÉINES 20 g LIPIDES 0 g FIBRES

Enlever la pointe des ailerons.

Mettre les ailerons dans un bol.

Ajouter les ingrédients de la marinade. Réfrigérer.

4

Faire fondre le beurre dans une poêle en fonte.

5

Ajouter les épices et les aromates.

6

Ajouter les ailerons.

CASSEROLE AUX PETITS HARICOTS

(POUR 4 À 6 PERSONNES)

5 mL	huile d'olive	1 c. à t.
3	échalotes sèches, épluchées et en dés	3
1	branche de céleri, en dés	1
2	carottes, épluchées et en dés	2
2	gousses d'ail, épluchées, écrasées et hachées	2
300 mL	petits haricots blancs secs, trempés 8 heures dans l'eau froide	1 ¼ tasse
10 mL	assaisonnement cajun pour haricots	2 c. à t.
1 mL	poivre de Cayenne	¼ c. à t.
2 mL	sauge	½ c. à t.
2 mL	thym	½ c. à t.
5 mL	origan	1 c. à t.
	sel et poivre	

■ Faire chauffer l'huile dans une casserole, à feu moyen. Ajouter légumes et ail, mélanger, couvrir et cuire 6 minutes.

■ Ajouter les haricots égouttés et mélanger. Incorporer le reste des ingrédients. Ajouter assez d'eau froide pour couvrir les haricots de 6,5 cm (2 ½ po). Saler, poivrer généreusement et porter à ébullition.

■ Couvrir partiellement et cuire 2 heures 30 minutes, à feu moyen. Remuer de temps à autre pendant la cuisson et, si nécessaire, ajouter de l'eau.

■ Servir avec du pain frais.

1 PORTION : 65 CALORIES 11 g GLUCIDES 3 g PROTÉINES 1 g LIPIDES 2,4 g FIBRES

HARICOTS DU QUARTIER LATIN

(POUR 4 À 6 PERSONNES)

375 mL	petits haricots blancs	1 ½ tasse
30 mL	beurre	2 c. à s.
2	oignons, en dés	2
1	branche de céleri, en dés	1
3	gousses d'ail, épluchées, écrasées et hachées	3
2 mL	poivre noir	½ c. à t.
1 mL	poivre de Cayenne	¼ c. à t.
5 mL	assaisonnement à tacos	1 c. à t.
5 mL	basilic	1 c. à t.
2 mL	thym	½ c. à t.
	sel	

■ Faire tremper les haricots dans l'eau froide pendant 8 heures. Égoutter et mettre de côté.

■ Faire chauffer le beurre dans une grande casserole, à feu moyen. Ajouter oignons et céleri. Mélanger et cuire 6 minutes. Ajouter l'ail et cuire 2 minutes.

■ Ajouter épices, aromates et haricots. Bien mélanger et saler. Ajouter suffisamment d'eau pour couvrir les haricots de 5 cm (2 po). Porter à ébullition. Couvrir partiellement et cuire 2 heures 30 minutes, à feu moyen. Remuer de temps à autre pendant la cuisson et, si nécessaire, ajouter de l'eau.

■ Servir avec du pain frais ou du pain à l'ail.

1 PORTION : 98 CALORIES 10 g GLUCIDES 4 g PROTÉINES 5 g LIPIDES 2,7 g FIBRES

PAIN DE VIANDE POIVRÉ

(POUR 6 À 8 PERSONNES)

15 mL	huile d'olive	1 c. à s.
1	oignon, finement haché	1
½	branche de céleri, en dés	½
3	échalotes sèches, épluchées et hachées	3
1½	poivron rouge, haché	1½
2	gousses d'ail, épluchées, écrasées et hachées	2
30 mL	zeste de citron râpé	2 c. à s.
5 mL	sauce Worcestershire	1 c. à t.
500 g	bœuf maigre haché	1 lb
375 g	veau haché	¾ lb
250 g	porc maigre haché	½ lb
2	œufs	2
2 mL	thym	½ c. à t.
5 mL	basilic	1 c. à t.
1 mL	poivre de Cayenne	¼ c. à t.
2 mL	poivre noir	½ c. à t.
1 mL	clou de girofle moulu	¼ c. à t.
1 mL	chili en poudre	¼ c. à t.
125 mL	chapelure blanche fine	½ tasse
45 mL	lait évaporé	3 c. à s.
45 mL	sauce chili	3 c. à s.
	sel	

■ Faire chauffer l'huile dans une sauteuse, à feu moyen. Ajouter légumes et ail, mélanger et cuire 6 minutes, à feu doux. Ajouter zeste de citron et sauce Worcestershire. Mélanger et prolonger la cuisson 2 minutes. Retirer les légumes de la sauteuse et mettre de côté.

■ Préchauffer le four à 180 °C (350 °F).

■ Placer toute la viande dans le bol du robot culinaire, saler et mélanger 15 secondes. Ajouter les œufs et mélanger 1 minute.

■ Bien mélanger épices et aromates dans un petit bol. Les incorporer à la viande. Ajouter chapelure, lait évaporé et sauce chili. Mélanger 15 secondes.

■ Mettre le mélange à la viande dans un bol. Incorporer les légumes cuits à la cuillère. Verser le mélange dans un moule à pain.

■ Placer le moule dans un plat à rôtir contenant 2,5 cm (1 po) d'eau. Mettre au four et cuire 50 minutes, sans couvrir.

■ Augmenter la chaleur à 200 °C (400 °F) et prolonger la cuisson 6 minutes.

■ Accompagner de légumes frais et servir avec une sauce piquante.

1 PORTION : 381 CALORIES 11 g GLUCIDES 37 g PROTÉINES 21 g LIPIDES 1,0 g FIBRES

Pain de viande poivré

FILETS DE PORC FARCIS AUX POMMES

(POUR 4 PERSONNES)

2	filets de porc moyens, dégraissés	2
2	gousses d'ail blanchies, épluchées et en purée	2
1,5 mL	muscade	1/3 c. à t.
2 mL	poivre noir	1/2 c. à t.
1 mL	moutarde en poudre	1/4 c. à t.
1 mL	thym	1/4 c. à t.
1,5 mL	poivre de Cayenne	1/3 c. à t.
25 mL	huile d'olive	1 1/2 c. à s.
1	petit oignon, haché	1
2	oignons verts, hachés	2
1/2	poivron jaune, haché	1/2
125 g	porc maigre haché	1/4 lb

■ Préchauffer le four à 180 °C (350 °F).

■ Couper chaque filet de porc en deux, en long, aux 3/4 de leur épaisseur. Ouvrir les filets en éventail. Placer chaque filet entre deux feuilles de papier ciré et aplatir au maillet. Mettre de côté.

■ Mélanger ail, épices et aromates dans un petit bol et mettre de côté.

■ Faire chauffer, à feu moyen, la moitié de l'huile dans une poêle en fonte. Ajouter oignons et poivron; cuire 4 minutes, à feu doux.

■ Ajouter la viande hachée et la moitié du mélange aux épices et aromates. Bien mélanger et cuire 5 minutes, à feu doux.

(suite)

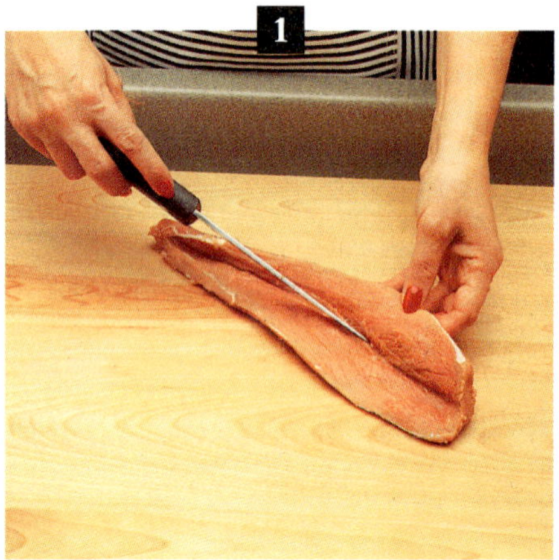

Couper chaque filet de porc en deux, en long, aux 3/4 de son épaisseur.

Faire cuire oignons et poivron dans l'huile chaude.

Ajouter la viande hachée et la moitié du mélange aux épices et aromates. Cuire 5 minutes.

1	pomme, pelée, évidée et hachée	1	
30 mL	miel	2 c. à s.	
3	tranches de pain blanc, écroûtées, trempées dans du lait	3	
375 mL	bouillon de poulet, chaud	1 ½ tasse	
5 mL	fécule de maïs	1 c. à t.	
30 mL	eau froide	2 c. à s.	
15 mL	persil haché	1 c. à s.	
	sel et poivre		

■ Ajouter pomme et miel, remuer et continuer la cuisson 5 minutes.

■ Presser le pain pour en extraire le lait. Ajouter le pain au mélange à la pomme. Bien mélanger et cuire 2 minutes.

■ Farcir les filets de porc, les rouler et les ficeler.

■ Faire chauffer le reste de l'huile dans une poêle en fonte, à feu moyen. Ajouter les filets farcis et saisir sur tous les côtés. Saupoudrer du reste du mélange aux épices et aromates. Mettre au four et cuire 25 à 30 minutes.

■ Retirer les filets du four et les disposer dans un plat de service chaud. Placer la poêle en fonte à feu vif, et y verser le bouillon de poulet. Remuer et cuire 3 minutes.

■ Délayer la fécule de maïs dans l'eau froide. Incorporer au bouillon, remuer et cuire 1 minute. Ajouter le persil haché et retirer du feu.

■ Servir la sauce avec les filets de porc farcis.

1 PORTION : 463 CALORIES 29 g GLUCIDES 49 g PROTÉINES
17 g LIPIDES 2,0 g FIBRES

Ajouter pomme et miel. Continuer la cuisson 5 minutes.

Ajouter le pain. Cuire 2 minutes.

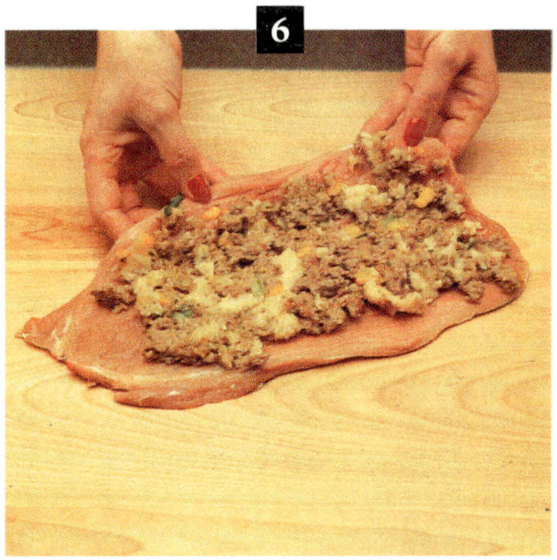

Farcir les filets.

POULET AROMATISÉ AU CARI

(POUR 4 PERSONNES)

1,6 kg	poulet, nettoyé	3½ lb
30 mL	beurre	2 c. à s.
1	gros oignon, en petits dés	1
1	gousse d'ail, épluchée, écrasée et hachée	1
30 mL	cari	2 c. à s.
250 mL	lait évaporé	1 tasse
15 mL	pâte de tomates	1 c. à s.
50 mL	bouillon de poulet, chaud	¼ tasse
	sel et poivre	

■ Préchauffer le four à 180 °C (350 °F).

■ Découper le poulet en 8 morceaux. Enlever la peau. Mettre de côté.

■ Faire chauffer le beurre dans une sauteuse, à feu moyen. Ajouter oignon et ail, cuire 4 minutes, à feu doux. Ajouter le cari, mélanger et cuire 5 minutes, à feu doux.

■ Ajouter les morceaux de poulet. Saler, poivrer et cuire 12 minutes pour bien dorer le poulet. Retourner les morceaux deux fois durant la cuisson. Si nécessaire, ajouter un peu de beurre.

■ Ajouter le reste des ingrédients, mélanger, couvrir et cuire 20 minutes, au four.

■ Si désiré, accompagner de légumes frais.

1 PORTION : 507 CALORIES 10 g GLUCIDES 66 g PROTÉINES 23 g LIPIDES 0 g FIBRES

CHILI AUX LÉGUMES

(POUR 4 À 6 PERSONNES)

15 mL	huile d'olive	1 c. à s.
2	oignons, hachés	2
1	branche de céleri, émincée	1
3	oignons verts, hachés	3
3	gousses d'ail, épluchées, écrasées et hachées	3
1	aubergine, épluchée et en gros dés	1
1	carotte, épluchée et émincée	1
1	courgette avec la peau, en dés	1
796 mL	tomates en conserve, hachées, avec le liquide	28 oz
40 mL	chili en poudre	2½ c. à s.
5 mL	cumin	1 c. à t.
15 mL	origan	1 c. à s.
15 mL	basilic	1 c. à s.
2 mL	poivre noir	½ c. à t.
2 mL	poivre de Cayenne	½ c. à t.
625 mL	haricots rouges cuits	2½ tasses
1	poivron jaune, en gros dés	1
1	poivron rouge, en gros dés	1
	pincée de sucre	
	sel	

■ Faire chauffer l'huile dans une grande casserole, à feu moyen. Ajouter oignons, céleri, oignons verts et ail. Mélanger et cuire 5 minutes.

■ Ajouter l'aubergine. Saler et bien mélanger. Couvrir et cuire 15 minutes, à feu moyen. Remuer durant la cuisson.

■ Ajouter carotte, courgette, tomates avec leur jus. Bien mélanger. Ajouter épices, aromates, sucre et haricots. Bien incorporer. Saler, couvrir partiellement et porter à ébullition. Cuire 30 minutes, à feu moyen. Remuer durant la cuisson.

■ Ajouter les poivrons et mélanger soigneusement. Couvrir partiellement et prolonger la cuisson 20 minutes, à feu moyen.

1 PORTION : 207 CALORIES 35 g GLUCIDES 10 g PROTÉINES 3 g LIPIDES 12,2 g FIBRES

JARRETS DE VEAU CAJUN

(POUR 4 PERSONNES)

2 mL	poivre noir	½ c. à t.
2 mL	paprika	½ c. à t.
2 mL	poivre de Cayenne	½ c. à t.
5 mL	basilic	1 c. à t.
2 mL	thym	½ c. à t.
125 mL	farine	½ tasse
2,7 kg	jarrets de veau, détaillés sur le biais, en tranches de 2,5 cm (1 po) d'épaisseur	6 lb
45 mL	beurre	3 c. à s.
1	gros oignon, haché	1
½	poivron vert, en dés	½
1	branche de céleri, en dés	1
3	gousses d'ail blanchies, épluchées et en purée	3
750 mL	bouillon de veau (page 241) ou de poulet, chaud	3 tasses
	sel et poivre	

■ Préchauffer le four à 150 °C (300 °F).

■ Mélanger les épices et les aromates dans un bol.

■ Dans un autre bol, verser la moitié de la farine. Ajouter la moitié du mélange aux épices et aromates, et bien mélanger. Passer les jarrets dans le mélange à la farine. Mettre de côté.

■ Faire chauffer le beurre dans une poêle en fonte, à feu moyen. Ajouter les jarrets et saisir sur tous les côtés.

■ Ajouter oignon, poivron, céleri et ail. Saler, poivrer, mélanger et cuire 5 minutes.

■ Saupoudrer le reste de la farine sur les jarrets de veau et les légumes. Mélanger et retourner les jarrets. Cuire 5 minutes.

■ Ajouter le reste du mélange aux épices et aromates. Incorporer le bouillon de veau, saler et porter à ébullition. Couvrir et cuire 2 heures, au four, ou jusqu'à ce que les jarrets deviennent très tendres.

■ Si désiré, servir sur du riz.

1 PORTION : 1201 CALORIES 17 g GLUCIDES 146 g PROTÉINES
61 g LIPIDES 1,0 g FIBRES

1

Mélanger la moitié du mélange aux épices et aromates et la moitié de la farine dans un bol.

2

Passer les jarrets dans le mélange à la farine.

3

Dorer les jarrets de veau dans le beurre chaud.

4

Ajouter oignon, poivron, céleri et ail.

5

Ajouter le reste de la farine.

6

Incorporer le bouillon de veau.

CÔTELETTES DE PORC CAJUN

(POUR 4 PERSONNES)

1 mL	poivre noir	¼ c. à t.
1 mL	paprika	¼ c. à t.
1 mL	poivre de Cayenne	¼ c. à t.
1 mL	origan en poudre	¼ c. à t.
1 mL	thym en poudre	¼ c. à t.
1 mL	gingembre moulu	¼ c. à t.
8	côtelettes de longe de porc	8
30 mL	beurre	2 c. à s.
1	oignon, émincé	1
1	poivron vert, en grosses lanières	1
1	poivron rouge, en grosses lanières	1
30 mL	farine	2 c. à s.
375 mL	bouillon de poulet, chaud	1½ tasse
5 mL	miel	1 c. à t.
	sel	

■ Mélanger épices et aromates dans un bol. Frotter les côtelettes avec la moitié de ce mélange. Mettre de côté.

■ Faire chauffer le beurre dans une grande poêle à frire, à feu moyen. Ajouter les côtelettes et cuire 3 minutes de chaque côté. Saler et mettre de côté.

■ Mettre l'oignon dans la poêle chaude et cuire 3 minutes, à feu moyen. Ajouter les poivrons et le reste du mélange aux épices et aromates. Mélanger et cuire 7 minutes.

■ Saupoudrer de farine, bien mélanger et cuire 3 minutes.

■ Incorporer bouillon de poulet et miel. Cuire 5 minutes, à feu doux. Remettre les côtelettes dans la poêle et laisser mijoter 2 minutes.

■ Si désiré, servir avec un riz vapeur ou du brocoli.

1 PORTION : 597 CALORIES 9 g GLUCIDES 57 g PROTÉINES
37 g LIPIDES 1,0 g FIBRES

POITRINES DE POULET À LA CRÈME SURE

(POUR 4 PERSONNES)

1 mL	poivre de Cayenne	1/4 c. à t.
1 mL	poivre noir	1/4 c. à t.
1 mL	poivre blanc	1/4 c. à t.
1 mL	paprika	1/4 c. à t.
2 mL	basilic	1/2 c. à t.
2 mL	poudre d'ail	1/2 c. à t.
1 mL	moutarde en poudre	1/4 c. à t.
4	demi-poitrines de poulet, sans peau, désossées	4
30 mL	beurre	2 c. à s.
2	oignons verts, hachés	2
375 mL	bouillon de poulet, chaud	1 1/2 tasse
15 mL	fécule de maïs	1 c. à s.
45 mL	eau froide	3 c. à s.
30 mL	crème sure	2 c. à s.
	farine	
	sel	

■ Mélanger épices et aromates dans un petit bol. Frotter les demi-poitrines de poulet de ce mélange et bien les enfariner.

■ Faire chauffer le beurre dans une sauteuse, à feu moyen. Ajouter le poulet et cuire 3 minutes. Saler, retourner et prolonger la cuisson 3 minutes.

■ Ajouter les oignons verts et cuire 1 minute. Incorporer le bouillon de poulet et cuire 6 minutes, à feu doux, sans couvrir.

■ Retirer les poitrines de poulet de la sauteuse et les disposer sur un plat de service chaud. Mettre de côté.

■ Remettre la sauteuse à feu vif et cuire la sauce 3 minutes.

■ Délayer la fécule de maïs dans l'eau froide. Incorporer à la sauce et cuire 1 minute. Retirer du feu et laisser refroidir 2 minutes.

■ Incorporer la crème sure. Napper le poulet de sauce et servir avec des pommes de terre.

1 PORTION : 246 CALORIES 9 g GLUCIDES 30 g PROTÉINES
10 g LIPIDES 0 g FIBRES

LONGE DE PORC RÔTIE

(POUR 4 À 6 PERSONNES)

30 mL	beurre	2 c. à s.
2 mL	poivre noir	½ c. à t.
2 mL	poivre de Cayenne	½ c. à t.
2 mL	thym	½ c. à t.
5 mL	origan	1 c. à t.
2 mL	moutarde en poudre	½ c. à t.
2	gousses d'ail blanchies, épluchées et en purée	2
1,8 kg	rôti de longe de porc	4 lb
15 mL	huile d'olive	1 c. à s.
1	branche de céleri, en dés moyens	1
2	carottes, épluchées, en dés moyens	2
1	gros oignon, en dés moyens	1
1	poivron rouge, épépiné, en dés moyens	1
45 mL	farine	3 c. à s.
125 mL	bouillon de porc ou de poulet, chaud	½ tasse
	sel et poivre	

■ Préchauffer le four à 150 °C (300 °F).

■ Faire chauffer le beurre dans une poêle à frire, à feu moyen. Ajouter épices, aromates, moutarde et ail. Cuire 1 minute.

■ Pratiquer de petites incisions profondes dans le rôti de porc et les remplir du mélange aux épices et aromates cuit. Étaler le reste du mélange sur le rôti. Saler.

■ Faire chauffer l'huile dans un plat à rôtir, à feu moyen. Placer le rôti dans l'huile chaude et l'entourer de tous les légumes. Saler, poivrer. Mettre au four et cuire 2 heures.

■ Quinze minutes avant la fin de la cuisson, augmenter la chaleur du four à 220 °C (425 °F) pour bien dorer le rôti.

■ Retirer le rôti du plat et laisser reposer 10 minutes.

■ Placer le plat à rôtir sur la cuisinière, à feu moyen. Saupoudrer la farine sur les légumes, mélanger et cuire 3 minutes. Incorporer le bouillon de poulet, bien remuer et cuire 6 minutes. Passer la sauce. Servir avec le rôti.

1 PORTION : 752 CALORIES 8 g GLUCIDES 76 g PROTÉINES 46 g LIPIDES 1,1 g FIBRES

1

Faire cuire le mélange aux épices et aromates dans le beurre chaud.

2

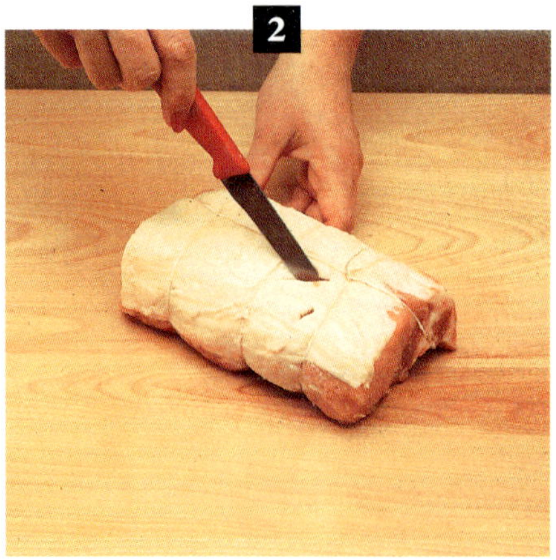

Pratiquer des petites incisions profondes dans le rôti de porc.

3

Remplir les incisions du mélange aux épices et aromates cuit. Étaler le reste du mélange sur le rôti.

Mettre le rôti dans le plat à rôtir et l'entourer de légumes.

Pour faire la sauce, placer le plat à rôtir à feu moyen. Saupoudrer les légumes de farine.

Incorporer le bouillon de poulet.

ESPADON GRILLÉ

(POUR 4 PERSONNES)

15 mL	huile d'olive	1 c. à s.
4	darnes d'espadon	4
4	rondelles de beurre cajun (page193)	4
	jus de citron	
	sel et poivre	

■ Préchauffer le four à GRIL.

■ Badigeonner d'huile les deux côtés des darnes d'espadon. Mettre au four et griller 4 minutes de chaque côté. Saler, poivrer durant la cuisson. Le temps de cuisson peut varier selon l'épaisseur des darnes.

■ Placer une rondelle de beurre cajun sur chaque darne. Arroser de jus de citron et servir.

1 PORTION : 317 CALORIES 0 g GLUCIDES 41 g PROTÉINES
17 g LIPIDES 0 g FIBRES

PATATES DOUCES CARAMÉLISÉES

(POUR 4 À 6 PERSONNES)

5	patates douces moyennes	5
250 mL	cassonade	1 tasse
250 mL	eau	1 tasse
5 mL	cannelle	1 c. à t.
45 mL	beurre fondu	3 c. à s.
	jus de 1 citron	
	sel et poivre du moulin	

■ Préchauffer le four à 180 °C (350 °F).

■ Éplucher les patates douces et les couper en rondelles de 1,2 cm (½ po) d'épaisseur. Les placer dans un plat à gratin beurré et mettre de côté.

■ Mettre cassonade, eau, cannelle et jus de citron dans une casserole. Porter à ébullition et cuire 4 minutes.

■ Ajouter le beurre fondu et cuire 2 minutes. Saler, poivrer. Verser le mélange sur les patates. Couvrir d'une feuille de papier d'aluminium et cuire 35 à 45 minutes, au four.

1 PORTION : 425 CALORIES 84 g GLUCIDES 2 g PROTÉINES
9 g LIPIDES 2,6 g FIBRES

CASSEROLE AU POULET ET AU RIZ

(POUR 4 PERSONNES)

1,8 kg	poulet, nettoyé	4 lb
15 mL	huile d'olive	1 c. à s.
1	gros oignon d'Espagne, en cubes	1
2	gousses d'ail, épluchées, écrasées et hachées	2
15 mL	piment jalapeño haché	1 c. à s.
30 mL	piments doux rôtis hachés	2 c. à s.
796 mL	tomates en conserve, égouttées et hachées	28 oz
250 mL	bouillon de poulet, chaud	1 tasse
250 mL	riz, rincé	1 tasse
1	poivron vert, émincé	1
	pincée de poivre de Cayenne	
	sel et poivre	

■ Préchauffer le four à 180 °C (350 °F).

■ Découper le poulet en 8 morceaux. Retirer la peau. Mettre de côté.

■ Faire chauffer, à feu moyen, l'huile dans une grande sauteuse allant au four. Ajouter les morceaux de poulet et dorer sur tous les côtés. Saler, poivrer.

■ Ajouter oignon, ail et piments. Mélanger et cuire 3 minutes, à feu moyen. Ajouter tomates et bouillon de poulet. Saupoudrer de poivre de Cayenne, saler et porter à ébullition.

■ Ajouter le riz, mélanger et porter à ébullition. Couvrir et cuire 25 minutes, au four.

■ Retirer le couvercle et ajouter le poivron. Assaisonner au goût. Prolonger la cuisson 3 minutes. Servir.

1 PORTION : 616 CALORIES 34 g GLUCIDES 72 g PROTÉINES
21 g LIPIDES 3,2 g FIBRES

JAMBALAYA

(POUR 4 À 6 PERSONNES)

4	tranches de bacon, en gros dés	4
1	gros oignon, en petit dés	1
2	gousses d'ail, épluchées, écrasées et hachées	2
4	tomates, pelées et hachées	4
2 mL	thym	½ c. à t.
2 mL	graines de fenouil	½ c. à t.
250 mL	riz cuit	1 tasse
250 mL	bouillon de poulet, chaud	1 tasse
250 g	jambon cuit, en petits morceaux de 1,2 cm (½ po) d'épaisseur	½ lb
375 g	crevettes fraîches, décortiquées et nettoyées	¾ lb
1	poivron jaune, épépiné et coupé en lanières	1
1	poivron vert, épépiné et coupé en lanières	1
	quelques gouttes de sauce aux piments forts	
	sel et poivre	

■ Préchauffer le four 180 °C (350 °F).

■ Faire cuire le bacon dans une grande sauteuse allant au four, à feu moyen. Retirer le bacon cuit de la poêle et le mettre de côté.

■ Mettre oignon et ail dans la graisse de bacon chaude. Cuire 8 minutes, à feu doux, en remuant de temps à autre. Ajouter tomates et aromates. Saler, poivrer, mélanger et cuire 5 minutes.

■ Ajouter riz, bouillon de poulet, jambon et bacon cuit. Bien mélanger et porter à ébullition. Couvrir et cuire 15 minutes, au four.

■ Ajouter crevettes et poivrons, mélanger et arroser de sauce aux piments forts. Couvrir, remettre au four et continuer la cuisson 8 à 10 minutes.

---

1 PORTION : 260 CALORIES 18 g GLUCIDES 33 g PROTÉINES
6 g LIPIDES 2,2 g FIBRES

Faire cuire le bacon.

Retirer le bacon cuit et le mettre de côté.

Faire cuire oignon et ail dans la graisse de bacon chaude.

Ajouter tomates et aromates. Saler, poivrer et cuire 5 minutes.

Ajouter riz, bouillon de poulet, jambon et bacon cuit. Couvrir et cuire au four.

Ajouter crevettes et poivrons.

LANIÈRES DE POULET LOUISIANE

(POUR 4 PERSONNES)

2 mL	poivre de Cayenne	1/2 c. à t.
2 mL	paprika	1/2 c. à t.
2 mL	sauge	1/2 c. à t.
2 mL	poivre blanc	1/2 c. à t.
1 mL	gingembre moulu	1/4 c. à t.
1 mL	poivre noir	1/4 c. à t.
1 mL	thym	1/4 c. à t.
5 mL	origan	1 c. à t.
25 mL	huile d'olive	1 1/2 c. à s.
4	demi-poitrines de poulet, sans peau, désossées et en lanières	4
375 mL	bouillon de poulet, chaud	1 1/2 tasse
50 mL	sauce aux haricots noirs ou sauce soya	1/4 tasse
5 mL	fécule de maïs	1 c. à t.
30 mL	eau froide	2 c. à s.
	sel	

■ Bien mélanger épices, aromates et huile dans un petit bol et mettre de côté.

■ Faire chauffer une poêle en fonte, à feu moyen. Mettre le mélange aux épices et aromates dans la poêle chaude et cuire 1 minute.

■ Ajouter le poulet, saler légèrement et cuire 3 minutes, à feu moyen. Retirer le poulet et mettre de côté.

■ Verser bouillon de poulet et sauce aux haricots dans la poêle chaude, bien remuer et cuire 3 minutes.

■ Délayer la fécule de maïs dans l'eau froide. Incorporer à la sauce et cuire 1 minute.

■ Remettre le poulet dans la sauce, mélanger et laisser mijoter 3 minutes. Accompagner de la garniture de légumes.

Garniture de légumes

15 mL	beurre	1 c. à s.
1	courgette, émincée en demi-rondelles	1
12	radis, émincés	12
12	tomates cerises, en moitiés	12
12	cosses de pois, nettoyées	12
	sel et poivre	

■ Faire chauffer le beurre dans une casserole, à feu moyen. Ajouter les légumes. Saler, poivrer, couvrir et cuire 3 minutes.

1 PORTION : 258 CALORIES 8 g GLUCIDES 29 g PROTÉINES
12 g LIPIDES 3,6 g FIBRES

HUÎTRES EN SAUCE

(POUR 4 PERSONNES)

1 mL	poivre de Cayenne	¼ c. à t.
2 mL	graines de fenouil	½ c. à t.
1 mL	thym	¼ c. à t.
2 mL	basilic	½ c. à t.
2 mL	graines de céleri	½ c. à t.
2 mL	poivre noir	½ c. à t.
1 mL	gingembre moulu	¼ c. à t.
36	huîtres en vrac, avec leur jus	36
30 mL	beurre	2 c. à s.
1	oignon, haché	1
3	oignons verts, hachés	3
½	poivron vert, haché	½
30 mL	piment jalapeño, haché	2 c. à s.
796 mL	tomates en boîte, égouttées et hachées	28 oz
	pincée de safran	
	sel	

■ Mélanger épices et aromates dans un petit bol. Mettre de côté.

■ Verser les huîtres et leur jus dans une casserole. Recouvrir d'eau froide et faire pocher 3 minutes, à feu moyen-doux. Égoutter et mettre de côté.

■ Faire chauffer le beurre dans une poêle en fonte, à feu moyen. Ajouter le mélange aux épices et aromates, mélanger et cuire 1 minute.

■ Ajouter oignons, poivron et piment. Saler, mélanger et cuire 4 minutes, à feu moyen. Ajouter les tomates, mélanger et prolonger la cuisson 4 minutes. Saler au goût.

■ Ajouter les huîtres égouttées, mélanger et laisser mijoter 3 à 4 minutes. Servir sur des pâtes fraîches.

1 PORTION : 193 CALORIES 17 g GLUCIDES 13 g PROTÉINES 8 g LIPIDES 2,9 g FIBRES

CREVETTES LAFAYETTE

(POUR 4 PERSONNES)

30 mL	beurre	2 c. à s.
1	oignon, haché	1
2	poivrons verts, hachés	2
15 mL	piment jalapeño haché	1 c. à s.
4	tomates pelées, épépinées et hachées	4
2	gousses d'ail, blanchies, épluchées et hachées	2
1 mL	poivre de Cayenne	¼ c. à t.
1 mL	poivre noir	¼ c. à t.
1 mL	poivre blanc	¼ c. à t.
1 mL	cassonade	¼ c. à t.
50 mL	bouillon de crevettes*	¼ tasse
625 g	crevettes fraîches, décortiquées et nettoyées	1 ¼ lb
	sel	

■ Faire chauffer la moitié du beurre dans une sauteuse, à feu moyen. Ajouter oignon, poivrons et piment. Cuire 10 minutes, à feu doux, en remuant de temps à autre.

■ Ajouter tomates, ail, épices et cassonade. Bien mélanger et cuire 10 minutes, à feu doux.

■ Incorporer le bouillon de crevettes et continuer la cuisson 10 minutes, en remuant de temps à autre. Retirer du feu et mettre de côté.

■ Faire chauffer, à feu moyen, le reste du beurre dans une poêle à frire. Ajouter les crevettes et cuire 3 à 4 minutes. Mélanger une fois durant la cuisson.

■ Incorporer les crevettes au mélange aux tomates, mélanger et laisser mijoter 2 minutes, à feu doux. Servir sur des pâtes chaudes.

Bouillon de crevettes

500 mL	eau	2 tasses
	carapaces des crevettes	
	sel et poivre	

■ Verser l'eau dans une casserole. Ajouter les carapaces des crevettes. Saler, poivrer. Laisser bouillir 15 minutes. Passer le liquide.

1 PORTION : 272 CALORIES 11 g GLUCIDES 40 g PROTÉINES
8 g LIPIDES 2,5 g FIBRES

1

Faire bouillir les carapaces des crevettes.

2

Faire cuire oignon, poivrons et piment dans le beurre chaud.

3

Ajouter tomates, ail, épices et cassonade, mélanger et cuire à feu doux.

Incorporer le bouillon de crevettes.

Faire sauter les crevettes.

Ajouter les crevettes au mélange aux tomates et laisser mijoter.

CURRY D'AGNEAU CRÉOLE

(POUR 4 À 6 PERSONNES)

1,8 kg	épaule d'agneau désossée	4 lb
15 mL	gingembre frais haché	1 c. à s.
15 mL	coriandre moulu	1 c. à s.
15 mL	cumin	1 c. à s.
5 mL	cari	1 c. à t.
5 mL	basilic	1 c. à t.
1 mL	poivre de Cayenne	¼ c. à t.
30 mL	huile d'olive	2 c. à s.
2	gros oignons, en cubes	2
3	gousses d'ail blanchies, épluchées et en purée	3
60 mL	farine	4 c. à s.
1 L	bouillon de poulet, chaud	4 tasses
1	piment jalapeño haché	1
15 mL	beurre	1 c. à s.
1	banane plantain verte, en rondelles	1
	sel et poivre	

■ Préchauffer le four à 180 °C (350 °F).

■ Dégraisser l'agneau et le couper en cubes de 2,5 cm (1 po). Mettre de côté.

■ Mélanger épices et aromates dans un petit bol. Mettre de côté.

■ Faire chauffer l'huile dans une sauteuse allant au four, à feu vif. Ajouter la moitié de la viande et saisir sur tous les côtés. Saler, poivrer. Retirer l'agneau saisi de la poêle et mettre de côté.

■ Faire saisir le reste de la viande dans la poêle chaude. Saler, poivrer et mettre l'agneau saisi de côté.

■ Mettre oignons et ail dans la poêle chaude. Faire cuire 6 minutes, à feu moyen-vif. Mélanger une fois durant la cuisson.

■ Incorporer le mélange aux épices et aromates et cuire 4 minutes. Remettre la viande dans la poêle et bien mélanger. Saupoudrer de farine, mélanger et cuire 5 minutes.

■ Ajouter bouillon de poulet et piment. Saler, mélanger et porter à ébullition. Couvrir, mettre au four et cuire 1 heure 30 minutes.

■ Quelques minutes avant la fin de la cuisson, faire chauffer le beurre dans une poêle à frire, à feu moyen. Ajouter les rondelles de banane et cuire 1 minute de chaque côté. Incorporer délicatement au curry d'agneau. Servir sur des nouilles aux œufs.

---

1 PORTION : 683 CALORIES 15 g GLUCIDES 75 g PROTÉINES
36 g LIPIDES 1,7 g FIBRES

Curry d'agneau créole

SAUCE PIQUANTE POUR VOLAILLE

(POUR 6 PERSONNES)

2 mL	sarriette	½ c. à t.
5 mL	origan	1 c. à t.
1 mL	thym	¼ c. à t.
1 mL	poivre de Cayenne	¼ c. à t.
2 mL	poivre noir	½ c. à t.
50 mL	vin blanc sec	¼ tasse
45 mL	beurre	3 c. à s.
3	échalotes sèches, épluchées et hachées	3
60 mL	farine	4 c. à s.
750 mL	bouillon de poulet, chaud	3 tasses
1	petit piment jalapeño, finement haché	1
	sel	

■ Mettre épices et aromates dans un petit bol. Ajouter le vin, mélanger et laisser mariner 1 heure.

■ Faire chauffer le beurre dans une casserole, à feu moyen. Ajouter les échalotes et cuire 4 minutes, à feu doux.

■ Ajouter la farine, mélanger et cuire 3 minutes pour bien dorer la farine. Incorporer le bouillon de poulet. Ajouter le mélange aux épices et aromates et le piment jalapeño.

■ Saler et cuire, sans couvrir, 16 minutes à feu doux.

■ Servir avec de la volaille.

1 PORTION : 103 CALORIES 9 g GLUCIDES 2 g PROTÉINES
6 g LIPIDES 0 g FIBRES

À LA FORTUNE DU POT

(POUR 4 À 6 PERSONNES)

45 mL	farine	3 c. à s.
1,8 kg	rôti de ronde de bœuf, ficelé	4 lb
2 mL	poivre noir	½ c. à t.
2 mL	poivre de Cayenne	½ c. à t.
2 mL	sauge	½ c. à t.
2 mL	thym	½ c. à t.
2 mL	origan	½ c. à t.
3	gousses d'ail blanchies, épluchées et en purée	3
30 mL	huile d'olive	2 c. à s.
250 mL	sauce aux canneberges	1 tasse
500 mL	bouillon de bœuf, chaud	2 tasses
60 mL	raifort	4 c. à s.
3	clous de girofle	3
2	oignons, coupés en 6	2
8	échalotes sèches, entières, épluchées	8
2	grosses carottes, épluchées et coupées en 3	2
	sel	

■ Préchauffer le four à 180 °C (350 °F).

■ Frotter toute la farine sur le rôti de bœuf. Mettre de côté.

■ Mélanger épices, aromates et ail dans un petit bol. Ajouter l'huile et bien mélanger. Faire chauffer, à feu moyen, une casserole allant au four. Lorsqu'elle est chaude, y mettre le mélange aux épices et aromates et cuire 1 minute.

■ Ajouter le rôti et saisir sur tous les côtés. Saler. Ajouter sauce aux canneberges et bouillon de bœuf. Porter à ébullition, couvrir et mettre au four. Cuire 2 heures 30 minutes à 3 heures.

■ Une heure avant la fin de la cuisson, ajouter raifort, clous de girofle et légumes.

■ Si la sauce n'est pas assez épaisse, délayer 15 mL (1 c. à s.) de fécule de maïs dans 45 mL (3 c. à s.) d'eau froide. Incorporer le mélange à la sauce et porter à ébullition. Cuire 1 minute.

1 PORTION : 714 CALORIES 42 g GLUCIDES 88 g PROTÉINES 22 g LIPIDES 2,1 g FIBRES

FILETS DE PLIE SAUCE AUX HUÎTRES

(POUR 4 PERSONNES)

2 mL	poivre blanc	1/2 c. à t.
2 mL	poivre noir	1/2 c. à t.
1 mL	moutarde en poudre	1/4 c. à t.
1 mL	poivre de Cayenne	1/4 c. à t.
2 mL	graines de fenouil	1/2 c. à t.
1 mL	gingembre moulu	1/4 c. à t.
250 mL	farine	1 tasse
4	filets de plie	4
250 mL	lait	1 tasse
45 mL	beurre	3 c. à s.
375 mL	sauce aux huîtres, chaude (page 384)	1 1/2 tasse

■ Mettre les épices dans un mortier et les broyer au pilon. Mélanger farine et épices.

■ Tremper les filets dans le lait et les passer dans le mélange de farine.

■ Faire chauffer le beurre dans une poêle en fonte, à feu moyen. Ajouter les filets et cuire 3 minutes de chaque côté. Retirer les filets de la poêle et les napper de sauce aux huîtres avant de servir.

1 PORTION : 547 CALORIES 39 g GLUCIDES 30 g PROTÉINES
30 g LIPIDES 1,6 g FIBRES

1 Broyer toutes les épices dans un mortier.

2 Mélanger farine et épices.

3 Tremper les filets dans le lait.

Passer les filets dans la farine.

Faire cuire les filets dans le beurre chaud.

Retourner les filets et poursuivre la cuisson.

CASSEROLE CRÉOLE

(POUR 4 À 6 PERSONNES)

15 mL	graisse de bacon	1 c. à s.
1,8 kg	ronde de bœuf, en cubes	4 lb
2	oignons, en cubes	2
2	gousses d'ail, épluchées, écrasées et hachées	2
2	feuilles de laurier, broyées	2
2 mL	thym	½ c. à t.
3	branches de persil	3
2	clous de girofle	2
75 mL	farine	5 c. à s.
750 mL	bouillon de bœuf, chaud	3 tasses
250 mL	vin de xérès	1 tasse
	pincée de poivre de Cayenne	
	sel et poivre	

■ Préchauffer le four à 150 °C (300 °F).

■ Faire chauffer, à feu vif, la graisse de bacon dans une casserole allant au four. Ajouter la moitié de la viande et saisir sur tous les côtés pendant 15 minutes. Saler, poivrer. Mettre la viande saisie de côté. Saisir le reste de la viande de la même façon.

■ Remettre toute la viande dans la casserole. Ajouter oignons, ail, épices et aromates. Mélanger et cuire 4 à 5 minutes, à feu moyen. Saler, poivrer.

■ Incorporer la farine et cuire 6 minutes, à feu doux. Mélanger de temps à autre durant la cuisson.

■ Incorporer bouillon de bœuf et vin. Bien remuer et porter à ébullition. Couvrir et cuire 2 heures, au four. Accompagner de nouilles fraîches.

1 PORTION : 589 CALORIES 10 g GLUCIDES 86 g PROTÉINES
19 g LIPIDES 0 g FIBRES

FETTUCCINE À LA CRÈME

(POUR 4 PERSONNES)

15 mL	beurre	1 c. à s.
2 mL	poivre blanc	½ c. à t.
1,5 mL	poivre de Cayenne	⅓ c. à t.
2 mL	origan	½ c. à t.
2 mL	graines de céleri	½ c. à t.
2	gousses d'ail, épluchées, écrasées et hachées	2
1	oignon, finement haché	1
500 mL	crème à 15%	2 tasses
125 mL	fromage parmesan râpé	½ tasse
4	portions de fettuccine aux épinards cuits, chauds*	4
	pincée de muscade	
	sel et poivre	

■ Faire chauffer le beurre dans une casserole de grandeur moyenne, à feu moyen. Ajouter épices, aromates, ail et oignon. Mélanger et cuire 4 minutes, à feu doux.

■ Incorporer la crème et porter à ébullition, à feu moyen. Remuer et continuer la cuisson, à feu doux, pendant 8 minutes.

■ Ajouter le fromage, mélanger et laisser mijoter 3 minutes.

■ Ajouter les pâtes chaudes, bien mélanger et laisser mijoter quelques minutes. Servir.

* Si possible, utiliser des pâtes fraîches.

---

1 PORTION : 450 CALORIES 41 g GLUCIDES 13 g PROTÉINES
26 g LIPIDES 0 g FIBRES

SAUCE AUX HUÎTRES

(POUR 4 À 6 PERSONNES)

250 mL	huîtres en vrac, avec leur jus	1 tasse
625 mL	eau froide	2½ tasses
1 mL	poivre noir	¼ c. à t.
1 mL	poivre blanc	¼ c. à t.
1 mL	basilic moulu	¼ c. à t.
1	gousse d'ail, blanchie, épluchée et en purée	1
45 mL	beurre	3 c. à s.
1	oignon, haché	1
45 mL	farine	3 c. à s.
50 mL	crème à 35%	¼ tasse
	pincée de muscade	
	pincée de poivre de Cayenne	
	sel	

■ Verser les huîtres et leur jus dans un bol. Ajouter l'eau froide et réfrigérer 8 heures.

■ Égoutter les huîtres et les mettre de côté. Verser le liquide dans une petite casserole et porter à faible ébullition. Cuire 3 à 4 minutes, à feu doux.

■ Mélanger épices et ail dans un petit bol. Mettre de côté.

■ Faire chauffer le beurre dans une casserole ou une poêle. Ajouter l'oignon et cuire 4 minutes, à feu doux. Ajouter la farine, mélanger et cuire 1 minute, à feu doux.

■ Incorporer lentement le liquide de cuisson au fouet. Ajouter le mélange aux épices et la crème. Bien remuer et faire cuire 12 minutes, à feu doux, en remuant fréquemment. La sauce doit être de consistance assez épaisse. Si désiré, remettre les huîtres dans la sauce et laisser mijoter 3 minutes.

1 PORTION : 149 CALORIES 7 g GLUCIDES 5 g PROTÉINES 11 g LIPIDES 0 g FIBRES

1

Mettre les huîtres et leur jus dans un bol. Ajouter l'eau. Réfrigérer 8 heures.

2

Égoutter les huîtres et verser le liquide dans une casserole.

3

Faire cuire l'oignon dans le beurre chaud.

Ajouter la farine, mélanger et cuire 1 minute.

Incorporer le liquide de cuisson.

Ajouter le mélange aux épices et la crème.

CÔTELETTES D'AGNEAU FARCIES

(POUR 4 PERSONNES)

30 mL	beurre	2 c. à s.
2	oignons verts, hachés	2
½	poivron jaune, haché	½
½	poivron vert, haché	½
3	tranches de jambon, hachées	3
3	tranches de pain, écroûtées, trempées dans du bouillon de poulet	3
2 mL	poivre de Cayenne	½ c. à t.
2 mL	poivre noir	½ c. à t.
2 mL	paprika	½ c. à t.
2 mL	sel de céleri	½ c. à t.
5 mL	origan	1 c. à t.
2 mL	thym	½ c. à t.
25 mL	huile d'olive	1½ c. à s.
8	côtelettes d'agneau de 2,5 cm (1 po) d'épaisseur	8
	sel	

■ Faire chauffer le beurre dans une casserole, à feu moyen. Ajouter oignons verts, poivrons et jambon. Cuire 4 minutes.

■ Presser le pain pour en extraire le liquide. Ajouter le pain aux légumes, saler, mélanger et cuire 4 minutes, à feu vif.

■ Verser le mélange dans le bol du robot culinaire et mélanger 5 secondes. Laisser refroidir.

■ Mettre épices et aromates dans un bol. Ajouter l'huile et bien mélanger.

■ Pratiquer une large incision dans chaque côtelette d'agneau et y introduire la farce au pain.

■ Faire chauffer une poêle en fonte, à feu moyen. Mettre le mélange aux épices dans la poêle chaude et cuire 1 minute.

■ Ajouter les côtelettes d'agneau farcies et cuire, à feu moyen, 4 minutes de chaque côté pour de l'agneau rosé. Augmenter le temps de cuisson de quelques minutes pour de l'agneau bien cuit.

■ Accompagner de moutarde forte ou d'une sauce piquante.

1 PORTION : 627 CALORIES 12 g GLUCIDES 63 g PROTÉINES
36 g LIPIDES 1,1 g FIBRES

BROCHETTES DE CREVETTES CAJUN

(POUR 4 PERSONNES)

2	gousses d'ail blanchies, épluchées et en purée	2
2 mL	poivre de Cayenne	½ c. à t.
2 mL	poivre noir	½ c. à t.
2 mL	poivre blanc	½ c. à t.
2 mL	thym	½ c. à t.
5 mL	origan	1 c. à t.
45 mL	beurre fondu	3 c. à s.
50 mL	bouillon de crevettes (page 374)	¼ tasse
625 g	crevettes, décortiquées et nettoyées	1¼ lb
1	citron, en fines rondelles	1

■ Bien mélanger ail, épices, aromates et beurre fondu dans un petit bol. Mettre de côté.

■ Verser le bouillon de crevettes dans un bol. Ajouter le mélange aux épices et aromates et les crevettes. Bien mélanger et laisser mariner 15 minutes.

■ Préchauffer le gril à feu vif.

■ Sur des brochettes enfiler, en alternant, crevettes et rondelles de citron. Badigeonner les brochettes de marinade.

■ Huiler la grille. Placer les brochettes sur la grille chaude et cuire 3 minutes. Retourner les brochettes et cuire 2 minutes. Badigeonner de marinade durant la cuisson.

1 PORTION : 247 CALORIES 2 g GLUCIDES 37 g PROTÉINES
10 g LIPIDES 0 g FIBRES

COQUILLES D'AUBERGINE ET DE CRABE AU GRATIN

(POUR 4 À 6 PERSONNES)

2	aubergines	2
30 mL	beurre	2 c. à s.
1	oignon, finement haché	1
1	poivron jaune, haché	1
30 mL	piment jalapeño, haché	2 c. à s.
2	gousses d'ail, épluchées, écrasées et hachées	2
1 mL	poivre de Cayenne	1/4 c. à t.
1 mL	poivre noir	1/4 c. à t.
2 mL	graines de fenouil	1/2 c. à t.
200 g	chair de crabe, décongelée	7 oz
125 mL	fromage parmesan râpé	1/2 tasse
	sel et poivre	

■ Couper les aubergines en deux, en long, et les saupoudrer de sel. Laisser reposer 30 minutes à la température ambiante. Rincer à l'eau froide pour retirer le sel et le jus.

■ Préchauffer le four à 200 °C (400 °F).

■ Éponger les demi-aubergines et les placer dans un plat à rôtir, la chair vers le haut. Mettre au four et cuire 30 minutes. Retirer les aubergines du four. À l'aide d'une cuillère, retirer la chair et la mettre de côté.

■ Faire chauffer le beurre dans une poêle en fonte, à feu moyen. Ajouter oignon, poivron, piment et ail. Mélanger et cuire 3 minutes.

■ Ajouter les épices, mélanger et cuire 2 minutes. Incorporer la chair des aubergines. Saler, poivrer et cuire 6 à 7 minutes.

■ Ajouter la chair de crabe bien égouttée et mélanger. Saler, poivrer au goût. Ajouter 45 mL (3 c. à s.) de fromage, mélanger et cuire 4 minutes, à feu doux.

■ Répartir le mélange dans des coquilles. Parsemer du reste de fromage. Mettre au four à 180 °C (350 °F) et cuire 8 minutes.

1 PORTION : 141 CALORIES 6 g GLUCIDES 11 g PROTÉINES 8 g LIPIDES 1,5 g FIBRES

À l'aide d'une cuillère, retirer la chair des aubergines cuites.

Faire cuire oignon, poivron, piment et ail dans le beurre chaud.

Ajouter les épices, mélanger et cuire 2 minutes.

Incorporer la chair des aubergines. Saler, poivrer et cuire 6 à 7 minutes.

Ajouter la chair de crabe. Saler, poivrer au goût.

Ajouter 45 mL (3 c. à s.) de fromage parmesan.

CHILI AUX CUBES DE VIANDE

(POUR 4 À 6 PERSONNES)

Première étape

625 mL	haricots rouges secs	2½ tasses
1,2 kg	palette de bœuf désossée, en cubes de 1,2 cm (½ po)	2½ lb
1	branche de céleri, en cubes	1
1	oignon, en cubes	1
1	feuille de laurier	1
2	clous de girofle	2
	sel et poivre	

Deuxième étape

1 mL	clou de girofle moulu	¼ c. à t.
2 mL	graines de céleri	½ c. à t.
5 mL	basilic	1 c. à t.
2 mL	cumin	½ c. à t.
40 mL	chili en poudre	2½ c. à s.
1 mL	poivre de Cayenne	¼ c. à t.
1 mL	thym	¼ c. à t.
15 mL	origan	1 c. à s.
5 mL	poivre noir	1 c. à t.
½	piment jalapeño, haché	½
25 mL	huile d'olive	1½ c. à s.
1	gros oignon, haché	1
3	gousses d'ail, épluchées, écrasées et hachées	3
3	carottes, épluchées et émincées	3
1	poivron jaune, en cubes moyens	1
1	poivron rouge, en cubes moyens	1
30 mL	farine	2 c. à s.
796 mL	tomates en conserve, égouttées et hachées	28 oz
500 mL	bouillon de bœuf, chaud	2 tasses
	sel	

■ Faire tremper les haricots dans l'eau froide pendant 8 heures. Égoutter et mettre de côté.

■ Mettre la viande dans une grande casserole. Ajouter les haricots. Recouvrir d'eau froide pour dépasser les ingrédients de 2,5 cm (1 po). Porter à ébullition, à feu vif, et écumer.

■ Jeter l'eau de la casserole. Remettre assez d'eau froide dans la casserole pour couvrir les ingrédients de 2,5 cm (1 po). Ajouter céleri, oignon, feuille de laurier et clous de girofle. Saler, poivrer. Couvrir partiellement et porter à ébullition. Cuire 1 heure 30 minutes, à feu moyen.

■ Mélanger épices, aromates et piment jalapeño dans un bol. Mettre de côté.

■ Faire chauffer l'huile dans une grande casserole, à feu moyen. Ajouter oignon et ail. Cuire 3 minutes, à feu doux. Ajouter carottes et poivrons. Bien mélanger.

■ Ajouter le mélange aux épices et aromates, et bien mélanger (très important). Cuire 5 minutes, à feu moyen. Saupoudrer de farine, bien mélanger et cuire 3 minutes, à feu doux.

■ Incorporer tomates et bouillon de bœuf. Saler et remuer. Couvrir partiellement et cuire 40 minutes, à feu doux.

■ Lorsque la viande est cuite, égoutter viande et haricots. Réserver 125 mL (½ tasse) du liquide de cuisson.

■ Ajouter viande et haricots au mélange de légumes. Ajouter le liquide de cuisson réservé et bien mélanger. Couvrir partiellement et cuire 20 minutes, à feu doux. Si désiré, servir avec de la crème sure et du fromage cheddar râpé.

1 PORTION : 597 CALORIES 39 g GLUCIDES 65 g PROTÉINES 20 g LIPIDES 11,8 g FIBRES

Chili aux cubes de viande

POULET RÔTI FARCI

(POUR 4 PERSONNES)

3	échalotes sèches, entières, épluchées	3
50 mL	vinaigre de vin	1/4 tasse
50 mL	eau	1/4 tasse
1	foie de poulet, nettoyé	1
3	échalotes sèches, épluchées et hachées	3
1 mL	thym	1/4 c. à t.
15 mL	persil frais haché	1 c. à s.
2 mL	sauge	1/2 c. à t.
5 mL	basilic	1 c. à t.
1 mL	poivre noir	1/4 c. à t.
5	tranches de pain français, écroûtées, trempées dans le bouillon de poulet	5
1,6 à 1,8 kg	poulet frais, nettoyé	3 1/2 à 4 lb
60 mL	beurre fondu	4 c. à s.
	jus de citron	
	sel et poivre	

■ Mettre les échalotes entières dans un petit bol. Ajouter vinaigre et eau. Mélanger et laisser reposer 12 minutes.

■ Préchauffer le four à 200 °C (400 °F).

■ Hacher le foie du poulet et le mettre dans un bol. Ajouter échalotes hachées, épices et aromates. Saler et bien mélanger. Presser le pain pour en extraire le liquide. Ajouter le pain à la farce. Bien mélanger et mettre la farce de côté.

■ Saler, poivrer la cavité du poulet et le farcir. Ficeler le poulet et le placer dans un plat à rôtir. Badigeonner de beurre fondu et arroser de jus de citron. Saler, poivrer et mettre au four. Cuire 30 minutes.

■ Réduire le four à 190 °C (375 °F) et continuer la cuisson du poulet pendant 1 heure. Durant la cuisson, badigeonner 3 à 4 fois le poulet du mélange au vinaigre.

■ Dès que le poulet est cuit, le retirer du four. Couper et servir avec la Sauce piquante pour volaille (page 378).

1 PORTION : 638 CALORIES 30 g GLUCIDES 66 g PROTÉINES 28 g LIPIDES 1,4 g FIBRES

SAUCE CAJUN PASSE-PARTOUT

(POUR 6 À 8 PERSONNES)

45 mL	huile d'olive	3 c. à s.
2	gousses d'ail, épluchées, écrasées et hachées	2
1	oignon, haché	1
1/4	branche de céleri, en dés	1/4
2	échalotes sèches, épluchées et hachées	2
2	poivrons verts, hachés	2
60 mL	farine	4 c. à s.
750 mL	bouillon de bœuf, chaud	3 tasses
1 mL	poivre	1/4 c. à t.
1 mL	poivre de Cayenne	1/4 c. à t.
1 mL	thym	1/4 c. à t.
5 mL	pâte de tomates	1 c. à t.
	sel	

■ Faire chauffer l'huile dans une casserole, à feu moyen. Ajouter ail et légumes. Cuire 7 minutes, à feu doux, en mélangeant de temps à autre.

■ Incorporer la farine et cuire 7 minutes, à feu doux, pour bien dorer la farine.

■ Incorporer le bouillon de bœuf au fouet. Ajouter épices, aromates et pâte de tomates. Saler et cuire 18 minutes, à feu doux, en remuant de temps à autre.

■ Passer la sauce à travers une fine passoire.

■ Cette sauce accompagne bien le poulet, le bœuf ou les saucisses.

1 PORTION :	93 CALORIES	9 g GLUCIDES	1 g PROTÉINES
	6 g LIPIDES	1,0 g FIBRES	

BEURRE CAJUN

(POUR 8 À 10 PORTIONS)

1 mL	poivre noir	1/4 c. à t.
1 mL	poivre blanc	1/4 c. à t.
1 mL	sauge	1/4 c. à t.
5 mL	piment jalapeño haché	1 c. à t.
2	gousses d'ail blanchies, épluchées et en purée	2
250 g	beurre non salé, mou	1/2 lb
	pincée de poivre de Cayenne	
	jus de 1/2 citron	
	sel	

■ Bien mélanger épices, aromates, piment et ail dans un petit bol. Incorporer le beurre. Saler au goût et arroser de jus de citron. Mélanger.

■ Placer le beurre cajun sur une double feuille de papier d'aluminium. Rouler et sceller les extrémités. Congeler. Utiliser au besoin.

1 PORTION :	206 CALORIES	0 g GLUCIDES	0 g PROTÉINES
	23 g LIPIDES	0 g FIBRES	

CREVETTES POIVRÉES

(POUR 4 PERSONNES)

2	gousses d'ail, épluchées et en purée	2
2 mL	poivre de Cayenne	½ c. à t.
2 mL	poivre noir	½ c. à t.
2 mL	poivre blanc	½ c. à t.
2 mL	thym	½ c. à t.
5 mL	origan	1 c. à t.
30 mL	beurre	2 c. à s.
375 g	champignons frais, nettoyés et coupés en 3	¾ lb
2	oignons verts, hachés	2
750 g	crevettes fraîches, décortiquées et nettoyées	1½ lb
75 mL	bouillon de crevettes (page 374)	⅓ tasse
30 mL	beurre manié (page 155)	2 c. à s.
	sel	

■ Broyer ail, épices et aromates dans un mortier.

■ Faire chauffer le beurre dans une poêle en fonte, à feu moyen. Ajouter le mélange aux épices et aromates et cuire 1 minute.

■ Ajouter champignons et oignons verts. Saler, mélanger et cuire 4 minutes.

■ Ajouter les crevettes et cuire 3 minutes. Mélanger 1 fois durant la cuisson. Enlever les crevettes de la poêle et les mettre de côté.

■ Remettre la poêle à feu vif et y verser le bouillon de crevettes. Porter à ébullition et cuire 2 minutes. Incorporer le beurre manié au fouet.

■ Remettre les crevettes dans la poêle et cuire 1 minute, à feu doux. Servir sur du riz.

1 PORTION :	340 CALORIES	7 g GLUCIDES	47 g PROTÉINES
	14 g LIPIDES	2,6 g FIBRES	

1

Broyer ail, épices et aromates dans un mortier.

2

Faire cuire le mélange aux épices et aromates dans le beurre chaud.

3

Ajouter champignons et oignons verts. Cuire 4 minutes.

Ajouter les crevettes et cuire 3 minutes.

Retirer les crevettes. Verser le bouillon de crevettes dans la poêle et porter à ébullition.

Incorporer le beurre manié au fouet.

ESCALOPES DE VEAU PANÉES

(POUR 4 PERSONNES)

4	escalopes de veau moyennes	4
2 mL	poivre blanc	½ c. à t.
1 mL	paprika	¼ c. à t.
5 mL	persil finement haché	1 c. à t.
2	gousses d'ail, blanchies, épluchées et en purée	2
125 mL	farine	½ tasse
2	œufs, battus	2
50 mL	crème à 15%	¼ tasse
30 mL	beurre	2 c. à s.
15 mL	huile d'olive	1 c. à s.
	chapelure	
	sel	

■ Placer chaque escalope entre deux feuilles de papier ciré et aplatir au maillet.

■ Mélanger épices, persil et ail dans un petit bol. Étaler la moitié du mélange sur un côté des escalopes.

■ Incorporer le reste du mélange aux épices à la farine. Passer les escalopes dans la farine.

■ Mélanger œufs battus et crème. Tremper les escalopes dans le mélange et bien les enrober de chapelure. Saler.

■ Faire chauffer beurre et huile dans une poêle à frire, à feu moyen. Ajouter les escalopes et cuire 2 minutes de chaque côté. Servir.

1 PORTION : 417 CALORIES 17 g GLUCIDES 26 g PROTÉINES 27 g LIPIDES 0 g FIBRES

ESCALOPES DE PORC FARCIES AU FROMAGE

(POUR 4 PERSONNES)

1 mL	moutarde en poudre	¼ c. à t.
1 mL	poivre noir	¼ c. à t.
2 mL	origan moulu	½ c. à t.
1 mL	thym moulu	¼ c. à t.
1 mL	gingembre moulu	¼ c. à t.
1 mL	poivre de Cayenne	¼ c. à t.
8	grandes escalopes de porc, de 0,65 cm (¼ po) d'épaisseur	8
4	tranches de prosciutto	4
4	tranches de fromage havarti	4
1	œuf, battu	1
375 mL	chapelure	1½ tasse
30 mL	huile d'olive	2 c. à s.
	sel	

■ Préchauffer le four à 180 °C (350 °F).

■ Mélanger épices et aromates dans un petit bol. Mettre de côté.

■ Placer chaque escalope entre deux feuilles de papier ciré et aplatir au maillet.

■ Assaisonner les escalopes du mélange aux épices et aromates. Placer une tranche de prosciutto sur quatre escalopes et ajouter une tranche de fromage, sans la faire dépasser des côtés de la viande.

■ Placer une escalope sur le tout. À l'aide d'un maillet, aplatir les côtés. Saler.

■ Tremper chaque escalope farcie dans l'œuf battu et bien enrober de chapelure.

■ Faire chauffer l'huile dans une poêle à frire allant au four, à feu moyen. Ajouter les escalopes farcies et cuire 3 minutes de chaque côté. Puis, placer le tout au four et prolonger la cuisson de 8 à 10 minutes.

■ Retirer et servir avec des légumes frais.

1 PORTION : 540 CALORIES 25 g GLUCIDES 38 g PROTÉINES 32 g LIPIDES 1,0 g FIBRES

HAMBURGERS CAJUN

(POUR 4 PERSONNES)

750 g	bœuf maigre haché	1½ lb
1	œuf	1
1	gros oignon, haché, cuit	1
2	gousses d'ail, épluchées, écrasées et hachées	2
5 mL	moutarde forte	1 c. à t.
5 mL	sauce Worcestershire	1 c. à t.
2 mL	poivre noir	½ c. à t.
2 mL	poivre de Cayenne	½ c. à t.
2 mL	poivre blanc	½ c. à t.
2 mL	paprika	½ c. à t.
5 mL	origan	1 c. à t.
30 mL	huile d'olive	2 c. à s.
375 mL	bouillon de bœuf, chaud	1½ tasse
15 mL	fécule de maïs	1 c. à s.
45 mL	eau froide	3 c. à s.
	sel	

■ Mettre la viande dans un mixer. Ajouter œuf, oignon cuit, ail, moutarde et sauce Worcestershire. Saler. Mélanger quelques minutes pour bien incorporer.

■ Retirer le mélange et former 4 grosses galettes. Mettre de côté.

■ Mélanger épices et aromates dans un bol. Mettre de côté.

■ Faire chauffer une poêle en fonte, à feu moyen. Verser l'huile dans la poêle chaude. Ajouter le mélange aux épices et aromates et cuire 1 minute.

■ Ajouter les galettes et cuire 8 minutes. Retourner 3 à 4 fois durant la cuisson.

■ Retirer les galettes cuites de la poêle. Garder chaud au four.

■ Verser le bouillon de bœuf dans la poêle chaude. Faire bouillir 3 à 4 minutes.

■ Délayer la fécule de maïs dans l'eau froide. Incorporer au liquide et cuire 1 minute. Verser la sauce sur les hamburgers chauds. Accompagner de pommes de terre.

1 PORTION : 400 CALORIES 5 g GLUCIDES 41 g PROTÉINES 24 g LIPIDES 0 g FIBRES

Mettre la viande dans un mixer. Ajouter œuf, oignon, ail, moutarde et sauce Worcestershire. Saler et mélanger.

Former 4 grosses galettes.

Faire cuire épices et aromates dans l'huile chaude.

Ajouter les galettes et cuire 8 minutes. Retourner 3 à 4 fois durant la cuisson.

Verser le bouillon de bœuf dans la poêle chaude.

Incorporer la fécule de maïs.

PÉTONCLES NOIRCIS

(POUR 4 PERSONNES)

5 mL	paprika	1 c. à t.
5 mL	poivre noir	1 c. à t.
5 mL	poivre blanc	1 c. à t.
2 mL	poivre de Cayenne	1/2 c. à t.
5 mL	origan	1 c. à t.
5 mL	romarin	1 c. à t.
15 mL	huile d'olive	1 c. à s.
1	poivron vert, en dés	1
1	poivron jaune, en dés	1
1	échalote sèche, épluchée et hachée	1
500 g	pétoncles	1 lb
4	petites portions de pâtes cuites, chaudes	4
	pincée de thym	
	sel	

■ Mélanger paprika, poivres, origan, romarin, thym et huile dans un petit bol. Mettre de côté.

■ Faire chauffer, à feu vif, une poêle en fonte. Verser le mélange aux épices et aromates dans la poêle chaude, et cuire 1 minute en mélangeant constamment.

■ Ajouter poivrons et échalote, mélanger et cuire 2 minutes, à feu vif.

■ Ajouter les pétoncles. Bien mélanger et cuire 3 minutes, à feu vif. Mélanger 1 fois durant la cuisson. Saler.

■ Servir sur les pâtes chaudes. Si désiré, arroser de jus de citron.

1 PORTION : 336 CALORIES 42 g GLUCIDES 31 g PROTÉINES
5 g LIPIDES 0 g FIBRES

RAMEQUINS D'ŒUFS AUX CHAMPIGNONS

(POUR 4 PERSONNES)

45 mL	beurre fondu	3 c. à s.
250 g	champignons, nettoyés et en dés	½ lb
15 mL	persil frais haché	1 c. à s.
1	échalote sèche, épluchée et finement hachée	1
30 mL	vin blanc sec	2 c. à s.
4	gros œufs	4
	sel et poivre	

■ Préchauffer le four à 160 °C (325 °F). Préparer 4 ramequins.

■ Faire chauffer 30 mL (2 c. à s.) de beurre dans une poêle en téflon. Ajouter champignons, persil et échalote; saler, poivrer. Cuire 3 minutes, à feu vif.

■ Incorporer le vin et continuer la cuisson 2 minutes. Mettre de côté.

■ Partager le reste du beurre fondu entre les 4 ramequins. Diviser la moitié du mélange de champignons entre les ramequins.

■ Casser 1 œuf dans chaque ramequin et recouvrir du reste du mélange aux champignons. Cuire 10 à 15 minutes, au four.

1 PORTION : 189 CALORIES 6 g GLUCIDES 8 g PROTÉINES 14 g LIPIDES 1,7 g FIBRES

ŒUFS EN SURPRISE

(POUR 4 PERSONNES)

30 mL	beurre	2 c. à s.
15 mL	farine	1 c. à s.
250 mL	lait chaud	1 tasse
8	gros œufs	8
125 mL	fromage gruyère râpé	½ tasse
	pincée de muscade	
	sel et poivre	

■ Préchauffer le four à 190 °C (375 °F). Beurrer un grand plat à gratin avec la moitié du beurre. Mettre de côté.

■ Faire chauffer le reste du beurre dans une casserole, à feu moyen. Ajouter la farine et mélanger. Cuire 1 minute, à feu doux.

■ Incorporer le lait; saler, poivrer. Saupoudrer de muscade. Cuire 8 à 10 minutes, à feu doux, en remuant de temps à autre. Mettre de côté.

■ Séparer les œufs.

■ Battre les blancs d'œufs fermement et les incorporer, en pliant, à la sauce blanche. Verser le mélange dans le plat à gratin beurré.

■ Avec le dos d'une cuillère, former 8 petites cavités dans le mélange. Déposer délicatement un jaune d'œuf dans chaque cavité.

■ Saupoudrer de fromage. Cuire 10 à 15 minutes, au four.

1 PORTION : 295 CALORIES 7 g GLUCIDES 18 g PROTÉINES
22 g LIPIDES 0 g FIBRES

ŒUFS ET TOMATES AU PLAT

(POUR 4 PERSONNES)

30 mL	huile d'olive	2 c. à s.
2	tomates, pelées et en dés	2
1	petite gousse d'ail, épluchée, écrasée et hachée	1
5 mL	persil frais haché	1 c. à t.
4	gros œufs	4
	pincée d'origan	
	sel et poivre	

■ Faire chauffer, à feu vif, la moitié de l'huile dans une poêle à frire en téflon. Ajouter tomates, ail, persil et origan. Saler, poivrer et cuire 7 à 8 minutes, à feu moyen. Verser le mélange dans un plat de service et garder chaud.

■ Faire chauffer le reste de l'huile dans la poêle à frire, à feu moyen-vif. Casser les œufs dans la poêle et assaisonner au goût. Couvrir et cuire 3 à 4 minutes jusqu'à ce que les blancs d'œufs soient pris.

■ Glisser les œufs sur le mélange aux tomates. Servir.

1 PORTION : 155 CALORIES 3 g GLUCIDES 7 g PROTÉINES
13 g LIPIDES 1,0 g FIBRES

ŒUFS FARCIS AU SAFRAN

(POUR 4 PERSONNES)

8	œufs durs	8
250 mL	sauce blanche épaisse, chaude	1 tasse
1 mL	safran	¼ c. à t.
15 mL	persil frais haché	1 c. à s.
60 mL	chapelure	4 c. à s.
30 mL	beurre fondu	2 c. à s.
	sel et poivre	

■ Préchauffer le four à 190 °C (375 °F).

■ Couper les œufs en deux, en long, et retirer délicatement le jaune. Placer les blancs dans un plat à gratin. Mettre de côté.

■ Forcer les jaunes à travers une passoire fine et mettre dans un bol. Ajouter la sauce blanche et bien mélanger. Ajouter safran et persil. Saler, poivrer et mélanger de nouveau.

■ À l'aide d'une cuillère, remplir les blancs d'œufs du mélange. Parsemer de chapelure et arroser de quelques gouttes de beurre fondu.

■ Cuire 5 minutes, au four. Si désiré, accompagner de pain français.

1 PORTION : 358 CALORIES 12 g GLUCIDES 15 g PROTÉINES
28 g LIPIDES 0 g FIBRES

OMELETTE SOUFFLÉE AUX CHAMPIGNONS

(POUR 2 PERSONNES)

60 mL	beurre	4 c. à s.
125 g	champignons frais, nettoyés et émincés	¼ lb
15 mL	persil frais haché	1 c. à s.
5 mL	jus de citron	1 c. à t.
4	gros œufs, séparés	4
75 mL	crème à 15%	⅓ tasse
	sel et poivre	

■ Faire fondre la moitié du beurre dans une poêle à frire, à feu moyen. Ajouter les champignons, saler, poivrer et cuire 5 minutes, à feu vif. Parsemer de persil et arroser de jus de citron; bien mélanger et mettre de côté.

■ Mettre jaunes d'œufs et crème dans un bol; fouetter et mettre de côté. Dans un second bol, battre les blancs d'œufs jusqu'à l'obtention de pics légers. Puis, à l'aide d'une spatule, plier les blancs dans les jaunes d'œufs.

■ Faire chauffer le reste du beurre dans une poêle en téflon, à feu vif. Verser les œufs dans le beurre chaud et cuire 1 minute. Secouer la poêle et remuer les œufs pour aider la cuisson.

■ Lorsque les œufs commencent à prendre, recouvrir l'omelette de champignons sautés et continuer la cuisson 1 minute.

■ Pencher la poêle à un angle de 45 ° et, à l'aide d'une spatule, replier l'omelette sur elle-même. Placer une assiette sur le bord de la poêle et renverser l'omelette sur l'assiette. Servir.

1 PORTION : 444 CALORIES 6 g GLUCIDES 15 g PROTÉINES
40 g LIPIDES 1,7 g FIBRES

ŒUFS BROUILLÉS MAGDA

(POUR 4 PERSONNES)

8	gros œufs, battus	8
15 mL	persil frais haché	1 c. à s.
5 mL	ciboulette fraîche hachée	1 c. à t.
125 mL	fromage gruyère râpé	½ tasse
15 mL	moutarde forte	1 c. à s.
30 mL	beurre	2 c. à s.
	sel et poivre	

■ Mettre œufs, épices, fromage et moutarde dans un bol; bien mélanger.

■ Faire chauffer le beurre dans une poêle à frire en téflon, à feu moyen-vif.

■ Verser les œufs battus dans le beurre chaud et cuire 1 minute. Saler, poivrer; mélanger rapidement et cuire 1 minute. Mélanger rapidement et continuer la cuisson jusqu'à ce que le dessus des œufs soit mœlleux.

■ Accompagner de croûtons et de rondelles d'orange, si désiré.

1 PORTION : 245 CALORIES 1 g GLUCIDES 15 g PROTÉINES
20 g LIPIDES 0 g FIBRES

GOURMANDISE AUX CREVETTES

(POUR 10 PERSONNES)

750 g	crevettes cuites, décortiquées et nettoyées	1 1/2 lb
8	gousses d'ail, blanchies et épluchées	8
2	échalotes sèches, épluchées et hachées	2
30 mL	persil frais haché	2 c. à s.
1 mL	paprika	1/4 c. à t.
5 mL	sauce Worcestershire	1 c. à t.
125 g	beurre mou	1/4 lb
	jus de 1 citron	
	pincée de poivre de Cayenne	
	sel et poivre	

■ Mettre tous les ingrédients dans le bol du robot culinaire et mélanger 1 minute. Corriger l'assaisonnement.

■ Verser le mélange dans un bol et réfrigérer 1 heure.

■ Étaler la pâte de crevettes sur du pain grillé et servir avec l'apéritif.

1 PORTION : 185 CALORIES 3 g GLUCIDES 19 g PROTÉINES
11 g LIPIDES 0 g FIBRES

Choisir des belles crevettes fraîches.

Mettre les crevettes dans une casserole. Ajouter l'eau froide et quelques rondelles de citron.

Porter à ébullition. Retirer la casserole du feu. Laisser reposer les crevettes 3 minutes.

Décortiquer les crevettes cuites.

Enlever la veine noire qui se trouve le long du dos.

Mettre tous les ingrédients dans le bol du robot culinaire et mélanger 1 minute.

Boulettes de viande maison en sauce

BOULETTES DE VIANDE MAISON EN SAUCE

(POUR 6 PERSONNES)

15 mL	huile d'olive	1 c. à s.
1	oignon, haché	1
1	branche de céleri, en dés	1
1/2	petit piment fort, haché	1/2
2	gousses d'ail, épluchées, écrasées et hachées	2
796 mL	tomates en conserve, égouttées et hachées	28 oz
2 mL	origan	1/2 c. à t.
2 mL	basilic	1/2 c. à t.
15 mL	persil frais haché	1 c. à s.
156 mL	pâte de tomates en conserve	5 1/2 oz
125 mL	bouillon de bœuf léger, chaud	1/2 tasse
250 g	bœuf maigre haché	1/2 lb
250 g	veau maigre haché	1/2 lb
1 mL	chili, en poudre	1/4 c. à t.
1	blanc d'œuf battu	1
1	oignon finement haché et blanchi	1
15 mL	huile de tournesol	1 c. à s.
	pincée de cassonade	
	sel et poivre	

■ Faire chauffer l'huile d'olive dans une casserole, à feu moyen. Ajouter oignon, céleri, piment fort et ail; couvrir et cuire 4 à 5 minutes, à feu moyen-doux.

■ Incorporer tomates, cassonade, origan, basilic, persil, pâte de tomates et bouillon de bœuf. Saler, poivrer et porter à ébullition; continuer la cuisson 25 minutes, sans couvrir.

■ Entre-temps, mettre la viande dans le bol du robot culinaire. Ajouter le chili en poudre et poivrer. Mélanger 15 secondes.

■ Ajouter blanc d'œuf et oignon blanchi. Mélanger jusqu'à ce que la viande forme une boule. Former des boulettes de 2,5 cm (1 po) de diamètre.

■ Faire chauffer l'huile de tournesol dans une poêle en téflon, à feu moyen-vif. Ajouter les boulettes; cuire 7 à 9 minutes ou selon la grosseur. Retourner les boulettes pour les brunir uniformément. Saler, poivrer.

■ Jeter le surplus de graisse de la poêle et verser la sauce tomate sur les boulettes. Laisser mijoter 5 minutes. Servir sur des pâtes chaudes.

1 PORTION : 291 CALORIES 14 g GLUCIDES 17 g PROTÉINES 11 g LIPIDES 1,6 g FIBRES

POULET AUX CŒURS D'ARTICHAUT

(POUR 4 PERSONNES)

15 mL	beurre	1 c. à s.
4	demi-poitrines de poulet, sans peau et désossées	4
15 mL	huile d'olive	1 c. à s.
4	cœurs d'artichaut, coupés en 3	4
250 g	champignons, nettoyés et coupés en 3	½ lb
1	échalote sèche, épluchée et hachée	1
45 mL	cognac	3 c. à s.
375 mL	bouillon de poulet, chaud	1½ tasse
15 mL	fécule de maïs	1 c. à s.
45 mL	eau froide	3 c. à s.
30 mL	crème à 35%	2 c. à s.
5 mL	persil frais haché	1 c. à t.
	sel et poivre	

■ Faire chauffer le beurre dans une sauteuse, à feu moyen. Ajouter le poulet et saler, poivrer. Couvrir et cuire, à feu très doux, 5 minutes de chaque côté.

■ Faire chauffer l'huile dans une poêle à frire. Ajouter cœurs d'artichaut, champignons et échalote. Saler, poivrer, couvrir et cuire 5 minutes, à feu moyen.

■ Ajouter le cognac et cuire 2 minutes, à feu vif sans couvrir.

■ Incorporer le bouillon de poulet, corriger l'assaisonnement et cuire 5 minutes, à feu doux.

■ Délayer la fécule de maïs dans l'eau froide. Incorporer à la sauce. Ajouter la crème, remuer et laisser mijoter 1 minute.

■ Remettre le poulet dans la sauce et laisser mijoter 3 minutes. Parsemer de persil et servir.

1 PORTION : 297 CALORIES 12 g GLUCIDES 30 g PROTÉINES
12 g LIPIDES 1,6 g FIBRES

Faire cuire le poulet dans le beurre chaud.

Faire chauffer l'huile dans une poêle à frire. Ajouter cœurs d'artichaut, champignons et échalote. Saler, poivrer, couvrir et cuire 5 minutes.

Ajouter le cognac et cuire 2 minutes, à feu vif.

4

Incorporer le bouillon de poulet. Corriger l'assaisonnement et cuire à feu doux.

5

Ajouter la fécule de maïs délayée. Incorporer la crème. Laisser mijoter.

6

Remettre le poulet dans la sauce et laisser mijoter.

POITRINES DE POULET GARNIES AUX OIGNONS

(POUR 4 PERSONNES)

25 mL	huile d'olive	1½ c. à s.
2	oignons, épluchés et émincés	2
4	demi-poitrines de poulet, sans peau et désossées	4
5 mL	sauce tériyaki	1 c. à t.
125 mL	fromage gruyère râpé	½ tasse
	jus de 1 citron	
	sel et poivre	

■ Faire chauffer la moitié de l'huile dans une poêle à frire, à feu moyen. Ajouter les oignons et cuire 15 minutes, en mélangeant de temps à autre. Saler, poivrer durant la cuisson. Il est important de bien faire dorer les oignons. Retirer les oignons de la poêle à frire et mettre de côté.

■ Faire chauffer le reste de l'huile dans la poêle à frire chaude. Ajouter les poitrines de poulet. Saler, poivrer et cuire, à feu moyen, 5 minutes de chaque côté.

■ Ajouter sauce tériyaki et jus de citron. Cuire 1 minute.

■ Placer les poitrines de poulet dans un plat à gratin et les recouvrir d'oignons frits. Parsemer de fromage.

■ Dorer 3 minutes au four, à GRIL.

1 PORTION : 245 CALORIES 4 g GLUCIDES 30 g PROTÉINES
12 g LIPIDES 0 g FIBRES

AILERONS DE POULET AU SAFRAN

(POUR 4 PERSONNES)

30 mL	huile d'olive	2 c. à s.
900 g	ailerons de poulet	2 lb
1	gros oignon, haché	1
2	gousses d'ail, épluchées, écrasées et hachées	2
1	poivron rouge, émincé	1
375 mL	tomates hachées	1 ½ tasse
30 mL	pâte de tomates	2 c. à s.
2 mL	safran	½ c. à t.
2 mL	basilic	½ c. à t.
250 mL	bouillon de poulet, chaud	1 tasse
	pincée de piments rouges séchés broyés	
	sel et poivre	

■ Préchauffer le four à 180 °C (350 °F).

■ Faire chauffer l'huile dans une sauteuse allant au four, à feu moyen. Ajouter les ailerons de poulet. Saler, poivrer et cuire 6 minutes de chaque côté. Retirer et mettre de côté.

■ Mettre oignon et ail dans la sauteuse chaude et cuire 4 minutes, à feu moyen. Ajouter poivron, tomates et pâte de tomates. Saler, poivrer, bien mélanger et ajouter safran et basilic. Mélanger de nouveau et cuire 5 à 6 minutes, à feu moyen.

■ Ajouter bouillon de poulet, ailerons de poulet et piments broyés. Mélanger, couvrir et mettre au four. Cuire 18 à 20 minutes.

1 PORTION : 593 CALORIES 12 g GLUCIDES 47 g PROTÉINES 40 g LIPIDES 2,2 g FIBRES

CÔTELETTES DE PORC À LA PROVENÇALE

(POUR 4 PERSONNES)

15 mL	huile végétale	1 c. à s.
4	côtelettes de porc de 2 cm (¾ po) d'épaisseur, désossées et dégraissées	4
2	oignons verts, hachés	2
2	gousses d'ail, épluchées, écrasées et hachées	2
2	échalotes sèches, épluchées et hachées	2
796 mL	tomates en conserve, égouttées et hachées	28 oz
2 mL	origan	½ c. à t.
250 mL	bouillon de poulet, chaud	1 tasse
15 mL	pâte de tomates	1 c. à s.
	sel et poivre	

■ Faire chauffer l'huile dans une grande poêle à frire, à feu moyen. Ajouter la viande et cuire 4 à 5 minutes. Retourner les côtelettes. Saler, poivrer et continuer la cuisson 4 à 5 minutes ou selon l'épaisseur. Retirer les côtelettes de la poêle et garder au chaud.

■ Mettre oignons verts, ail et échalotes dans la poêle; cuire 2 minutes, à feu vif. Incorporer tomates et origan. Saler, poivrer et cuire 5 à 6 minutes, à feu moyen.

■ Incorporer le bouillon de poulet et cuire 3 à 4 minutes. Ajouter la pâte de tomates, remuer et cuire 3 à 4 minutes. Napper la viande de sauce. Servir.

1 PORTION : 347 CALORIES 15 g GLUCIDES 30 g PROTÉINES
19 g LIPIDES 2,4 g FIBRES

CÔTELETTES DE PORC AUX CORNICHONS

(POUR 4 PERSONNES)

15 mL	huile végétale	1 c. à s.
4	côtelettes de porc de 2 cm (3/4 po) d'épaisseur, désossées et dégraissées	4
2	oignons, émincés	2
1	branche de céleri, coupée en morceaux de 1,2 cm (1/2 po)	1
45 mL	vinaigre de vin	3 c. à s.
375 mL	bouillon ou consommé de bœuf, chaud	1 1/2 tasse
15 mL	pâte de tomates	1 c. à s.
2	gros cornichons, en julienne	2
15 mL	fécule de maïs	1 c. à s.
45 mL	eau froide	3 c. à s.
15 mL	persil frais haché	1 c. à s.
	sel et poivre	

■ Faire chauffer l'huile dans une grande poêle à frire, à feu moyen. Ajouter les côtelettes et cuire 4 à 5 minutes. Retourner la viande; saler, poivrer et cuire 4 à 5 minutes ou selon l'épaisseur. Retirer les côtelettes de la poêle et tenir chaud.

■ Mettre oignons et céleri dans la poêle à frire et cuire 7 minutes, à feu vif. Arroser de vinaigre de vin et cuire 3 minutes.

■ Ajouter bouillon de bœuf, pâte de tomates et cornichons; bien remuer. Cuire 3 à 4 minutes, à feu vif.

■ Délayer la fécule de maïs dans l'eau froide. Incorporer à la sauce et cuire 2 minutes, à feu vif. Verser la sauce sur les côtelettes, parsemer de persil et servir.

1 PORTION : 313 CALORIES 7 g GLUCIDES 29 g PROTÉINES 19 g LIPIDES 1,2 g FIBRES

AILERONS DE POULET AUX CHAMPIGNONS

(POUR 4 PERSONNES)

30 mL	huile d'olive	2 c. à s.
900 g	ailerons de poulet	2 lb
4	échalotes sèches, épluchées et hachées	4
2	gousses d'ail, épluchées, écrasées et hachées	2
250 g	champignons, nettoyés et émincés	½ lb
250 mL	vin blanc sec	1 tasse
15 mL	estragon	1 c. à s.
2 mL	origan	½ c. à t.
375 mL	tomates hachées	1½ tasse
250 mL	bouillon de poulet, chaud	1 tasse
15 mL	fécule de maïs	1 c. à s.
45 mL	eau froide	3 c. à s.
	sel et poivre	

■ Faire chauffer l'huile dans une sauteuse allant au four, à feu moyen. Ajouter les ailerons de poulet. Saler, poivrer et cuire 6 minutes de chaque côté. Retirer et mettre de côté.

■ Mettre échalotes et ail dans la sauteuse chaude. Cuire 2 minutes, à feu moyen. Ajouter les champignons. Saler, poivrer et cuire 5 minutes, à feu vif.

■ Incorporer vin et aromates et prolonger la cuisson 3 minutes.

■ Ajouter tomates et bouillon de poulet, remuer et cuire 3 minutes, à feu moyen.

■ Préchauffer le four à 180 °C (350 °F).

■ Remettre les ailerons de poulet dans la sauteuse et mélanger. Couvrir et cuire au four 18 à 20 minutes.

■ Retirer du four. Délayer la fécule de maïs dans l'eau froide. Incorporer à la sauce et bien remuer. Porter à ébullition 2 minutes. Servir.

1 PORTION : 667 CALORIES 17 g GLUCIDES 50 g PROTÉINES 40 g LIPIDES 4,1 g FIBRES

Faire cuire les ailerons de poulet dans l'huile chaude.

Retirer les ailerons et les mettre de côté.

Faire cuire échalotes et ail 2 minutes. Ajouter les champignons. Saler, poivrer et cuire 5 minutes, à feu vif.

Incorporer vin et aromates et prolonger la cuisson 3 minutes.

Ajouter tomates et bouillon de poulet, remuer et cuire 3 minutes, à feu moyen.

Remettre les ailerons de poulet dans la sauteuse.

CÔTELETTES DE VEAU DE SAVOIE

(POUR 4 PERSONNES)

30 mL	beurre	2 c. à s.
4	côtelettes de veau de 2 cm (3/4 po) d'épaisseur, dégraissées	4
50 mL	vermouth sec	1/4 tasse
4	tranches de jambon Forêt Noire	4
375 mL	sauce blanche, chaude	1 1/2 tasse
250 mL	fromage gruyère râpé	1 tasse
	pincée de paprika	
	sel et poivre	

■ Faire chauffer le beurre dans une grande poêle à frire, à feu moyen. Ajouter les côtelettes et cuire 4 à 5 minutes. Retourner les côtelettes, saler, poivrer et continuer la cuisson 4 à 5 minutes ou selon l'épaisseur.

■ Transférer les côtelettes cuites dans un plat à gratin. Verser le vermouth dans la poêle chaude et cuire 1 minute, à feu vif. Verser le vermouth sur la viande. Placer une tranche de jambon sur chaque côtelette, napper de sauce blanche et couronner de fromage. Saler, poivrer et saupoudrer de paprika.

■ Griller 3 minutes au four, à GRIL. Servir.

1 PORTION : 627 CALORIES 8 g GLUCIDES 57 g PROTÉINES
39 g LIPIDES 0 g FIBRES

CÔTELETTES DE PORC À LA MOUTARDE

(POUR 4 PERSONNES)

15 mL	huile	1 c. à s.
4	côtelettes de porc de 2 cm (3/4 po) d'épaisseur, désossées et dégraissées	4
25 mL	moutarde forte	1 1/2 c. à s.
30 mL	chapelure	2 c. à s.
	sel et poivre	

■ Faire chauffer l'huile dans une grande poêle à frire, à feu moyen. Ajouter les côtelettes et cuire 4 à 5 minutes. Retourner les côtelettes. Saler, poivrer et cuire 4 à 5 minutes, ou selon l'épaisseur.

■ Préchauffer le gril du four.

■ Étaler la moutarde sur un côté des côtelettes et saupoudrer de chapelure. Griller 3 à 4 minutes au four.

1 PORTION : 293 CALORIES 2 g GLUCIDES 28 g PROTÉINES 19 g LIPIDES 0 g FIBRES

POULET AUX TOMATES ET CHAMPIGNONS

(POUR 4 PERSONNES)

125 mL	farine	½ tasse
1,6 kg	poulet, nettoyé et coupé en 8 morceaux	3½ lb
30 mL	beurre	2 c. à s.
500 g	champignons frais, nettoyés et coupés en 2	1 lb
15 mL	huile	1 c. à s.
1	gros oignon, en cubes	1
796 mL	tomates en conserve, égouttées et hachées	28 oz
15 mL	cari	1 c. à s.
2 mL	origan	½ c. à t.
	sel et poivre	
	paprika	
	quelques gouttes de sauce tabasco	

■ Mélanger farine, sel, poivre et paprika. Enrober les morceaux de poulet du mélange de farine.

■ Faire chauffer le beurre dans une sauteuse, à feu moyen. Ajouter le poulet et cuire 15 minutes, en le retournant 2 fois durant la cuisson.

■ Ajouter les champignons. Saler, poivrer et cuire 10 à 12 minutes.

■ Entre-temps, faire chauffer l'huile dans une poêle à frire, à feu vif. Ajouter l'oignon et cuire 4 minutes. Ajouter tomates, épices, aromates et sauce tabasco; cuire 8 à 10 minutes, à feu moyen.

■ Verser le mélange aux tomates sur le poulet et servir.

1 PORTION : 610 CALORIES 29 g GLUCIDES 67 g PROTÉINES 25 g LIPIDES 5,7 g FIBRES

CÔTES LEVÉES PIQUANTES

(POUR 4 PERSONNES)

2 kg	côtes de porc levées	4½ lb
50 mL	huile d'olive	¼ tasse
50 mL	jus de citron	¼ tasse
30 mL	vinaigre de vin	2 c. à s.
30 mL	sauce tériyaki	2 c. à s.
3	gousses d'ail, blanchies, épluchées et hachées	3
125 mL	sauce chili	½ tasse
125 mL	ketchup	½ tasse
50 mL	bouillon de bœuf, chaud	¼ tasse
	quelques gouttes de sauce tabasco	
	sel et poivre	

■ Placer les côtes de porc dans un grand plat à rôtir. Mélanger huile, jus de citron, vinaigre, sauce tériyaki, ail et tabasco dans un petit bol. Verser le mélange sur les côtes levées; couvrir d'une pellicule plastique et réfrigérer 6 heures. Retourner les côtes 1 fois durant cette période.

■ Préchauffer le four à 180 °C (350 °F).

■ Retirer les côtes levées du plat à rôtir et les mettre de côté. Verser la marinade dans une petite casserole. Ajouter sauce chili, ketchup et bouillon de bœuf. Saler, poivrer, remuer et cuire 8 minutes, à feu moyen.

■ Placer les côtes dans un plat à rôtir propre et les badigeonner généreusement de marinade. Mettre au four et cuire 1 heure 30 minutes tout en les badigeonnant de marinade aux 15 minutes. Servir avec le reste de la marinade.

1 PORTION : 1500 CALORIES 20 g GLUCIDES 91 g PROTÉINES 118 g LIPIDES 0 g FIBRES

VEAU CHASSEUR

(POUR 4 PERSONNES)

15 mL	beurre	1 c. à s.
30 mL	huile d'olive	2 c. à s.
4	escalopes de veau moyennes, en lanières de 2,5 cm (1 po)	4
250 g	champignons, nettoyés et coupés en deux	½ lb
1	échalote sèche, épluchée et finement hachée	1
45 mL	farine	3 c. à s.
500 mL	bouillon de poulet, chaud	2 tasses
50 mL	crème sure	¼ tasse
5 mL	persil frais haché	1 c. à t.
	sel et poivre	

■ Faire chauffer la moitié du beurre et de l'huile dans une poêle à frire, à feu moyen. Ajouter la moitié du veau et cuire 1 minute. Retourner le veau. Saler, poivrer et cuire 1 minute. Retirer la viande de la poêle et mettre de côté.

■ Mettre le reste du veau dans la poêle chaude et faire cuire de la même façon. Mettre toute la viande de côté.

■ Faire chauffer, à feu moyen, le reste du beurre et de l'huile dans la poêle à frire. Ajouter champignons et échalote. Saler, poivrer et cuire 4 minutes.

■ Saupoudrer de farine, mélanger et cuire 1 minute.

■ Incorporer le bouillon de poulet, remuer et cuire 6 minutes, à feu doux.

■ Remettre le veau dans la sauce. Ajouter la crème sure, remuer et laisser mijoter 2 minutes. Parsemer de persil et servir.

1 PORTION : 245 CALORIES 10 g GLUCIDES 13 g PROTÉINES
17 g LIPIDES 1,8 g FIBRES

Faire cuire le veau 1 minute de chaque côté.

Mettre champignons et échalote dans le mélange de beurre et d'huile. Faire cuire 4 minutes.

Saupoudrer de farine, mélanger et cuire 1 minute.

Incorporer le bouillon de poulet, remuer et cuire à feu doux.

Remettre le veau dans la sauce.

Ajouter la crème sure et remuer.

ESCALOPES D'AGNEAU HACHÉ

(POUR 4 PERSONNES)

500 g	agneau maigre haché	1 lb
15 mL	persil frais haché	1 c. à s.
2 mL	poivre de Cayenne	½ c. à t.
5 mL	estragon	1 c. à t.
1	gousse d'ail, épluchée, écrasée et hachée	1
30 mL	huile d'olive	2 c. à s.
½	courgette, en bâtonnets	½
12	cosses de pois, nettoyées	12
½	poivron vert, en bâtonnets	½
12	haricots jaunes, nettoyés	12
½	poivron rouge, en bâtonnets	½
1	oignon bouilli, en quartiers	1
8	choux de Bruxelles cuits	8
	sel et poivre	

■ Mettre viande, persil, poivre de Cayenne, estragon, ail, sel et poivre dans un bol et bien mélanger. Former 4 escalopes.

■ Faire chauffer la moitié de l'huile dans une grande poêle à frire, à feu moyen. Ajouter les escalopes et cuire 10 à 12 minutes, en les retournant 4 fois. Saler, poivrer. Retirer les escalopes de la poêle et garder chaud.

■ Verser le reste de l'huile dans la poêle, à feu moyen. Ajouter les légumes et assaisonner. Couvrir et cuire 4 minutes, à feu moyen.

■ Servir les légumes avec l'agneau. Si désiré, couronner d'un morceau de beurre à l'ail ou de beurre maître d'hôtel (page 158).

1 PORTION : 292 CALORIES 12 g GLUCIDES 30 g PROTÉINES 14 g LIPIDES 6,2 g FIBRES

HAMBURGER STEAKS AUX OIGNONS

(POUR 4 PERSONNES)

625 g	bœuf maigre haché	1 1/4 lb
50 mL	oignons hachés, cuits	1/4 tasse
1	œuf	1
15 mL	persil frais haché	1 c. à s.
30 mL	huile d'olive	2 c. à s.
2	oignons moyens, émincés	2
2	poivrons verts, émincés	2
375 mL	bouillon de bœuf, chaud	1 1/2 tasse
5 mL	fécule de maïs	1 c. à t.
30 mL	eau froide	2 c. à s.
	sel et poivre	
	quelques gouttes de sauce Worcestershire	

■ Mettre viande, oignons cuits, œuf, persil et sauce Worcestershire dans le bol du robot culinaire; mélanger 2 à 3 minutes, ou jusqu'à ce que la viande forme une boule. Retirer et façonner 4 hamburger steaks.

■ Faire chauffer l'huile dans une grande poêle à frire, à feu moyen. Ajouter la viande et cuire 8 à 10 minutes ou selon l'épaisseur. Retourner 2 à 3 fois durant la cuisson.

■ Retirer la viande de la poêle lorsqu'elle est cuite. Tenir chaud.

■ Mettre les oignons émincés dans la poêle chaude et cuire 6 minutes, à feu moyen. Ajouter les poivrons et cuire 4 minutes.

■ Incorporer le bouillon de bœuf, remuer et rectifier l'assaisonnement. Délayer la fécule de maïs dans l'eau froide. Incorporer à la sauce.

■ Porter à ébullition. Napper les hamburger steaks de sauce et servir.

1 PORTION : 363 CALORIES 7 g GLUCIDES 35 g PROTÉINES
22 g LIPIDES 1,1 g FIBRES

HAMBURGER STEAKS À L'ITALIENNE

(POUR 4 PERSONNES)

625 g	bœuf maigre haché	1¼ lb
1	oignon moyen, haché et cuit	1
2	gousses d'ail, blanchies, épluchées et hachées	2
1	œuf	1
15 mL	cari	1 c. à s.
15 mL	persil frais haché	1 c. à s.
30 mL	huile d'olive	2 c. à s.
1	carotte, épluchée et en dés	1
1	gousse d'ail, épluchée, écrasée et hachée	1
1	branche de céleri, en dés	1
796 mL	tomates en conserve, égouttées et hachées	28 oz
30 mL	pâte de tomates	2 c. à s.
5 mL	origan	1 c. à t.
	sel et poivre	
	quelques gouttes de sauce Worcestershire	

■ Mettre viande, oignon, ail blanchi, œuf, cari et persil dans le bol du robot culinaire. Saler, poivrer et mélanger 3 minutes, ou jusqu'à ce que la viande forme une boule. Retirer et former 4 hamburgers steaks.

■ Faire chauffer l'huile dans une grande poêle à frire, à feu moyen. Ajouter la viande et cuire 8 à 10 minutes, ou selon l'épaisseur. Retourner 2 à 3 fois durant la cuisson.

■ Retirer les hamburger steaks et mettre de côté. Tenir chaud.

■ Mettre carotte, ail et céleri dans la poêle à frire; cuire 4 minutes, à feu moyen.

■ Incorporer tomates, pâte de tomates, origan et sauce Worcestershire. Cuire 7 minutes, à feu moyen.

■ Rectifier l'assaisonnement et servir avec les hamburger steaks.

1 PORTION : 396 CALORIES 14 g GLUCIDES 36 g PROTÉINES
22 g LIPIDES 2,6 g FIBRES

POITRINES DE POULET À L'ÉCHALOTE

(POUR 4 PERSONNES)

45 mL	beurre	3 c. à s.
4	demi-poitrines de poulet, sans peau et désossées	4
2	échalotes sèches, épluchées et hachées	2
45 mL	basilic frais haché	3 c. à s.
15 mL	persil frais haché	1 c. à s.
50 mL	vin blanc sec	¼ tasse
250 mL	bouillon de poulet, chaud	1 tasse
5 mL	cassonade	1 c. à t.
15 mL	fécule de maïs	1 c. à s.
45 mL	eau froide	3 c. à s.
	jus de 1 limette	
	sel et poivre du moulin	

■ Faire chauffer la moitié du beurre dans une poêle à frire, à feu moyen. Ajouter le poulet, saler, poivrer et cuire 4 minutes. Retourner le poulet et continuer la cuisson 5 minutes. Mettre le poulet de côté.

■ Faire chauffer le reste du beurre dans la sauteuse, à feu moyen. Ajouter échalotes, basilic, persil et vin. Saler, poivrer, couvrir et cuire 3 minutes.

■ Incorporer bouillon de poulet, cassonade et jus de limette. Cuire 6 minutes, à feu doux.

■ Délayer la fécule de maïs dans l'eau froide. Incorporer à la sauce et porter à ébullition rapidement. Cuire 1 minute.

■ Remettre le poulet dans la sauce et laisser mijoter 2 minutes, à feu doux. Servir.

1 PORTION : 253 CALORIES 7 g GLUCIDES 28 g PROTÉINES
12 g LIPIDES 0 g FIBRES

ESCALOPES DE VEAU FARCIES

(POUR 4 PERSONNES)

1	aubergine moyenne	1
30 mL	huile d'olive	2 c. à s.
4	grandes escalopes de veau	4
3	oignons verts, hachés	3
50 mL	vin blanc sec	¼ tasse
250 mL	bouillon de poulet, chaud	1 tasse
15 mL	fécule de maïs	1 c. à s.
45 mL	eau froide	3 c. à s.
	sel et poivre	

■ Préchauffer le four à 190 °C (375 °F).

■ Peler l'aubergine et la couper en rondelles de 1,2 cm (½ po) d'épaisseur. Placer les rondelles sur une plaque à biscuits et les badigeonner légèrement d'huile d'olive. Saler, poivrer. Mettre au four et cuire 12 minutes. Retirer et mettre de côté.

■ Placer chaque escalope de veau entre deux feuilles de papier ciré et aplatir au maillet. Retirer le papier.

■ Disposer deux rondelles d'aubergine sur chaque escalope de veau, replier les côtés, fermer les extrémités et ficeler le tout.

■ Faire chauffer le reste de l'huile dans une sauteuse, à feu moyen. Ajouter les escalopes et cuire sur tous les côtés, 4 minutes.

■ Ajouter les oignons verts et cuire 2 minutes. Verser le vin et saler, poivrer. Cuire 3 minutes.

■ Retirer les escalopes et les mettre de côté.

■ Verser le bouillon de poulet dans la sauteuse et cuire 2 minutes, à feu moyen. Délayer la fécule de maïs dans l'eau froide. Incorporer à la sauce et cuire 1 minute.

■ Remettre les escalopes dans la sauce et laisser mijoter, à feu très doux, pendant 3 minutes. Servir.

1 PORTION : 177 CALORIES 5 g GLUCIDES 11 g PROTÉINES 12 g LIPIDES 1,2 g FIBRES

1

Trancher l'aubergine en rondelles de 1,2 cm (½ po) d'épaisseur.

2

Placer les rondelles sur une plaque à biscuits et les badigeonner d'huile. Saler, poivrer. Cuire au four.

3

Aplatir les escalopes entre deux feuilles de papier ciré.

Placer deux rondelles d'aubergine sur chaque tranche de veau.

Replier les côtés.

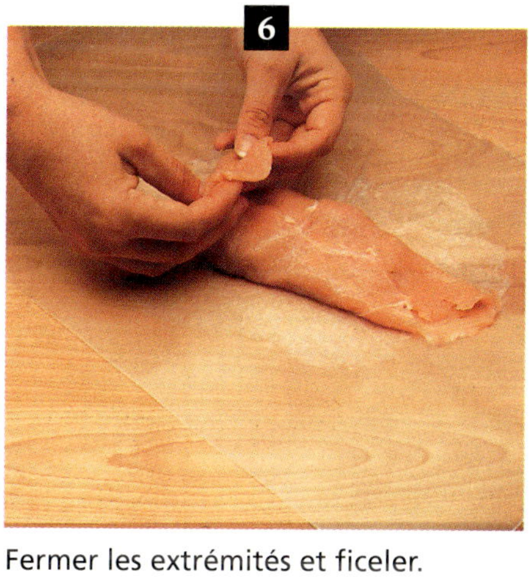

Fermer les extrémités et ficeler.

FOIE DE VEAU MARINÉ

(POUR 4 PERSONNES)

4	tranches de foie de veau	4
125 mL	vin blanc sec	½ tasse
30 mL	vinaigre d'estragon	2 c. à s.
1	feuille de laurier	1
2	gousses d'ail, épluchées, écrasées et hachées	2
30 mL	beurre fondu	2 c. à s.
5 mL	huile d'olive	1 c. à t.
15 mL	persil frais haché	1 c. à s.
	quelques gouttes de jus de citron	
	sel et poivre	

■ Mettre le foie de veau dans un plat à gratin. Ajouter vin, vinaigre, feuille de laurier et ail. Saler, poivrer et réfrigérer 1 heure.

■ Égoutter le foie de veau et réserver la marinade. Faire chauffer beurre et huile dans une poêle à frire, à feu moyen. Ajouter le foie et cuire 2 minutes de chaque côté, ou selon l'épaisseur.

■ Retirer le foie de la poêle et garder chaud. Verser la marinade dans la poêle chaude et cuire 3 minutes, à feu vif. Ajouter le persil et arroser de quelques gouttes de jus de citron. Rectifier l'assaisonnement et remuer. Verser sur le foie et servir.

1 PORTION : 301 CALORIES 5 g GLUCIDES 25 g PROTÉINES 18 g LIPIDES 0 g FIBRES

CÔTELETTES D'AGNEAU PANÉES AU PORTO

(POUR 4 PERSONNES)

8	côtelettes de longe d'agneau	8
125 mL	farine assaisonnée	½ tasse
2	œufs, battus	2
250 mL	chapelure	1 tasse
30 mL	huile d'olive	2 c. à s.
30 mL	gelée de groseille	2 c. à s.
375 mL	bouillon de bœuf, chaud	1½ tasse
50 mL	porto	¼ tasse
15 mL	fécule de maïs	1 c. à s.
45 mL	eau froide	3 c. à s.
15 mL	persil frais haché	1 c. à s.
	sel et poivre	

■ Préchauffer le four à 190 °C (375 °F).

■ Dégraisser les côtelettes et gratter 2,5 cm (1 po) de l'os pour qu'il soit bien propre. Placer chaque côtelette entre 2 feuilles de papier ciré et aplatir au maillet. Enfariner les côtelettes, les tremper dans les œufs battus et les enrober de chapelure.

■ Faire chauffer l'huile dans une poêle à frire allant au four, à feu moyen. Ajouter les côtelettes et cuire 3 minutes. Retourner les côtelettes; saler, poivrer et poursuivre la cuisson 2 minutes. Transférer au four et continuer la cuisson 6 à 8 minutes, ou selon le degré de cuisson désiré.

■ Entre-temps, mettre la gelée dans une casserole, à feu moyen. Ajouter bouillon de bœuf et porto; assaisonner, remuer et porter à ébullition. Cuire 5 minutes.

■ Délayer la fécule de maïs dans l'eau froide. Incorporer à la sauce. Ajouter le persil et laisser mijoter 3 minutes, à feu doux.

■ Napper les côtelettes de sauce. Servir.

1 PORTION : 758 CALORIES 53 g GLUCIDES 65 g PROTÉINES
30 g LIPIDES 1,0 g FIBRES

CÔTELETTES D'AGNEAU SAUTÉES AUX ÉCHALOTES

(POUR 4 PERSONNES)

375 mL	eau	1½ tasse
375 g	échalotes sèches, entières et épluchées	¾ lb
15 mL	beurre	1 c. à s.
5 mL	estragon haché	1 c. à t.
125 mL	vin blanc sec	½ tasse
300 mL	bouillon de poulet, chaud	1¼ tasse
15 mL	fécule de maïs	1 c. à s.
45 mL	eau froide	3 c. à s.
5 mL	huile d'olive	1 c. à t.
8	côtelettes d'agneau, partiellement dégraissées	8
5 mL	persil frais haché	1 c. à t.
	zeste de ¼ d'orange, taillé en julienne	
	sel et poivre	

■ Verser 375 mL (1½ tasse) d'eau dans une casserole, à feu moyen. Saler et porter à ébullition. Ajouter les échalotes et cuire 8 minutes. Retirer du feu et bien égoutter.

■ Remettre les échalotes dans la casserole vide. Ajouter beurre, estragon et zeste; cuire 2 minutes, à feu vif. Incorporer le vin et cuire 2 minutes, à feu vif.

■ Ajouter le bouillon de poulet, porter à ébullition et cuire 3 minutes, à feu doux. Délayer la fécule de maïs dans l'eau froide. Incorporer à la sauce. Saler, poivrer et laisser mijoter, à feu doux, pendant que les côtelettes cuisent.

■ Faire chauffer l'huile dans une poêle à frire, à feu moyen. Ajouter les côtelettes et cuire 3 minutes. Retourner les côtelettes, saler, poivrer et continuer la cuisson 3 minutes. Si les côtelettes sont très épaisses, prolonger la cuisson 2 minutes.

■ Disposer les côtelettes sur un plat de service. Napper de sauce aux échalotes. Parsemer de persil et servir.

1 PORTION : 543 CALORIES 18 g GLUCIDES 57 g PROTÉINES 25 g LIPIDES 0 g FIBRES

1

Faire cuire les échalotes dans l'eau bouillante. Égoutter.

2

Remettre les échalotes dans la casserole. Ajouter beurre, estragon et zeste d'orange. Faire cuire à feu vif, 2 minutes.

3

Incorporer le vin et cuire 2 minutes.

Ajouter le bouillon de poulet et porter à ébullition.

Enlever la plupart du gras des côtelettes.

Faire sauter les côtelettes dans l'huile chaude.

Boulettes d'agneau et sauce aux légumes

BOULETTES D'AGNEAU ET SAUCE AUX LÉGUMES

(POUR 4 PERSONNES)

500 g	agneau maigre haché	1 lb
15 mL	persil frais haché	1 c. à s.
5 mL	cari	1 c. à t.
2 mL	anis moulu	½ c. à t.
2 mL	poivre de Cayenne	½ c. à t.
1	échalote sèche, épluchée et hachée	1
1	gros œuf	1
15 mL	huile d'olive	1 c. à s.
1	branche de céleri, émincée	1
1	oignon moyen, émincé	1
1	poivron rouge, en dés	1
125 g	champignons frais, nettoyés et coupés en 2	¼ lb
375 mL	bouillon de bœuf, chaud	1½ tasse
15 mL	pâte de tomates	1 c. à s.
15 mL	fécule de maïs	1 c. à s.
45 mL	eau froide	3 c. à s.
	sel et poivre	

■ Mettre viande, persil, cari, anis et poivre de Cayenne dans un bol; bien mélanger. Saler, poivrer légèrement et ajouter échalote et œuf; bien incorporer. Former des boulettes de grosseur moyenne.

■ Préchauffer le four à 180 °C (350 °F).

■ Faire chauffer l'huile dans une grande poêle à frire allant au four. Ajouter les boulettes et saisir 6 à 7 minutes sur tous les côtés. Retirer les boulettes de la poêle. Mettre de côté.

■ Mettre céleri et oignon dans la poêle chaude. Cuire 3 à 4 minutes, à feu moyen.

■ Ajouter poivron et champignons. Saler, poivrer et cuire 2 minutes. Incorporer le bouillon de bœuf. Ajouter la pâte de tomates; remuer et cuire 1 minute.

■ Délayer la fécule de maïs dans l'eau froide. Incorporer à la sauce et cuire 2 minutes, à feu doux.

■ Remettre les boulettes dans la sauce; couvrir et transférer au four. Cuire 15 minutes. Accompagner de pâtes chaudes.

1 PORTION : 254 CALORIES 11 g GLUCIDES 30 g PROTÉINES
10 g LIPIDES 2,2 g FIBRES

POULET SOUBISE

(POUR 4 PERSONNES)

2	poitrines de poulet entières, sans peau, coupées en 2	2
30 mL	beurre	2 c. à s.
2	oignons moyens, émincés et blanchis 3 minutes	2
15 mL	persil frais haché	1 c. à s.
1	poivron vert, émincé	1
1	poivron rouge, émincé	1
500 mL	bouillon de poulet, chaud	2 tasses
15 mL	fécule de maïs	1 c. à s.
45 mL	eau froide	3 c. à s.
	sel et poivre	
	sauce Worcestershire	

■ Saler, poivrer les poitrines de poulet. Mettre de côté.

■ Faire chauffer le beurre dans une sauteuse, à feu moyen. Ajouter les oignons blanchis bien égouttés et cuire 5 à 6 minutes, à feu moyen-vif.

■ Ajouter le poulet. Saler, poivrer et continuer la cuisson 6 à 7 minutes.

■ Ajouter persil et poivrons. Assaisonner au goût et cuire 6 minutes, à feu moyen.

■ Retirer le poulet cuit et garder chaud dans un plat de service.

■ Verser le bouillon de poulet dans la sauteuse et amener à ébullition. Délayer la fécule de maïs dans l'eau froide. Incorporer à la sauce et cuire 1 minute, à feu doux.

■ Rectifier l'assaisonnement. Arroser de quelques gouttes de sauce Worcestershire au goût. Verser sur le poulet et servir.

1 PORTION : 222 CALORIES 8 g GLUCIDES 28 g PROTÉINES 9 g LIPIDES 1,0 g FIBRES

POITRINES DE POULET ET SAUCISSES AUX POIVRONS

(POUR 4 PERSONNES)

15 mL	huile d'olive	1 c. à s.
4	demi-poitrines de poulet, sans peau et désossées	4
2	saucisses italiennes	2
1	oignon rouge, en rondelles	1
1	poivron rouge, en grosses lanières	1
1	poivron vert, en grosses lanières	1
2	gousses d'ail, épluchées et coupées en 3	2
375 mL	bouillon de poulet, chaud	1½ tasse
15 mL	fécule de maïs	1 c. à s.
45 mL	eau froide	3 c. à s.
	sel et poivre	

■ Faire chauffer l'huile dans une grande poêle à frire, à feu moyen. Ajouter poulet et saucisses. Saler, poivrer et cuire 3 à 4 minutes de chaque côté. Retirer le poulet de la poêle et le mettre de côté.

■ Couvrir la poêle et prolonger la cuisson des saucisses 8 minutes, ou selon la grosseur. Retirer de la poêle et mettre de côté.

■ Mettre les oignons dans la poêle chaude et cuire 4 minutes, à feu moyen.

■ Ajouter poivrons et ail. Cuire 5 minutes. Saler, poivrer. Incorporer le bouillon de poulet et cuire 1 minute.

■ Délayer la fécule de maïs dans l'eau froide. Incorporer à la sauce et cuire 1 minute.

■ Remettre les poitrines de poulet dans la sauce et laisser mijoter 3 minutes. Trancher les saucisses et les mettre dans la sauce. Laisser mijoter 1 minute. Servir.

1 PORTION : 358 CALORIES 7 g GLUCIDES 38 g PROTÉINES
20 g LIPIDES 1,0 g FIBRES

ROULEAUX CHINOIS

(POUR 4 PERSONNES)

Farce

15 mL	huile d'olive	1 c. à s.
2	oignons verts, hachés	2
2	échalotes sèches, épluchées et hachées	2
2	gousses d'ail, épluchées, écrasées et hachées	2
15 mL	persil frais haché	1 c. à s.
15 mL	basilic	1 c. à s.
250 g	champignons, nettoyés et hachés	½ lb
125 mL	poivron rôti haché	½ tasse
½	aubergine, épluchée et en dés	½
125 mL	fromage ricotta	½ tasse
	sel et poivre	

Rouleaux

15 mL	farine	1 c. à s.
45 mL	eau froide	3 c. à s.
8	pelures à rouleaux chinois	8
	huile	

■ Pour faire la farce, faire chauffer l'huile dans une poêle à frire, à feu moyen. Ajouter oignons verts, échalotes sèches et ail. Cuire 3 minutes.

■ Ajouter aromates et champignons. Saler, poivrer, mélanger et cuire 2 minutes.

■ Ajouter poivron rôti et aubergine, mélanger, couvrir partiellement et cuire 15 minutes, à feu moyen. Remuer 1 fois durant la cuisson.

■ Ajouter le fromage, bien mélanger et cuire 2 minutes. Mettre la farce de côté.

■ Pour préparer les rouleaux, préchauffer de l'huile d'arachide pour la friture à 190 °C (375 °F).

■ Délayer la farine dans l'eau froide pour obtenir une pâte.

■ Étendre chaque pelure sur un comptoir. Placer la farce au centre et rouler partiellement. Badigeonner les côtés avec le mélange à la farine et sceller.

■ Plonger les rouleaux dans l'huile chaude pendant 3 à 4 minutes, ou selon la grosseur. Servir avec la sauce.

(suite)

Faire sauter oignons verts, échalotes sèches et ail dans l'huile chaude.

Ajouter aromates et champignons. Saler, poivrer et cuire 2 minutes.

Ajouter poivron et aubergine, mélanger et couvrir partiellement. Faire cuire 15 minutes, à feu moyen.

Sauce

5 mL	huile d'olive	1 c. à t.
2	oignons verts, hachés	2
796 mL	tomates en conserve, égouttées et hachées	28 oz
45 mL	sauce chinoise aux haricots	3 c. à s.
30 mL	basilic frais haché	2 c. à s.

■ Faire chauffer l'huile dans une petite casserole, à feu moyen. Ajouter les oignons verts et cuire 2 minutes.

■ Ajouter les tomates, saler, poivrer et cuire 10 minutes.

■ Ajouter le reste des ingrédients, mélanger et cuire 2 minutes. Mélanger de nouveau et servir avec les rouleaux chinois.

1 PORTION : 438 CALORIES 76 g GLUCIDES 11 g PROTÉINES 10 g LIPIDES 4,8 g FIBRES

4

Incorporer le fromage et cuire 2 minutes.

5

Farcir les pelures et rouler.

6

Badigeonner les côtés avec le mélange à la farine et sceller.

STEAKS DE JAMBON À L'ÉRABLE

(POUR 4 PERSONNES)

15 mL	sirop d'érable	1 c. à s.
15 mL	beurre fondu	1 c. à s.
4	steaks de jambon cuit, de 2 cm (¾ po) d'épaisseur	4
	jus de ½ citron	
	poivre du moulin	

■ Préchauffer le four à 190 °C (375 °F).

■ Mélanger sirop d'érable, beurre et jus de citron dans un petit bol. Placer les steaks de jambon dans un plat allant au four et les badigeonner des deux côtés du mélange au sirop. Poivrer.

■ Régler le four à GRIL. Placer le plat sur la grille supérieure et cuire 4 minutes de chaque côté.

■ Servir.

1 PORTION : 189 CALORIES 4 g GLUCIDES 25 g PROTÉINES 8 g LIPIDES 0 g FIBRES

CÔTES DE VEAU ET SAUCE AUX MÛRES

(POUR 4 PERSONNES)

15 mL	huile d'olive	1 c. à s.
8	côtes de veau, dégraissées	8
1	échalote sèche, épluchée et hachée	1
125 mL	vin blanc sec	½ tasse
375 mL	bouillon de veau ou de bœuf, chaud	1½ tasse
15 mL	fécule de maïs	1 c. à s.
30 mL	eau froide	2 c. à s.
250 mL	mûres, lavées	1 tasse
15 mL	persil frais haché	1 c. à s.
	sel et poivre	

■ Préchauffer le four à 180 °C (350 °F).

■ Faire chauffer l'huile dans une poêle à frire allant au four, à feu moyen. Ajouter les côtes de veau et cuire 4 minutes de chaque côté, ou selon l'épaisseur. Retirer les côtes de la poêle et mettre de côté.

■ Mettre échalote et vin dans la poêle chaude. Cuire 3 minutes, à feu vif. Incorporer le bouillon de veau, saler, poivrer et cuire 5 minutes.

■ Délayer la fécule de maïs dans l'eau froide. Incorporer à la sauce. Ajouter mûres et côtes de veau. Mettre au four et cuire 5 minutes.

■ Parsemer de persil et servir.

---

1 PORTION : 545 CALORIES 9 g GLUCIDES 48 g PROTÉINES
33 g LIPIDES 2,9 g FIBRES

PORC AUX POUSSES DE BAMBOU

(POUR 4 PERSONNES)

45 mL	huile végétale	3 c. à s.
30 mL	gingembre frais haché	2 c. à s.
3	oignons verts, hachés	3
2	branches de céleri, émincées	2
250 g	champignons, nettoyés et coupés en 3	½ lb
900 g	filet de porc, dégraissé et coupé en lanières	2 lb
30 mL	sauce soya	2 c. à s.
125 mL	vin blanc sec	½ tasse
125 mL	pousses de bambou en conserve, bien égouttées et émincées	½ tasse
1	gousse d'ail, épluchée, écrasée et hachée	1
375 mL	bouillon de poulet, chaud	1½ tasse
5 mL	fécule de maïs	1 c. à t.
30 mL	eau froide	2 c. à s.
	sel et poivre	

■ Faire chauffer l'huile dans une sauteuse, à feu moyen. Ajouter gingembre, oignons verts et céleri; cuire 1 minute, à feu vif. Ajouter les champignons. Saler, poivrer et continuer la cuisson 3 minutes. Retirer les légumes de la sauteuse et mettre de côté.

■ Mettre le porc dans la sauteuse et cuire 4 minutes, à feu vif. Assaisonner durant la cuisson. Retirer le porc et mettre de côté.

■ Verser sauce soya et vin dans la sauteuse; faire chauffer 3 minutes. Incorporer pousses de bambou, ail et bouillon de poulet; porter à ébullition.

■ Délayer la fécule de maïs dans l'eau froide. Incorporer à la sauce. Remettre légumes et viande dans la sauce et bien assaisonner; cuire 6 minutes, à feu doux.

1 PORTION : 591 CALORIES 9 g GLUCIDES 60 g PROTÉINES 33 g LIPIDES 4,0 g FIBRES

PORC SAUTÉ AUX COURGETTES

(POUR 4 PERSONNES)

30 mL	huile d'olive	2 c. à s.
1	courgette, coupée en deux, en long et émincée	1
2	branches de céleri, émincées	2
2	pommes, pelées, évidées et en quartiers	2
2	gousses d'ail, épluchées, écrasées et hachées	2
8	côtelettes de porc, dégraissées et coupées en lanières	8
15 mL	persil frais haché	1 c. à s.
	sel, poivre, paprika	

■ Faire chauffer la moitié de l'huile dans une poêle à frire, à feu vif. Ajouter légumes, pommes et ail. Saler, poivrer et cuire 3 minutes.

■ Retourner légumes et pommes et continuer la cuisson 3 minutes, à feu moyen. Retirer de la poêle et mettre de côté.

■ Faire chauffer le reste de l'huile dans la poêle à frire, à feu moyen. Ajouter la viande et cuire 2 minutes de chaque côté. Saler, poivrer.

■ Remettre légumes et pommes dans la poêle. Ajouter le persil. Saler, poivrer, saupoudrer légèrement de paprika. Cuire 2 minutes pour réchauffer les légumes.

■ Servir avec des petites pommes de terre nouvelles.

1 PORTION : 611 CALORIES 13 g GLUCIDES 56 g PROTÉINES
37 g LIPIDES 2,5 g FIBRES

GALETTES DE POMMES DE TERRE AU SAUMON FUMÉ

(POUR 4 PERSONNES)

4	grosses pommes de terre	4
1	oignon, râpé	1
45 mL	farine	3 c. à s.
1	gros œuf, séparé	1
30 mL	huile d'olive	2 c. à s.
16	fines tranches de saumon fumé	16
	crème sure	
	sel et poivre	

■ Peler et râper les pommes de terre. Placer les pommes de terre dans un grand bol et les recouvrir d'eau froide. Laisser reposer 15 minutes. Bien égoutter. Presser les pommes de terre pour en retirer le surplus d'eau.

■ Mettre les pommes de terre dans le bol du mixer. Ajouter oignon et farine. Saler, poivrer et bien mélanger. Ajouter le jaune d'œuf et mélanger de nouveau.

■ Fouetter légèrement le blanc d'œuf et l'incorporer au mélange.

■ Former des petites galettes et réfrigérer 1 heure.

■ Faire chauffer la moitié de l'huile dans une poêle à frire, à feu moyen. Ajouter la moitié des galettes et cuire 5 minutes de chaque côté. Saler, poivrer. Retirer de la poêle, disposer dans un plat de service et garder chaud au four. Ajouter l'huile qui reste. Répéter le même procédé avec le reste des galettes.

■ Rouler les tranches de saumon fumé et les placer sur les galettes. Accompagner de crème sure et servir.

1 PORTION : 296 CALORIES 35 g GLUCIDES 10 g PROTÉINES
13 g LIPIDES 3,0 g FIBRES

1

Presser les pommes de terre râpées pour en retirer le surplus d'eau.

2

Mettre les pommes de terre dans le bol du mixer et ajouter l'oignon râpé.

3

Ajouter la farine, saler, poivrer et mélanger.

Ajouter le jaune d'œuf et mélanger.

Fouetter légèrement le blanc d'œuf et l'incorporer au mélange.

Former de petites galettes.

FILETS DE PORC BRAISÉS AU VIN

(POUR 4 PERSONNES)

15 mL	huile d'olive	1 c. à s.
30 mL	beurre	2 c. à s.
2	filets de porc, dégraissés	2
1	oignon, haché	1
1	gousse d'ail, épluchée, écrasée et hachée	1
500 g	champignons frais, nettoyés et coupés en 2	1 lb
125 mL	vin blanc sec	½ tasse
500 mL	bouillon de poulet, chaud	2 tasses
30 mL	pâte de tomates	2 c. à s.
2 mL	origan	½ c. à t.
15 mL	fécule de maïs	1 c. à s.
45 mL	eau froide	3 c. à s.
	sel et poivre	

■ Préchauffer le four à 180 °C (350 °F).

■ Faire chauffer huile et beurre dans une sauteuse allant au four, à feu moyen. Ajouter les filets et saisir sur tous les côtés 10 à 12 minutes. Saler, poivrer durant la cuisson. Retirer les filets et mettre de côté.

■ Mettre oignon et ail dans la sauteuse et continuer la cuisson 3 minutes, à feu moyen. Ajouter les champignons; saler, poivrer et cuire 5 minutes, à feu vif.

■ Ajouter le vin et cuire 3 minutes. Incorporer bouillon de poulet, pâte de tomates et origan. Remettre le porc dans la sauce; couvrir et cuire 25 minutes, au four.

■ Retirer les filets de la sauteuse et couper en tranches de 1,2 cm (½ po) d'épaisseur. Mettre de côté.

■ Délayer la fécule de maïs dans l'eau froide. Incorporer à la sauce, assaisonner et cuire 1 minute. Remettre la viande dans la sauce et laisser mijoter 2 minutes, à feu doux. Servir.

1 PORTION : 365 CALORIES 11 g GLUCIDES 39 g PROTÉINES
16 g LIPIDES 3,4 g FIBRES

Filets de porc braisés au vin

BANDE FEUILLETÉE AUX POMMES

(POUR 4 À 6 PERSONNES)

500 g	pâte feuilletée (page 482)	1 lb
3 à 4	pommes à cuire	3 à 4
	confiture au choix	
	œuf battu	
	sucre	

■ Préchauffer le four à 190 °C (375 °F).

■ Rouler la pâte pour obtenir une abaisse assez mince. Avec un couteau tranchant ou une roulette, découper un rectangle d'environ 13 x 38 cm (5 x 15 po). Placer le rectangle de pâte sur une plaque à biscuits. Piquer, à la fourchette, la surface de la pâte.

■ Dans les restes de pâte, découper des bandes régulières d'environ 2 cm (3/4 po) de largeur et de la même longueur que les côtés de la pâte. Placer les bandes bien à plat sur le rectangle et presser légèrement avec le doigt pour les faire adhérer.

■ Étaler une mince couche de confiture au fond de la pâte.

■ Évider les pommes, les peler et les couper en demi-tranches de 1,2 cm (1/2 po) d'épaisseur. Disposer bien à plat les tranches de pommes sur la confiture. Les pommes ne doivent pas reposer sur les bords.

■ Badigeonner les bords d'œuf battu. Saupoudrer de sucre et cuire 30 minutes, au four.

Note : si désiré, voir la technique utilisée pour découper la bande, à la page 488 (Bande feuilletée aux fraises).

1 PORTION :	565 CALORIES	60 g GLUCIDES	7 g PROTÉINES
	33 g LIPIDES	2,2 g FIBRES	

FAR BRETON

(POUR 6 PERSONNES)

4	gros œufs	4	
125 mL	sucre granulé	½ tasse	
250 mL	farine tout usage	1 tasse	
45 mL	rhum	3 c. à s.	
50 mL	marmelade	¼ tasse	
125 mL	raisins de Smyrne	½ tasse	
500 mL	lait	2 tasses	
	pincée de sel		
	sucre glace		

■ Préchauffer le four à 180 °C (350 °F). Beurrer un plat à gratin de 30 x 19 cm (11¾ x 7½ po) sur 4,5 cm (1¾ po) de profondeur.

■ Bien battre œufs et sucre dans un bol. Ajouter farine et sel; battre pour bien incorporer.

■ Ajouter rhum, marmelade et raisins; battre de nouveau. Ajouter le lait et battre pour bien incorporer.

■ Verser la pâte dans le moule beurré. Cuire 50 à 55 minutes au four, ou jusqu'à ce que le far soit bien doré. Laisser refroidir dans le plat.

■ Couper le far en carrés. Si désiré, saupoudrer de sucre glace et accompagner de sirop d'érable.

1 PORTION : 350 CALORIES 60 g GLUCIDES 10 g PROTÉINES
6 g LIPIDES 1,0 g FIBRES

PAIN AUX FIGUES FRAÎCHES

(POUR 6 À 8 PERSONNES)

4	gros œufs, battus	4
60 mL	cassonade	4 c. à s.
125 mL	huile d'arachide	½ tasse
375 mL	farine à gâteau, tamisée	1½ tasse
5 mL	poudre à pâte	1 c. à t.
2 mL	bicarbonate de soude	½ c. à t.
500 g	figues fraîches, pelées et hachées	1 lb
30 mL	rhum	2 c. à s.
125 mL	noix de pecan, en moitiés	½ tasse

■ Préchauffer le four à 180 °C (350 °F). Utiliser un moule à pain de 23,5 x 13 cm (9¼ x 5¼ po) sur 6,5 cm (2½ po) de profondeur. Couper une feuille de papier ciré aux dimensions du moule. Poser le papier dans le fond du moule. Beurrer le papier ainsi que les côtés du moule.

■ Battre œufs et cassonade. Ajouter l'huile et incorporer au fouet.

■ Tamiser farine, poudre à pâte et bicarbonate de soude. Ajouter ⅓ de la farine à la pâte et bien mélanger. Répéter le même procédé pour le reste de la farine.

■ Incorporer figues, rhum et noix de pecan. Verser la pâte dans le moule. Placer au milieu du four et cuire 55 à 60 minutes.

■ Retirer le gâteau cuit du four et le laisser refroidir légèrement avant de le démouler. Laisser refroidir complètement sur une grille métallique.

1 PORTION : 475 CALORIES 52 g GLUCIDES 8 g PROTÉINES
25 g LIPIDES 3,2 g FIBRES

GÂTEAU ÉTAGÉ AU CHOCOLAT

(POUR 8 À 10 PERSONNES)

10	gros œufs, séparés	10
1	gros œuf entier	1
150 mL	sucre granulé	2/3 tasse
75 mL	cacao amer	1/3 tasse
250 mL	farine à gâteau, tamisée	1 tasse
90 g	chocolat mi-sucré	3 oz
500 mL	crème à 35%	2 tasses
125 mL	confiture d'abricots	1/2 tasse

■ Préchauffer le four à 180 °C (350 °F). Huiler un moule à fond amovible de 25 cm (10 po) de diamètre. Recouvrir le fond et les côtés du moule d'un papier ciré huilé. Mettre de côté.

■ Mettre les jaunes d'œufs et l'œuf entier dans un grand bol. Ajouter 45 mL (3 c. à s.) de sucre granulé et mélanger 3 à 4 minutes au batteur électrique ou jusqu'à épaississement du mélange. Incorporer le cacao à la spatule.

■ Dans un autre bol, monter les blancs en neige ferme. Ajouter le reste du sucre granulé. Battre pour bien incorporer. Plier les blancs battus dans le mélange au cacao.

■ Tamiser la farine sur le mélange et bien incorporer à la spatule. Verser la pâte dans le moule à gâteau et cuire 35 minutes, ou jusqu'à ce que le gâteau soit cuit.

■ Retirer le gâteau du four et laisser refroidir quelques minutes. Renverser le gâteau sur une grille métallique et démouler. Laisser refroidir quelques minutes et retirer le papier. Laisser refroidir complètement.

■ À l'aide d'un long couteau, couper horizontalement le gâteau en 2. Mettre de côté.

■ Faire fondre le chocolat au bain-marie et laisser refroidir. Fouetter la crème. Incorporer le chocolat fondu à la crème fouettée en pliant à la spatule.

■ Placer la partie inférieure du gâteau sur un plat. Étaler la moitié de la confiture sur le dessus. Recouvrir d'une couche de crème fouettée au chocolat. Replacer la deuxième partie pour reformer le gâteau. Recouvrir de confiture et de crème fouettée au chocolat. Si désiré, utiliser un sac à pâtisserie muni d'une douille étoilée.

■ Réfrigérer avant de servir.

1 PORTION : 525 CALORIES 47 g GLUCIDES 12 g PROTÉINES
32 g LIPIDES 0 g FIBRES

Gâteau étagé au chocolat

GÉNOISE

(POUR 2 GÉNOISES)

6	gros œufs, à la température ambiante	6
2 mL	vanille	½ c. à t.
125 mL	sucre granulé	½ tasse
250 mL	farine tout usage	1 tasse
45 mL	beurre non salé fondu, tiède	3 c. à s.
	pincée de sel	

■ Préchauffer le four à 180 °C (350 °F). Utiliser 2 moules à gâteaux de 21,5 cm (8½ po) de diamètre sur 4,5 cm (1¾ po) de profondeur. Préparer les moules en suivant la technique.

■ Placer une casserole à moitié remplie d'eau à feu doux. Porter à faible ébullition.

■ Mettre œufs, vanille et sucre dans un bol en acier inoxydable. Placer le bol sur la casserole. Battre 3 minutes au batteur électrique. S'assurer que l'eau ne soit pas trop chaude, car les œufs cuiront.

■ Retirer le bol de la casserole. Continuer de battre pendant 5 minutes, ou jusqu'à ce que le mélange devienne très épais et forme des rubans.

■ Incorporer le sel à la farine. Tamiser ⅓ de la farine sur le mélange aux œufs. Plier à la spatule. Répéter le même procédé pour le reste de la farine. Puis, incorporer le beurre à la pâte en pliant à la spatule. Verser la pâte dans les deux moules.

■ Placer les moules au milieu du four et cuire 25 minutes.

■ Retirer les gâteaux cuits du four et les laisser reposer 4 minutes dans le moule. Retourner les génoises sur une grille métallique, démouler et laisser refroidir légèrement avant de retirer le papier ciré.

■ Laisser refroidir complètement avant de fourrer et glacer.

1 GÉNOISE : 847 CALORIES 107 g GLUCIDES 26 g PROTÉINES 35 g LIPIDES 2,3 g FIBRES

1

Découper deux ronds de papier ciré de la même grandeur que les moules. Mettre des petits morceaux de beurre au fond de chaque moule. Ajouter le papier et presser légèrement. Beurrer les bords des moules ainsi que le papier. Fariner et mettre de côté.

2

Mettre œufs, vanille et sucre dans un bol en acier inoxydable.

3

Placer le bol sur une casserole à moitié remplie d'eau mijotante.

Battre les ingrédients 3 minutes au batteur électrique. L'eau ne doit pas être trop chaude, car les œufs cuiront.

Tamiser ⅓ de la farine sur le mélange. Plier à la spatule. Incorporer de la même façon le reste de la farine.

Incorporer le beurre fondu.

CRÈME PÂTISSIÈRE POUR TARTES AUX FRUITS

6	gros jaunes d'œufs	6
150 mL	sucre granulé	2/3 tasse
125 mL	farine tout usage	1/2 tasse
1 mL	sel	1/4 c. à t.
500 mL	lait chaud	2 tasses
5 mL	vanille	1 c. à t.
15 mL	Cointreau	1 c. à s.
15 mL	beurre non salé	1 c. à s.

■ Mettre jaunes d'œufs et sucre dans un bol. Battre 3 minutes au batteur électrique, ou jusqu'à ce que le mélange épaississe et pâlisse.

■ Ajouter farine et sel et incorporer au fouet. Ajouter la moitié du lait en fouettant constamment. Incorporer la vanille.

■ Verser le mélange dans une casserole à fond épais. Ajouter le reste du lait au fouet et porter à ébullition, à feu moyen-doux, sans cesser de fouetter. La crème épaissira en cuisant. Utiliser une cuillère de bois pour racler les coins de la casserole.

■ Lorsque la crème commence à bouillir, réduire le feu à doux. Poursuivre la cuisson 5 à 6 minutes. La crème doit être assez épaisse.

■ Verser la crème dans un bol et y incorporer, au fouet, liqueur et beurre. Placer une feuille de papier ciré directement sur la surface de la crème et relever un coin pour permettre à la crème de refroidir.

■ Lorsque la crème est complètement froide, replacer le papier et réfrigérer.

1 RECETTE : 1593 CALORIES 214 g GLUCIDES 45 g PROTÉINES 58 g LIPIDES 2,3 g FIBRES

PÂTE BRISÉE

La pâte brisée est utilisée pour les tartes ouvertes, les tartelettes, le Saint-Honoré et les bandes de fruits.

500 g	farine tout usage	1 lb
50 mL	sucre granulé	¼ tasse
1 mL	sel	¼ c. à t.
250 g	beurre non salé, ramolli et coupé en morceaux	½ lb
2	œufs extra-gros	2
1	jaune d'œuf	1
45 à 60 mL	eau froide	3 à 4 c. à s.

■ Verser la farine sur un comptoir. Creuser un puits au milieu et y mettre le reste des ingrédients.

■ À l'aide d'un coupe-pâte ou avec les doigts, mélanger rapidement pour former une boule. Ajouter un peu d'eau si la pâte est trop sèche. Fraiser la pâte en écrasant des petites quantités de pâte avec la paume de la main. La pâte doit être très homogène.

■ Placer la pâte dans un linge propre, la saupoudrer de farine et l'envelopper. Réfrigérer. Laisser reposer à la température ambiante pendant 2 heures avant d'utiliser.

1 RECETTE : 4000 CALORIES 424 g GLUCIDES 70 g PROTÉINES 225 g LIPIDES 4,0 g FIBRES

TARTE AU CHOCOLAT

(POUR 8 À 10 PERSONNES)

200 g	gaufrettes au chocolat, écrasées	7 oz
125 mL	beurre mou	½ tasse
750 mL	crème glacée au chocolat	3 tasses
750 mL	crème glacée à la vanille	3 tasses
250 mL	sauce de fondant au chocolat	1 tasse

■ Mélanger gaufrettes écrasées et beurre. Étaler le mélange dans un moule à gâteau à fond amovible de 25 cm (10 po) de diamètre.

■ Laisser ramollir la crème glacée sur un comptoir jusqu'à ce qu'elle soit maniable, mais non fondante. Mettre la crème glacée dans le bol du mixer et mélanger pour obtenir une crème marbrée.

■ Verser la crème marbrée dans le moule à gâteau et l'étaler uniformément à la spatule.

■ Arroser légèrement de sauce de fondant au chocolat. Placer au congélateur jusqu'à ce que le fondant durcisse. Couvrir d'un papier ciré et prolonger la congélation pendant 12 heures avant de servir.

■ Si désiré, accompagner de crème fouettée.

1 PORTION : 560 CALORIES 64 g GLUCIDES 4 g PROTÉINES
32 g LIPIDES 0 g FIBRES

POMMES AU FOUR

(POUR 6 PERSONNES)

6	pommes à cuire	6
30 mL	beurre	2 c. à s.
30 mL	cassonade	2 c. à s.
15 mL	cannelle	1 c. à s.
45 mL	rhum	3 c. à s.
50 mL	miel	1/4 tasse
125 mL	raisins de Smyrne	1/2 tasse
125 mL	eau	1/2 tasse
15 mL	fécule de maïs	1 c. à s.
45 mL	eau froide	3 c. à s.
	jus de 1 orange	

■ Préchauffer le four à 180 °C (350 °F).

■ À l'aide d'un vide-pomme, retirer le cœur de chaque pomme. Inciser chacune à mi-hauteur circulairement. Placer les pommes dans un plat à rôtir.

■ Défaire en crème beurre et cassonade. Répartir le mélange dans la cavité des pommes. Saupoudrer de cannelle et arroser de rhum, jus d'orange et miel. Parsemer de raisins. Verser 125 mL (1/2 tasse) d'eau dans le fond du plat à rôtir.

■ Mettre au four et cuire 40 minutes. Le temps de cuisson variera selon la grosseur des pommes.

■ Retirer les pommes cuites du plat et les mettre de côté. Placer le plat à feu moyen. Cuire 3 minutes. Délayer la fécule de maïs dans 45 mL (3 c. à s.) d'eau froide. Incorporer au liquide de cuisson et cuire 1 minute.

■ Napper les pommes chaudes de sauce. Si désiré, accompagner de crème glacée.

1 PORTION : 252 CALORIES 50 g GLUCIDES 0 g PROTÉINES
4 g LIPIDES 1,9 g FIBRES

CRÈME PÂTISSIÈRE AU CHOCOLAT

125 g	chocolat mi-sucré	4 oz
550 mL	lait	2¼ tasses
2 mL	vanille	½ c. à t.
5	gros jaunes d'œufs, à la température ambiante	5
125 mL	sucre à fruits	½ tasse
125 mL	farine tout usage	½ tasse
30 mL	beurre non salé, mou	2 c. à s.
	pincée de sel	

■ Mettre le chocolat dans un bol en acier inoxydable. Placer le bol sur une casserole à moitié remplie d'eau mijotante. Le fond du bol ne doit pas toucher l'eau. Faire fondre le chocolat à feu doux, sans remuer. Dès que le chocolat est complètement fondu, retirer le bol de la casserole. Mettre de côté.

■ Entre-temps, verser lait, vanille et sel dans une casserole à fond épais. Porter au point d'ébullition et retirer du feu.

■ Placer jaunes d'œufs et sucre dans un bol. Battre au batteur électrique jusqu'à ce que le mélange pâlisse. Ajouter la farine et bien incorporer à la cuillère de bois.

■ Ajouter la moitié du lait chaud et mélanger rapidement pour incorporer. Remettre la casserole contenant le reste du lait à feu doux. Verser le mélange d'œufs dans le lait et incorporer au fouet.

■ Faire cuire à feu doux 5 à 6 minutes, ou jusqu'à ce que la crème soit très épaisse. Mélanger sans cesse au fouet durant la cuisson. Utiliser une cuillère de bois pour racler les coins de la casserole.

■ Lorsque la crème est cuite, éteindre le feu. Incorporer le chocolat fondu au fouet, puis le beurre. Verser la crème dans un bol. Placer une feuille de papier ciré directement sur la crème et relever un coin pour permettre à la crème de refroidir.

■ Laisser refroidir complètement à la température ambiante avant de réfrigérer.

1 RECETTE : 2232 CALORIES 223 g GLUCIDES 56 g PROTÉINES 124 g LIPIDES 2,3 g FIBRES

Faire fondre le chocolat au bain-marie, à feu doux. Le fond du haut du bain-marie ne doit pas toucher l'eau. Ne pas remuer.

Mélanger jaunes d'œufs et sucre au batteur électrique.

Le mélange aux œufs doit pâlir avant d'incorporer la farine à la cuillère de bois.

4

Ajouter la moitié du lait chaud et mélanger rapidement pour incorporer.

5

Remettre le reste du lait à feu doux. Ajouter le mélange aux œufs. Cuire, à feu doux, sans cesser de fouetter. La crème cuite doit être épaisse.

6

Éteindre le feu. Incorporer le chocolat fondu au fouet, puis le beurre.

GÂTEAU AUX CAROTTES

(POUR 8 PERSONNES)

375 mL	sucre granulé	1½ tasse
125 mL	cassonade	½ tasse
375 mL	huile végétale	1½ tasse
500 mL	farine tout usage, tamisée	2 tasses
7 mL	poudre à pâte	1½ c. à t.
10 mL	cannelle	2 c. à t.
5 mL	bicarbonate de soude	1 c. à t.
5 mL	sel	1 c. à t.
5	gros œufs	5
625 mL	carottes râpées	2½ tasses
250 mL	raisins dorés secs	1 tasse
15 mL	farine	1 c. à s.
15 mL	zeste de citron râpé	1 c. à s.

■ Préchauffer le four à 180 °C (350 °F). Utiliser un moule à fond amovible de 24 cm (9½ po) de diamètre sur 6,5 cm (2½ po) de profondeur. Bien beurrer le fond et les côtés. Mettre de côté.

■ Mettre sucre, cassonade et huile dans un bol. Bien mélanger au fouet.

■ Dans un second bol, tamiser farine, poudre à pâte, cannelle, bicarbonate de soude et sel. Incorporer le tout au mélange au sucre, en mélangeant bien au batteur électrique.

■ Ajouter les œufs, un à un, en mélangeant bien au batteur électrique entre chaque addition.

■ Incorporer les carottes. Saupoudrer les raisins de 15 mL (1 c. à s.) de farine. Incorporer les raisins à la pâte. Ajouter le zeste de citron et mélanger.

■ Verser la pâte dans le moule beurré. Cuire, au four, 60 à 70 minutes.

■ Dès que le gâteau est cuit, le retirer du four et le laisser reposer dans le moule pendant 5 minutes. Démouler et placer le gâteau sur une grille. Laisser refroidir.

■ Servir nature ou glacé.

1 PORTION : 897 CALORIES 106 g GLUCIDES 7 g PROTÉINES 50 g LIPIDES 2,2 g FIBRES

CRÈME AU BEURRE

250 mL	sucre à fruits	1 tasse
125 mL	eau	½ tasse
5	gros jaunes d'œufs	5
5 mL	vanille	1 c. à t.
250 g	beurre, mou	½ lb

■ Mettre sucre et eau dans une petite casserole. Faire chauffer à feu doux, jusqu'à ce que la température atteigne 104 °C (220 °F). Ne pas remuer.

■ Entre-temps, mettre jaunes d'œufs et vanille dans un bol. Battre 2 minutes au batteur électrique, à vitesse moyenne.

■ Retirer le sirop du feu et fouetter vigoureusement. Incorporer lentement le sirop aux jaunes d'œufs, en battant sans cesse, à vitesse moyenne. Continuer de battre pendant 12 minutes, ou jusqu'à ce que le mélange devienne blanc et très épais.

■ Dans un autre bol, réduire le beurre en crème en utilisant un batteur électrique à vitesse moyenne (environ 30 secondes).

■ Verser la moitié du mélange aux jaune d'œufs dans le beurre et battre 10 secondes, à vitesse moyenne.

■ Ajouter le reste du mélange et continuer de battre pendant 10 secondes. Ne pas battre le mélange plus qu'il ne faut, car la crème au beurre deviendra granuleuse.

■ Verser la crème au beurre dans un bol propre. Placer une pellicule plastique directement sur la crème. Mettre au réfrigérateur pour raffermir.

■ Utiliser la crème au beurre pour fourrer ou décorer les gâteaux.

1 RECETTE :	2981 CALORIES	210 g GLUCIDES	16 g PROTÉINES
	231 g LIPIDES	0 g FIBRES	

CHOUX AU CARAMEL

(POUR 6 À 8 PERSONNES)

8	choux (page 472)	8
375 mL	crème pâtissière au chocolat (page 462)	1 1/2 tasse
125 mL	sucre granulé	1/2 tasse
45 mL	eau froide	3 c. à s.
75 mL	eau froide	1/3 tasse
	quelques gouttes de jus de citron	

■ Faire un trou à la base de chaque chou tel que démontré dans la technique. Les fourrer de crème pâtissière au chocolat en utilisant un sac à pâtisserie. Mettre de côté.

■ Mettre sucre, 45 mL (3 c. à s.) d'eau et jus de citron dans une casserole. Cuire, à feu moyen, pour obtenir un caramel blond clair. Ne pas remuer!

■ Retirer la casserole du feu. Plonger rapidement la casserole dans un bol rempli d'eau froide. Remettre la casserole à feu moyen et ajouter le reste de l'eau. Faire cuire, sans remuer, pendant 30 secondes.

■ Retirer la casserole du feu. Plonger prudemment le dessus des choux dans le caramel, en les tenant par la base. Laisser refroidir. Réfrigérer pour servir froid.

1 PORTION :	401 CALORIES	48 g GLUCIDES	10 g PROTÉINES
	19 g LIPIDES	0 g FIBRES	

1

Utiliser une douille unie pour percer un trou à la base de chaque chou.

2

Remplir un sac à pâtisserie de crème pâtissière au chocolat et fourrer les choux.

3

Faire cuire sucre, eau et jus de citron à feu moyen. Ne pas remuer!

4

Dès que le sirop devient caramel, plonger rapidement la casserole dans un bol rempli d'eau froide.

5

Remettre la casserole à feu moyen et ajouter le reste de l'eau. Cuire 30 secondes.

6

Plonger le dessus des choux dans le caramel chaud. Attention aux brûlures.

BANANES FOSTER À LA SIENNA

(POUR 4 PERSONNES)

30 mL	beurre	2 c. à s.
45 mL	cassonade	3 c. à s.
2	grosses bananes, en rondelles	2
45 mL	liqueur de banane	3 c. à s.
45 mL	rhum	3 c. à s.
	jus de 1 orange	
	jus de ½ citron	
	crème glacée à la vanille	

■ Faire fondre le beurre dans une poêle à frire, à feu moyen. Ajouter la cassonade, bien mélanger et cuire pour obtenir une couleur dorée.

■ Ajouter les bananes et mélanger; cuire 1 minute.

■ Ajouter les jus de fruits, remuer et prolonger la cuisson 1 minute.

■ Ajouter liqueur et rhum; flamber. Bien remuer et servir sur de la crème glacée à la vanille.

1 PORTION : 409 CALORIES 57 g GLUCIDES 3 g PROTÉINES
13 g LIPIDES 1,9 g FIBRES

TARTELETTES AUX AMANDES

(POUR 4 À 6 PERSONNES)

250 g	pâte feuilletée (page 482)	1/2 lb
125 mL	amandes en poudre	1/2 tasse
75 mL	sucre à fruits	1/3 tasse
5 mL	farine tout usage	1 c. à t.
1	gros blanc d'œuf	1
	œuf battu	

■ Préchauffer le four à 200 °C (400 °F).

■ Utiliser des moules à tartelettes d'environ 10 cm (4 po) de diamètre.

■ Rouler la pâte feuilletée sur un comptoir fariné pour obtenir une abaisse de 0,3 cm (1/8 po) d'épaisseur. Foncer les moules à tartelettes. Piquer les fonds avec une fourchette et badigeonner les bords d'œuf battu. Mettre de côté.

■ Bien mélanger amandes, sucre et farine dans un bol. Ajouter le blanc d'œuf et l'incorporer complètement.

■ Placer 30 mL (2 c. à s.) du mélange dans chaque tartelette. Cuire 16 minutes, au four.

■ Laisser refroidir avant de servir.

1 PORTION : 424 CALORIES 39 g GLUCIDES 7 g PROTÉINES 27 g LIPIDES 0 g FIBRES

GÂTEAU RENVERSÉ AUX PÊCHES

(POUR 6 À 8 PERSONNES)

75 mL	beurre	1/3 tasse
75 mL	sucre granulé	1/3 tasse
1	gros œuf	1
5 mL	vanille	1 c. à t.
250 mL	farine à gâteau	1 tasse
15 mL	poudre à pâte	1 c. à s.
125 mL	crème à 15%	1/2 tasse
2	gros blancs d'œufs, battus fermement	2
50 mL	cassonade	1/4 tasse
500 mL	pêches pelées et émincées*	2 tasses
	sucre granulé en plus	

■ Préchauffer le four à 180 °C (350 °F). Beurrer généreusement un moule à gâteau de 23 cm (9 po) de diamètre. Mettre de côté.

■ Mettre beurre, sucre granulé, œuf entier et vanille dans un grand bol. Mélanger 2 minutes au batteur électrique, ou jusqu'à épaississement du mélange.

■ Tamiser farine et poudre à pâte. Incorporer la moitié de la farine au mélange à l'œuf, tout en mélangeant à la cuillère de bois.

■ Incorporer la crème. Ajouter le reste de la farine et incorporer complètement.

■ Ajouter les blancs battus en pliant à la spatule. Il ne doit rester aucune trace de blancs d'œufs. Mettre de côté.

■ Saupoudrer la cassonade au fond du moule beurré. Disposer les pêches au fond du moule. Verser le mélange à gâteau sur les pêches et cuire 1 heure, au milieu du four.

■ Dès que le gâteau est cuit, le retirer du four et le laisser refroidir. Renverser le gâteau sur un plat de service et saupoudrer d'un peu de sucre granulé. Mettre au four, à 15 cm (6 po) de l'élément supérieur, et dorer 3 à 4 minutes à GRIL. Couper et servir aussitôt.

* Utiliser des pêches fraîches en saison. Les pêches en conserve doivent être bien égouttées.

1 PORTION :	290 CALORIES	41 g GLUCIDES	5 g PROTÉINES
	12 g LIPIDES	1,3 g FIBRES	

Gâteau renversé aux pêches

PÂTE À CHOUX

La pâte à choux est utilisée pour les choux, les éclairs, le Paris-Brest et le Saint-Honoré.

250 mL	eau	1 tasse
1 mL	sel	1/4 c. à t.
60 mL	beurre non salé	4 c. à s.
15 mL	sucre granulé	1 c. à s.
250 mL	farine tout usage	1 tasse
4	gros œufs	4
	œuf battu	

■ Préchauffer le four à 190 °C (375 °F). Beurrer et fariner légèrement une plaque à biscuits.

■ Mettre eau, sel, beurre et sucre dans une casserole à fond épais. Porter à ébullition, à feu moyen, et cuire 2 minutes.

■ Réduire la chaleur à feu doux. Ajouter la farine d'un seul coup et mélanger rapidement à la cuillère de bois. Faire cuire la pâte jusqu'à ce qu'elle n'adhère plus à la cuillère ou au bout des doigts lorsqu'on la pince. Mélanger constamment durant la cuisson.

■ Retirer la casserole du feu et verser la pâte dans un bol. Laisser refroidir 3 minutes.

■ Incorporer les œufs, un à un, tout en mélangeant bien entre chaque addition pour que la pâte reprenne sa consistance avant d'ajouter un autre œuf. La pâte obtenue doit être souple et brillante.

■ Placer la pâte à choux dans une poche à pâtisserie munie d'une douille ronde. On peut réaliser diverses formes : la grosseur d'un œuf pour les petits choux, ou des bâtonnets de 10 cm (4 po) pour les éclairs. Bien espacer entre chacun.

■ Badigeonner le dessus d'œuf battu. Laisser reposer 20 minutes à la température de la pièce.

■ Mettre au four et cuire 35 minutes. Éteindre le four et entrouvrir la porte. Laisser reposer 45 minutes.

■ Laisser refroidir et fourrer de crème pâtissière ou de crème fouettée. Si désiré, glacer de caramel ou de chocolat.

1 RECETTE : 1271 CALORIES 119 g GLUCIDES 39 g PROTÉINES 71 g LIPIDES 2,0 g FIBRES

Mettre eau, sel et beurre dans une casserole à fond épais.

Ajouter le sucre, porter à ébullition, à feu moyen, et cuire 2 minutes.

Réduire la chaleur à feu doux et ajouter la farine d'un seul coup. Mélanger rapidement à la cuillère de bois.

4

Faire cuire la pâte jusqu'à ce qu'elle n'adhère plus à la cuillère ou au bout des doigts lorsqu'on la pince. Mélanger sans cesse durant la cuisson.

5

Verser la pâte dans un bol et laisser refroidir 3 minutes.

6

Incorporer les œufs, un à un, tout en mélangeant bien entre chaque addition pour que la pâte reprenne sa consistance avant d'ajouter un autre œuf.

GÂTEAU SAINT-HONORÉ

(POUR 8 PERSONNES)

250 g	pâte feuilletée *ou* pâte brisée (pages 482 et 459)	1/2 lb
1	recette de pâte à choux (page 472)	1
8	petits choux cuits	8
625 mL	crème pâtissière #2 (page 498)	2 1/2 tasses
125 mL	sucre amandine (page 478)	1/2 tasse
125 mL	sucre granulé	1/2 tasse
45 mL	eau froide	3 c. à s.
375 mL	crème fouettée	1 1/2 tasse
	œuf battu	
	quelques gouttes de jus de citron	

■ Préchauffer le four à 190 °C (375 °F). Beurrer et fariner une plaque à biscuits.

■ Sur un comptoir légèrement fariné, rouler la pâte feuilletée pour obtenir une abaisse de 0,3 cm (1/8 po) d'épaisseur. Placer l'abaisse sur la plaque à biscuits. Découper un cercle de 25 cm (10 po) de diamètre. Piquer la pâte avec une fourchette.

■ Munir une poche à pâtisserie d'une douille moyenne ronde. Remplir la poche de pâte à choux. Déposer un boudin de pâte sur le pourtour du cercle de pâte feuilletée. Former un deuxième boudin à l'intérieur du premier. Finir avec un troisième boudin placé sur les deux premiers.

■ Badigeonner les boudins d'œuf battu. Laisser reposer 15 minutes.

■ Mettre au four et cuire 35 minutes. Éteindre le four et entrouvrir la porte. Laisser reposer 45 minutes.

■ Farcir les petits choux d'un peu de crème pâtissière. Incorporer le sucre amandine à la crème pâtissière qui reste. Mettre de côté.

■ Mettre sucre, eau et jus de citron dans une petite casserole. Faire cuire à feu moyen, sans remuer, jusqu'à l'obtention d'un caramel blond doré.

■ Plonger le fond de la casserole dans un bol rempli d'eau froide. Retirer la casserole de l'eau, la placer sur un comptoir et laisser reposer plusieurs minutes.

■ Plonger délicatement le dessus des choux dans le caramel et les coller au fur et à mesure sur la couronne de pâte à choux. Laisser égoutter le surplus de caramel pour coller les choux en place.

■ Disposer la crème pâtissière au centre du gâteau. Décorer de crème fouettée.

■ Mettre au frais jusqu'au moment de servir.

1 PORTION : 813 CALORIES 88 g GLUCIDES 16 g PROTÉINES 43 g LIPIDES 1,0 g FIBRES

Gâteau Saint-Honoré

SABAYON AUX POMMES

(POUR 4 PERSONNES)

5	pommes moyennes	5
125 mL	sucre granulé	½ tasse
15 mL	cannelle	1 c. à s.
125 mL	raisins dorés secs	½ tasse
30 mL	zeste de citron finement haché	2 c. à s.
60 mL	rhum	4 c. à s.
4	jaunes d'œufs	4
1	œuf entier	1
60 mL	sucre granulé	4 c. à s.
50 mL	vin blanc sec	¼ tasse
60 mL	Tia Maria	4 c. à s.

■ Évider, peler et émincer les pommes. Mettre les pommes dans une casserole. Ajouter 125 mL (½ tasse) de sucre, cannelle, raisins, zeste de citron et rhum. Couvrir et cuire 10 minutes, à feu moyen. Remuer 2 à 3 fois durant la cuisson.

■ Retirer la casserole du feu. Laisser refroidir. Répartir les pommes entre 4 coupes de verre. Mettre de côté.

■ Mettre tous les œufs dans un bol en acier inoxydable. Ajouter le reste du sucre, le vin et la liqueur. Placer le bol sur une casserole à moitié remplie d'eau chaude. Mettre à feu doux. Battre au batteur électrique jusqu'à ce que le mélange triple de volume.

■ Verser le sabayon sur les pommes. Servir.

1 PORTION : 515 CALORIES 89 g GLUCIDES 5 g PROTÉINES 7 g LIPIDES 2,3 g FIBRES

CRÈME TIA MARIA

(POUR 4 PERSONNES)

4	gros jaunes d'œufs	4
45 mL	sucre à fruits	3 c. à s.
175 mL	lait, au point d'ébullition	¾ tasse
60 mL	Tia Maria	4 c. à s.

■ Mettre jaunes d'œufs et sucre dans un bol en acier inoxydable. Battre 2 minutes au batteur électrique.

■ Ajouter le lait et continuer de battre jusqu'à ce que le mélange devienne mousseux (environ 30 secondes).

■ Placer le bol sur une casserole à moitié remplie d'eau bouillante. Cuire, à feu moyen, en fouettant constamment au fouet pendant 5 à 6 minutes, ou jusqu'à ce que la crème soit assez épaisse pour napper le dos d'une cuillère. Si la crème adhère aux parois du bol, retirer le bol du feu et fouetter vigoureusement pour bien incorporer. Remettre le bol sur la casserole et poursuivre la cuisson.

■ Dès que la crème est cuite, retirer le bol du feu. Ajouter la liqueur. Fouetter la crème sans arrêt pour la faire refroidir. Placer une pellicule plastique directement sur la crème. Réfrigérer pour refroidir complètement.

■ Servir avec des fruits saisonniers.

1 PORTION : 183 CALORIES 17 g GLUCIDES 5 g PROTÉINES
7 g LIPIDES 0 g FIBRES

PARIS-BREST

(POUR 8 À 10 PERSONNES)

Sucre amandine

250 mL	sucre glace	1 tasse
75 mL	amandes effilées	1/3 tasse

Paris-Brest

1	recette de pâte à choux (page 472)	1
375 mL	crème à 35%	1 1/2 tasse
5 mL	vanille	1 c. à t.
30 mL	sucre glace	2 c. à s.
1	recette de crème pâtissière #2 (page 498)	1
	œuf battu	
	amandes émincées	

■ Mettre les ingrédients du sucre amandine dans une petite casserole, à feu doux. Faire caraméliser en remuant constamment.

■ Étaler le mélange sur une plaque à biscuits huilée et laisser refroidir. Casser en morceaux et verser dans le bol du robot culinaire. Broyer en fine poudre. Conserver en boîte hermétique jusqu'au moment d'utiliser.

■ Préchauffer le four à 190 °C (375 °F). Beurrer et fariner légèrement une plaque à biscuits.

■ Utiliser un moule à tarte de 23 cm (9 po) de diamètre pour tracer un cercle sur la plaque à biscuits. Munir une poche à pâtisserie d'une grosse douille ronde. Mettre la pâte à choux dans la poche.

■ Déposer un boudin de pâte sur le pourtour du cercle. Former un deuxième boudin à l'intérieur du premier. Finir par un troisième boudin placé sur les deux premiers. Badigeonner les boudins d'œuf battu. Parsemer d'amandes émincées. Laisser reposer 30 minutes à température ambiante.

■ Placer le gâteau au four et cuire 45 minutes. Éteindre le four et entrouvrir la porte. Laisser reposer 45 minutes.

■ Entre-temps, verser crème épaisse et vanille dans le bol du mixer et battre jusqu'à ferme. Ajouter le sucre glace et battre 30 secondes. Réfrigérer.

(suite)

Beurrer et fariner une plaque à biscuits. Utiliser un moule à tarte de 23 cm (9 po) de diamètre pour tracer un cercle sur la plaque.

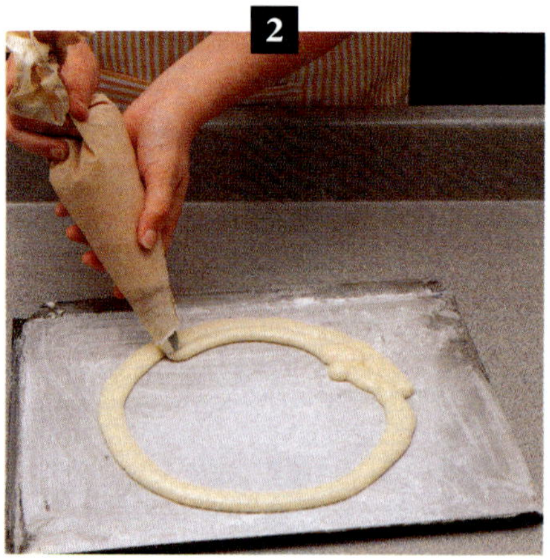

Déposer un boudin de pâte à choux sur le pourtour du cercle. Former un deuxième boudin à l'intérieur du premier.

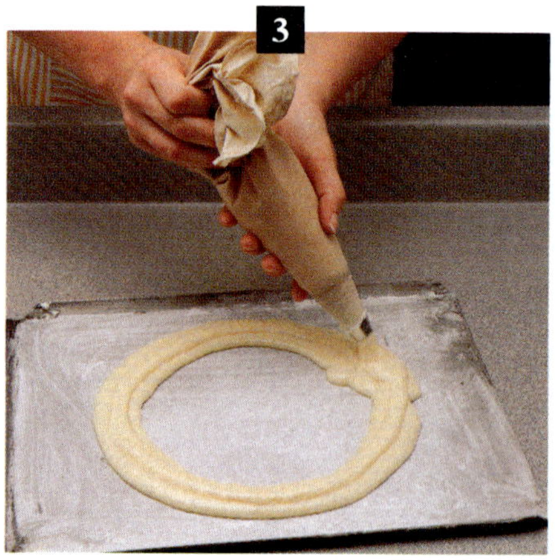

Finir par un troisième boudin placé sur les deux premiers.

■ Couper la couronne de pâte à choux en 2, sur l'épaisseur. Mélanger 500 mL (2 tasses) de crème pâtissière et 125 mL (½ tasse) de sucre amandine. Garnir du mélange la partie inférieure du gâteau.

■ À l'aide d'une poche à pâtisserie, recouvrir la crème pâtissière de crème fouettée. Poser le couvercle de pâte à choux par-dessus. Si désiré, saupoudrer de sucre glace.

1 PORTION : 600 CALORIES 64 g GLUCIDES 12 g PROTÉINES
32 g LIPIDES 0 g FIBRES

4

Badigeonner les boudins d'œuf battu.

5

Parsemer d'amandes émincées et laisser reposer à température ambiante.

6

Couper la couronne de pâte à choux en 2, sur l'épaisseur.

GÂTEAU BLANC

(POUR 6 À 8 PERSONNES)

6	gros œufs	6	
175 mL	sucre granulé	¾ tasse	
1 mL	vanille	¼ c. à t.	
250 mL	farine à gâteau tamisée avec une pincée de sel	1 tasse	

■ Préchauffer le four à 200 °C (400 °F). Garnir un moule à fond amovible de 23 cm (9 po) de diamètre d'un papier ciré beurré et fariné. Mettre de côté.

■ Mettre œufs, sucre et vanille dans un bol en acier inoxydable. Placer le bol sur une casserole à moitié remplie d'eau chaude, à feu moyen. Battre 3 minutes au batteur électrique, ou jusqu'à ce que le mélange soit très épais.

■ Retirer le bol de la casserole. Tamiser ⅓ de la farine sur la pâte. Bien incorporer à la spatule. Ajouter le reste de la farine, ⅓ à la fois, en prenant soin de bien incorporer à la spatule entre chaque addition.

■ Verser la pâte dans le moule préparé. Mettre au four et cuire 35 à 40 minutes. Laisser légèrement refroidir avant de démouler.

■ Servir nature ou couper le gâteau en deux parties et le fourrer de glaçage.

1 PORTION : 218 CALORIES 36 g GLUCIDES 7 g PROTÉINES 5 g LIPIDES 0 g FIBRES

COUPE DE FRAMBOISES FRAÎCHES

(POUR 4 PERSONNES)

375 mL	framboises fraîches, nettoyées	1½ tasse
30 mL	Cointreau	2 c. à s.
250 mL	crème pâtissière pour tartes aux fruits (page 458)	1 tasse
375 mL	crème fouettée	1½ tasse

■ Diviser les framboises entre 4 coupes à dessert. Arroser de la moitié de la liqueur.

■ Ajouter une légère couche de crème pâtissière et une légère couche de crème fouettée.

■ Continuer d'ajouter, en alternant, liqueur et crèmes. Réfrigérer 1 heure avant de servir.

1 PORTION : 597 CALORIES 63 g GLUCIDES 12 g PROTÉINES
31 g LIPIDES 4,3 g FIBRES

GLAÇAGE BLANC

875 mL	sucre glace	3½ tasses
3	gros blancs d'œufs	3
1 mL	vanille	¼ c. à t.

■ Tamiser 500 mL (2 tasses) de sucre glace dans le bol d'un mixer. Ajouter les blancs d'œufs et mélanger, à basse vitesse, pendant 1 minute.

■ Régler le mixer à vitesse moyenne et continuer de mélanger pendant 1 minute. Puis, continuer de mélanger 6 minutes, à pleine vitesse.

■ Ajouter la vanille et mélanger quelques secondes. Tamiser 250 mL (1 tasse) du sucre glace sur le mélange et continuer de battre 3 minutes.

■ Tamiser le reste du sucre glace sur le mélange et battre 2 minutes.

■ Utiliser pour glacer différents gâteaux.

1 RECETTE : 2572 CALORIES 633 g GLUCIDES 10 g PROTÉINES
0 g LIPIDES 0 g FIBRES

PÂTE FEUILLETÉE

La pâte feuilletée est utilisée pour les bandes de fruits, les tartelettes, le Saint-Honoré et autres pâtisseries.

500 g	beurre non salé	1 lb
625 g	farine tout usage	1¼ lb
250 mL	eau	1 tasse
5 mL	sel	1 c. à t.

■ Placer le beurre sur un comptoir légèrement fariné et l'aplatir légèrement au rouleau à pâtisserie. Mettre de côté à la température ambiante.

■ Verser la farine sur un comptoir, y creuser un puits et y ajouter un peu d'eau et le sel. Travailler la pâte en la ramenant vers le centre. Ajouter de l'eau au besoin. Travailler la pâte et la mettre en boule.

■ Faire une croix profonde sur le dessus de la pâte, tel qu'illustré dans la technique.

■ Rouler la pâte en forme de trèfle. L'abaisse ne doit pas être trop mince.

■ Placer le beurre au milieu de la pâte. Rabattre les côtés sur le beurre pour le recouvrir complètement. Le beurre et la pâte doivent être de même consistance. Si le beurre est trop dur ou trop mou, il sera difficile de bien l'incorporer à la pâte.

■ Rouler la pâte en un rectangle épais en appuyant régulièrement pour ne pas laisser échapper le beurre. Étendre la pâte en partant du centre vers les côtés. Plier le rectangle en 3, tel qu'illustré dans la technique. Envelopper la pâte dans un linge propre et réfrigérer 30 minutes.

■ Reprendre la pâte et placer l'ouverture vers soi, sur un comptoir fariné. Rouler en rectangle de 1,2 cm (½ po) d'épaisseur. Replier en 3. Faire une marque du bout de deux doigts pour indiquer le second tour. Envelopper la pâte et réfrigérer 30 minutes.

■ Faire 4 autres tours en suivant la même technique. À chaque tour, placer le côté étroit vers soi, rouler sur un comptoir fariné, replier en 3 et indiquer, du bout des doigts, le nombre de tours.

■ La pâte feuilletée se conserve au réfrigérateur, enveloppée dans une pellicule plastique.
Pour l'utiliser, couper la quantité nécessaire et ramener à la température ambiante avant de la rouler.

1 RECETTE : 5892 CALORIES 476 g GLUCIDES 70 g PROTÉINES
412 g LIPIDES 4,0 g FIBRES

1

Travailler la pâte et la mettre en boule.

2

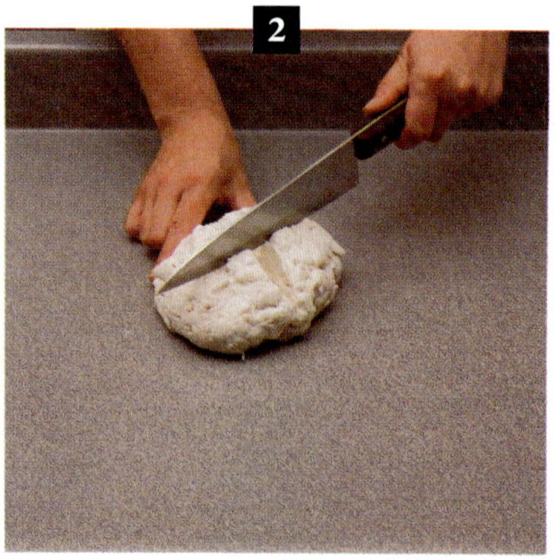

Faire une croix profonde sur le dessus de la pâte. Aplatir au rouleau à pâtisserie.

3

Rouler la pâte en forme de trèfle. L'abaisse ne doit pas être trop mince. Placer le beurre au milieu de la pâte.

4

Rabattre les côtés sur le beurre pour le recouvrir complètement.

5

Rouler la pâte en rectangle épais. Plier le rectangle en 3, en rabattant le premier tiers vers soi et le troisième, en remontant.

6

Marquer la pâte du bout des doigts pour tenir compte des tours.

TARTE AUX FRAMBOISES

(POUR 6 À 8 PERSONNES)

Pâte

375 mL	farine tamisée	1 1/2 tasse
75 mL	beurre non salé	1/3 tasse
45 mL	graisse végétale	3 c. à s.
1	œuf battu	1
30 mL	sucre granulé	2 c. à s.
45 à 60 mL	eau froide	3 à 4 c. à s.
	pincée de sel	
	œuf battu	

Garniture

125 mL	sucre granulé	1/2 tasse
125 mL	eau froide	1/2 tasse
625 mL	framboises fraîches, nettoyées	2 1/2 tasses
30 mL	gelée de fruits	2 c. à s.

■ Pour faire la pâte, tamiser farine et sel dans un grand bol. Creuser un puits, y mettre beurre, graisse, 1 œuf battu et sucre; bien incorporer au couteau à pâtisserie.

■ Ajouter l'eau et bien incorporer du bout des doigts. Pétrir la pâte et former une boule. Enfariner légèrement la pâte et l'envelopper dans un linge propre. Réfrigérer 1 heure. Retirer la pâte du réfrigérateur et laisser reposer 1 heure à la température ambiante.

■ Préchauffer le four à 220 °C (425 °F).

■ Rouler la pâte et foncer un moule à tarte à bord cannelé de 25 cm (10 po) de diamètre, à fond amovible. Piquer la pâte à l'aide d'une fourchette. Étaler un papier ciré dans le fond. Ajouter des poids à pâtisserie et badigeonner, d'œuf battu, le bord de la pâte.

■ Cuire 15 minutes, au bas du four. Retirer du four et placer sur un comptoir. Retirer poids et papier. Laisser refroidir.

■ Pour préparer la garniture, mettre sucre et eau dans une petite casserole. Porter à ébullition et cuire jusqu'à 110 °C (230 °F) au thermomètre à bonbons.

■ Mettre les framboises dans un bol et ajouter le sirop; bien mélanger et laisser mariner 10 minutes.

■ À l'aide d'une écumoire, retirer les framboises du bol et les mettre dans le fond de tarte cuit.

■ Verser le sirop des framboises dans une petite casserole et incorporer la gelée de fruits. Cuire 2 minutes, à feu moyen. Laisser refroidir.

■ Badigeonner les framboises de sirop, trancher et servir.

---

1 PORTION : 352 CALORIES 50 g GLUCIDES 5 g PROTÉINES
15 g LIPIDES 4,4 g FIBRES

Tarte aux framboises

GÉNOISE AUX FRAMBOISES

(POUR 6 À 8 PERSONNES)

1	génoise (page 456)	1	
45 mL	Cointreau	3 c. à s.	
750 mL	crème fouettée	3 tasses	
750 mL	framboises fraîches *ou* petits fruits en saison, nettoyées	3 tasses	

■ Couper horizontalement la génoise en deux abaisses d'égale épaisseur.

■ Poser l'abaisse inférieure sur une assiette à gâteau. Arroser le gâteau de la moitié de la liqueur. Napper de crème fouettée à l'aide d'un sac à pâtisserie muni d'une douille étoilée. Recouvrir de framboises.

■ Poser l'abaisse supérieure, arroser du reste de liqueur et recouvrir le gâteau d'une fine couche de crème fouettée. Décorer au goût. Garnir de framboises. Servir.

1 PORTION : 352 CALORIES 25 g GLUCIDES 5 g PROTÉINES
24 g LIPIDES 4,4 g FIBRES

TARTE AUX CERISES FRAÎCHES

(POUR 6 À 8 PERSONNES)

	pâte brisée (page 459)	
	œuf battu	
50 mL	**sucre à fruits**	**¼ tasse**
500 g	**grosses cerises fraîches, dénoyautées**	**1 lb**

■ Préchauffer le four à 200 °C (400 °F).

■ Rouler la pâte sur un comptoir légèrement fariné pour obtenir une abaisse de 0,3 cm (⅛ po) d'épaisseur. Étaler la pâte dans un moule à tarte à bord cannelé de 20 cm (8 po) de diamètre, à fond amovible. Faire adhérer la pâte en la pressant légèrement du bout des doigts, sans la déchirer.

■ Pour retirer le surplus de pâte, passer un rouleau sur le bord du moule. Pincer avec les doigts les côtés de la pâte. Piquer, avec une fourchette, le fond de tarte. Placer un papier ciré dans le fond de tarte et y mettre des poids à pâtisserie ou des haricots secs. Cuire 18 minutes, au four.

■ Retirer le fond de tarte du four. Régler le four à 190 °C (375 °F). Enlever poids et papier. Badigeonner la pâte d'œuf battu. Saupoudrer d'un peu de sucre.

■ Mélanger les cerises et le reste du sucre. Garnir le fond de tarte du mélange. Cuire 25 minutes, au four.

■ Si désiré, napper les cerises d'un sirop de fruits.

■ Laisser refroidir et servir nature ou accompagner de crème fouettée.

1 PORTION : 643 CALORIES 75 g GLUCIDES 12 g PROTÉINES 33 g LIPIDES 3,6 g FIBRES

BANDE FEUILLETÉE AUX FRAISES

(POUR 6 À 8 PERSONNES)

Glaçage aux fraises

375 mL	fraises fraîches, nettoyées et équeutées	1 1/2 tasse
50 mL	sucre granulé	1/4 tasse
30 mL	Cointreau	2 c. à s.

Bande feuilletée

500 g	fraises fraîches, nettoyées et équeutées	1 lb
30 mL	liqueur au choix	2 c. à s.
30 mL	sucre granulé	2 c. à s.
500 g	pâte feuilletée (page 482)	1 lb
300 mL	crème pâtissière #2 (page 498)	1 1/4 tasse
	œuf battu	

■ Faire cuire, à feu moyen, tous les ingrédients du glaçage dans une petite casserole, pendant 8 minutes. Forcer à travers une passoire. Mettre de côté.

■ Préchauffer le four à 200 °C (400 °F).

■ Mettre les fraises entières dans un bol. Ajouter liqueur et sucre. Laisser mariner 45 minutes.

■ Sur un comptoir légèrement fariné, rouler la pâte pour obtenir une abaisse de 0,65 cm (1/4 po) d'épaisseur. Avec un couteau tranchant ou une roulette, découper un rectangle de 13 cm (5 po) de largeur sur 38 cm (15 po) de longueur. Placer le rectangle de pâte sur une plaque à biscuits. Piquer, avec une fourchette, la surface de la pâte. Badigeonner d'œuf battu.

■ Dans les restes de pâte, découper quatre bandes régulières d'environ 2 cm (3/4 po) de largeur et de la même longueur que les côtés et les extrémités de la pâte. Placer les bandes bien à plat sur le rectangle et presser légèrement avec le doigt pour les faire adhérer ou, si désiré, utiliser un peu d'œuf battu ou de l'eau.

■ Badigeonner les bandes d'œuf battu. Mettre au four et cuire 18 minutes. Retirer du four et laisser refroidir à la température de la pièce.

■ Étaler une couche de crème pâtissière au fond de la bande. Égoutter les framboises et les disposer sur la crème. Badigeonner les fruits de glaçage aux fraises. Servir.

1 PORTION :	648 CALORIES	68 g GLUCIDES	10 g PROTÉINES
	35 g LIPIDES	2,6 g FIBRES	

Sur un comptoir légèrement fariné, rouler la pâte pour obtenir une abaisse de 0,65 cm (1/4 po) d'épaisseur.

Avec un couteau tranchant ou une roulette, découper un rectangle de 13 cm (5 po) de largeur sur 38 cm (15 po) de longueur.

Placer le rectangle de pâte sur une plaque à biscuits. Piquer, avec une fourchette, la surface de la pâte. Badigeonner d'œuf battu.

Dans les restes de pâte, découper 4 bandes régulières d'environ 2 cm (3/4 po) de largeur et de la même longueur que les côtés et les extrémités de la pâte.

Placer les bandes bien à plat sur le rectangle et presser légèrement avec le doigt pour les faire adhérer ou, si désiré, utiliser un peu d'œuf battu ou de l'eau.

Badigeonner les bandes d'œuf battu. Mettre au four.

TARTE AUX PRUNES FRAÎCHES

(POUR 6 À 8 PERSONNES)

	pâte brisée (page 459)	
50 mL	gelée d'abricot	4 c. à s.
25	prunes jaunes mûres, coupées en 2 et dénoyautées	25
30 mL	sucre à fruits	2 c. à s.
	œuf battu	

■ Préchauffer le four à 200 °C (400 °F).

■ Rouler la pâte sur un comptoir légèrement fariné pour obtenir une abaisse de 0,3 cm (1/8 po) d'épaisseur. Étaler la pâte dans un moule à tarte à bord cannelé de 23 cm (9½ po) de diamètre, à fond amovible. Faire adhérer la pâte en la pressant légèrement du bout des doigts, sans la déchirer.

■ Pour retirer le surplus de pâte, passer un rouleau à pâtisserie sur le bord du moule. Pincer avec les doigts les côtés de la pâte. Piquer le fond de tarte avec une fourchette.

■ Faire fondre la gelée d'abricot dans une petite casserole. Retirer du feu et laisser refroidir. Badigeonner un peu de gelée sur le fond de tarte. Disposer les demi-prunes en cercle dans le fond de tarte, en commençant par le bord. Napper les demi-prunes du reste de gelée. Saupoudrer de sucre.

■ Badigeonner les côtés de la pâte d'œuf battu. Mettre au four et cuire 35 à 40 minutes. Laisser refroidir et servir.

1 PORTION : 745 CALORIES 100 g GLUCIDES 12 g PROTÉINES
33 g LIPIDES 7,4 g FIBRES

GÂTEAU AU FROMAGE CRÉMEUX

(POUR 8 À 10 PERSONNES)

Croûte

250 mL	chapelure de biscuits Graham	1 tasse
50 mL	sucre granulé	¼ tasse
50 mL	beurre fondu	¼ tasse

Gâteau

750 g	fromage à la crème, à la température ambiante	1½ lb
375 mL	sucre granulé	1½ tasse
250 mL	crème à 15%	1 tasse
15 mL	vanille	1 c. à s.
75 mL	farine tout usage	5 c. à s.
2	gros œufs	2

■ Préchauffer le four à 180 °C (350 °F). Bien incorporer tous les ingrédients de la croûte et les presser dans un moule à gâteau à fond amovible de 24 cm (9½ po) de diamètre sur 6,5 cm (2½ po) de profondeur.

■ Cuire 10 minutes, au four. Retirer et mettre de côté.

■ Mettre le fromage dans un bol et défaire en crème au batteur électrique. Incorporer le sucre en battant.

■ Ajouter crème, vanille et farine et continuer de battre pour bien incorporer. Si nécessaire, racler les parois du bol.

■ Ajouter les œufs et bien battre. Verser la pâte dans le moule préparé. Cuire 55 minutes, au four.

■ Retirer le gâteau du four et le laisser refroidir sur le comptoir. Réfrigérer au moins 8 heures avant de découper. Servir nature ou accompagné de fruits tranchés.

1 PORTION : 600 CALORIES 55 g GLUCIDES 9 g PROTÉINES
38 g LIPIDES 0 g FIBRES

TARTELETTES À LA BORDELAISE

(POUR 6 À 8 PERSONNES)

500 g	**pâte feuilletée (page 482)**	**1 lb**
175 mL	**sucre granulé**	**3/4 tasse**
5	**gros jaunes d'œufs**	**5**
1	**gros œuf**	**1**
125 mL	**farine tout usage**	**1/2 tasse**
500 mL	**lait, chaud**	**2 tasses**
30 mL	**rhum**	**2 c. à s.**
	œuf battu	
	sucre glace	

■ Utiliser des moules à tartelettes de 10 cm (4 po) de diamètre sur 2 cm (3/4 po) de profondeur.

■ Rouler la pâte sur un comptoir légèrement fariné pour obtenir une abaisse de 0,3 cm (1/8 po) d'épaisseur. Foncer les moules de pâte et piquer le fond avec une fourchette. Mettre de côté. Couper le reste de la pâte en bandes étroites. Mettre de côté.

■ Mettre sucre et jaunes d'œufs dans un bol en acier inoxydable. Battre au batteur électrique. Incorporer l'œuf entier et battre de nouveau. Tamiser la farine sur le mélange et bien mélanger.

■ Incorporer lait chaud et rhum. Placer une casserole à moitié remplie d'eau chaude, à feu doux. Placer le bol sur la casserole. Faire cuire le mélange jusqu'à épaississement, en mélangeant sans cesse au fouet.

■ Retirer le bol du feu. Placer un papier ciré sur la crème et laisser refroidir à la température ambiante.

■ Préchauffer le four à 200 °C (400 °F).

■ Mélanger la crème refroidie au fouet et remplir les tartelettes à la cuillère. Placer des bandes de pâtes sur les tartelettes. Couper le surplus de pâte et pincer les côtés. Badigeonner d'œuf battu.

■ Cuire au four pendant 15 à 18 minutes.

■ Retirer les tartelettes du four et les saupoudrer de sucre. Laisser refroidir avant de servir.

1 PORTION : 645 CALORIES 68 g GLUCIDES 12 g PROTÉINES
36 g LIPIDES 0 g FIBRES

TARTELETTES AUX FRAMBOISES

(POUR 6 À 8 PERSONNES)

250 g	pâte feuilletée (page 482)	½ lb
125 mL	amandes en poudre	½ tasse
75 mL	sucre à fruits	5 c. à s.
1	gros blanc d'œuf	1
	une pincée de farine	
	quelques gouttes de jus de citron	
	œuf battu	
	framboises fraîches, nettoyées	
	sucre en plus	

■ Utiliser des moules à tartelettes de 10 cm (4 po) de diamètre sur 2 cm (¾ po) de profondeur.

■ Préchauffer le four à 200 °C (400 °F).

■ Rouler la pâte sur un comptoir légèrement fariné pour obtenir une abaisse de 0,3 cm (⅛ po) d'épaisseur. Foncer les moules de pâte et piquer le fond avec une fourchette. Mettre de côté.

■ Mélanger amandes, sucre, blanc d'œuf, farine et jus de citron dans un bol. Diviser le mélange entre les moules. Badigeonner d'œuf battu le bord de la pâte. Cuire au four, 15 minutes.

■ Retirer les tartelettes du four. Disposer les framboises dessus. Saupoudrer de sucre et cuire au four, 3 minutes.

■ Retirer du four et laisser refroidir avant de servir.

1 PORTION : 309 CALORIES 31 g GLUCIDES 4 g PROTÉINES
19 g LIPIDES 2,1 g FIBRES

ÉCLAIRS AU CHOCOLAT

(POUR 6 À 10 PERSONNES)

500 mL	crème à 35%, froide	2 tasses
5 mL	vanille	1 c. à t.
30 mL	sucre glace	2 c. à s.
125 g	chocolat mi-sucré de bonne qualité	4 oz
15 mL	eau froide	1 c. à s.
12	éclairs (page 472)	12

■ Verser crème et vanille dans le bol du mixer. Battre jusqu'à ferme. Ajouter le sucre glace et battre 30 secondes, pas plus.

■ Réfrigérer.

■ Mettre le chocolat dans un bol en acier inoxydable. Placer le bol sur une casserole à moitié remplie d'eau chaude. Le bol ne doit pas toucher l'eau. Faire fondre le chocolat à feu très doux.

■ Lorsque le chocolat est complètement fondu, incorporer l'eau froide. Tremper le dessus des éclairs dans le chocolat ou, si désiré, étaler le chocolat à la spatule.

■ Lorsque le chocolat sur les éclairs s'est raffermi, couper délicatement les éclairs en deux et les fourrer de crème fouettée.

1 PORTION : 470 CALORIES 24 g GLUCIDES 8 g PROTÉINES
38 g LIPIDES 0 g FIBRES

Mettre le chocolat dans un bol en acier inoxydable. Placer le bol sur une casserole à moitié remplie d'eau chaude. Faire fondre à feu très doux.

Lorsque le chocolat est complètement fondu, incorporer l'eau froide au fouet.

Tremper les éclairs dans le chocolat et laisser refroidir.

4

Lorsque le chocolat sur les éclairs s'est raffermi, couper délicatement les éclairs en deux.

5

Fourrer les éclairs de crème pâtissière ou de crème fouettée.

6

Utiliser un sac à pâtisserie muni d'une douille étoilée. Fourrer et reformer les éclairs.

CRÈME PÂTISSIÈRE #1

500 mL	lait	2 tasses
5 mL	vanille	1 c. à t.
5	jaunes d'œufs extra-gros	5
50 mL	sucre granulé	1/4 tasse
125 mL	farine tout usage	1/2 tasse
30 mL	Cointreau	2 c. à s.
15 mL	beurre	1 c. à s.
	pincée de sel	

■ Verser le lait dans une casserole à fond épais. Ajouter la vanille et porter au point d'ébullition. Mettre de côté.

■ Mettre les jaunes d'œufs dans un grand bol. Ajouter le sucre et battre 3 minutes au batteur électrique, ou jusqu'à ce que le mélange épaississe et blanchisse.

■ Plier farine et sel dans le mélange et bien incorporer. Ajouter graduellement le lait tout en remuant à la cuillère de bois.

■ Verser le mélange dans la casserole et faire cuire, à feu moyen, jusqu'à épaississement, sans cesser de remuer à la cuillère. Ne pas faire bouillir la crème. Réduire le feu à doux et continuer la cuisson 5 à 6 minutes, en remuant constamment.

■ Dès que la crème a épaissi, la retirer du feu et incorporer Cointreau et beurre. Verser la crème dans un bol propre. La recouvrir d'une feuille de papier ciré beurré. Relever un coin du papier pour laisser complètement refroidir la crème à la température ambiante. Replacer le coin du papier et réfrigérer. Cette crème est utilisée dans une grande variété de desserts.

1 RECETTE : 1250 CALORIES 135 g GLUCIDES 42 g PROTÉINES
52 g LIPIDES 2,3 g FIBRES

MERINGUE À L'ITALIENNE

250 mL	sucre à fruits	1 tasse
4	gros blancs d'œufs	4
2 mL	vanille	1/2 c. à t.

■ Tamiser le sucre dans un bol en acier inoxydable. Placer le bol sur une casserole à moitié remplie d'eau chaude.

■ Ajouter blancs d'œufs et vanille au sucre et mélanger au batteur électrique, à faible vitesse. Attention : l'eau de la casserole ne doit que mijoter. Lorsque les blancs d'œufs commencent à se former, régler le batteur à vitesse moyenne et continuer de battre uniformément.

■ Juste avant que la meringue commence à former des pics, régler le batteur à haute vitesse et continuer de mélanger pendant 30 secondes. Les blancs sont bien battus si, lorsqu'on retourne le bol à l'envers, la meringue ne tombe pas!

■ Retirer le bol de la casserole et continuer de battre à pleine vitesse, jusqu'à ce que la meringue soit complètement refroidie.Utiliser pour décorer des fruits cuits ou pour faire des biscuits à la meringue.

1 RECETTE : 900 CALORIES 212 g GLUCIDES 13 g PROTÉINES
0 g LIPIDES 0 g FIBRES

PUDDING ÉLÉGANT

(POUR 6 À 8 PERSONNES)

125 mL	raisins de Smyrne	1/2 tasse
45 mL	rhum	3 c. à s.
125 mL	riz à grains longs, rincé	1/2 tasse
875 mL	lait 2%, au point d'ébullition	3 1/2 tasses
5 mL	zeste de citron râpé	1 c. à t.
5 mL	zeste d'orange râpé	1 c. à t.
50 mL	sucre granulé	1/4 tasse
50 mL	cassonade	1/4 tasse
5 mL	vanille	1 c. à t.
3	jaunes d'œufs	3
250 mL	crème à 15%	1 tasse
	cannelle au goût	

■ Mettre raisins et rhum dans un bol et laisser mariner 15 minutes.

■ Préchauffer le four à 190 °C (375 °F). Utiliser un moule à soufflé de 1,5 L (6 tasses).

■ Entre-temps, cuire le riz 10 minutes dans l'eau bouillante. Égoutter sans rincer.

■ Mettre le riz chaud dans un bol. Ajouter lait, zestes, sucre, cassonade, vanille et raisins marinés. Bien mélanger.

■ Verser le mélange dans le moule à soufflé. Placer le moule dans un plat à rôtir contenant 5 cm (2 po) d'eau. Cuire 15 minutes, au four.

■ Battre jaunes d'œufs et crème. Incorporer au riz. Réduire le four à 160 °C (325 °F) et prolonger la cuisson 45 minutes.

■ Retirer le pudding cuit du four. Incorporer de la cannelle au goût. Laisser refroidir et réfrigérer pour refroidir complètement. Si désiré, servir dans des coupes de verre.

---

1 PORTION : 313 CALORIES 42 g GLUCIDES 8 g PROTÉINES
11 g LIPIDES 0 g FIBRES

CRÈME PÂTISSIÈRE #2

La crème pâtissière est utilisée pour le Paris-Brest, le Saint-Honoré, etc.

500 mL	lait	2 tasses
15 mL	vanille	1 c. à s.
7	jaunes d'œufs extra-gros	7
175 mL	sucre granulé	3/4 tasse
125 mL	farine tout usage	1/2 tasse
30 mL	rhum	2 c. à s.
15 mL	beurre	1 c. à s.
	pincée de sel	

■ Verser lait et vanille dans une casserole à fond épais. Porter au point d'ébullition. Mettre de côté.

■ Mettre jaunes d'œufs et sucre dans un bol en acier inoxydable. Bien mélanger au fouet.

■ Battre 2 à 3 minutes au batteur électrique, ou jusqu'à ce que le mélange épaississe et blanchisse.

■ Ajouter farine et sel; mélanger au fouet pour incorporer. Ajouter 250 mL (1 tasse) de lait et bien fouetter.

■ Placer la casserole contenant le reste du lait à feu moyen-doux. Verser le mélange aux œufs dans le lait et remuer au fouet.

■ Faire cuire, à feu doux, 5 à 6 minutes, ou jusqu'à ce que la crème soit très épaisse. Mélanger sans cesse au fouet durant la cuisson. Utiliser une cuillère de bois pour racler les coins de la casserole.

■ Retirer la casserole du feu et incorporer rhum et beurre. Verser la crème pâtissière dans un bol. Placer une feuille de papier ciré sur la crème et relever le coin pour permettre à la crème de refroidir.

■ Laisser refroidir complètement à la température ambiante avant de réfrigérer.

1 RECETTE : 1798 CALORIES 240 g GLUCIDES 48 g PROTÉINES
64 g LIPIDES 2,3 g FIBRES

Mettre jaunes d'œufs et sucre dans un bol en acier inoxydable.

Bien mélanger au fouet.

Battre 2 à 3 minutes au batteur électrique, ou jusqu'à ce que le mélange épaississe et blanchisse. Ajouter farine et sel; mélanger au fouet pour incorporer.

Ajouter 250 mL (1 tasse) de lait chaud et bien fouetter.

Placer la casserole contenant le reste du lait à feu moyen-doux. Verser le mélange aux œufs dans le lait et remuer au fouet. Faire cuire, à feu doux, 5 à 6 minutes, ou jusqu'à ce que la crème soit très épaisse.

Mélanger sans cesse au fouet durant la cuisson. Utiliser une cuillère de bois pour racler les coins de la casserole.

GÂTEAU AUX POMMES À LA MÉLASSE

(POUR 6 À 8 PERSONNES)

2	gros œufs	2
2	gros jaunes d'œufs	2
250 mL	cassonade	1 tasse
125 mL	mélasse	½ tasse
3	pommes évidées, pelées et émincées	3
15 mL	zeste d'orange râpé	1 c. à s.
375 mL	farine à gâteau	1½ tasse
10 mL	bicarbonate de soude	2 c. à t.
10 mL	poudre à pâte	2 c. à t.
30 mL	cannelle	2 c. à s.
	pincée de sel	

■ Préchauffer le four à 150 °C (300 °F). Poser un papier ciré dans un moule à fond amovible de 23 cm (9 po) de diamètre. Beurrer le papier ainsi que les côtés du moule.

■ Mettre tous les œufs dans un bol. Ajouter cassonade et mélasse. Battre 3 minutes, au batteur électrique.

■ Incorporer pommes et zeste d'orange.

■ Dans un autre bol, tamiser farine, bicarbonate de soude, poudre à pâte, cannelle et sel. Tamiser de nouveau le mélange au-dessus de la pâte à gâteau, en incorporant bien à la cuillère de bois.

■ Verser la pâte dans le moule à gâteau. Cuire au four, 60 à 65 minutes.

■ Sortir le gâteau du four et le laisser refroidir quelques minutes. Démouler sur une grille métallique et le laisser refroidir complètement. Accompagner de crème fouettée.

1 PORTION :	465 CALORIES	102 g GLUCIDES	6 g PROTÉINES
	4 g LIPIDES	1,8 g FIBRES	

FRUITS À LA CRÈME

(POUR 4 PERSONNES)

4	jaunes d'œufs	4
50 mL	sucre granulé	¼ tasse
75 mL	vin blanc mi-sec	⅓ tasse
125 mL	crème à 35%, fouettée	½ tasse
	fruits de saison	

■ Mettre jaunes d'œufs et sucre dans un bol en acier inoxydable. Battre au batteur électrique jusqu'à ce que le mélange épaississe.

■ Placer, à feu doux, une casserole à moitié remplie d'eau chaude. Déposer le bol sur la casserole. Verser le vin dans le mélange aux œufs et battre 8 minutes, ou jusqu'à épaississement.

■ Retirer le bol de la casserole et continuer de battre jusqu'à ce que le mélange refroidisse.

■ À l'aide d'une spatule, incorporer délicatement la crème fouettée. Servir dans de grandes coupes à dessert et garnir de copeaux de chocolat ou de fruits frais. Fraises et framboises sont sans pareils.

1 PORTION : 195 CALORIES 17 g GLUCIDES 4 g PROTÉINES 11 g LIPIDES 1,7 g FIBRES

GALETTE AUX FRAISES

(POUR 4 À 6 PERSONNES)

3	gros œufs	3
75 mL	sucre granulé	1/3 tasse
15 mL	Tia Maria	1 c. à s.
75 mL	farine tout usage, tamisée	1/3 tasse
75 mL	sucre granulé	1/3 tasse
75 mL	eau	1/3 tasse
500 mL	fraises fraîches, lavées et équeutées	2 tasses
30 mL	Cointreau	2 c. à s.
250 mL	crème à 35%, fouettée	1 tasse

■ Préchauffer le four à 180 °C (350 °F). Beurrer un moule à gâteau de 20 cm (8 po) de diamètre, à fond amovible. Recouvrir le fond et les côtés d'un papier ciré beurré. Mettre de côté.

■ Mettre les œufs dans un grand bol et ajouter 75 mL (1/3 tasse) de sucre. Ajouter le Tia Maria et mélanger 4 à 5 minutes au batteur électrique, jusqu'à épaississement.

■ Tamiser de nouveau la farine sur le mélange et bien incorporer à la spatule.

■ Verser le mélange dans le moule. Cuire 30 minutes, au milieu du four.

■ Dès que le gâteau est cuit, le sortir du four et le renverser sur une grille métallique. Laisser refroidir et retirer le papier ciré. Remettre le gâteau à l'endroit et le placer sur une assiette à gâteau.

■ Mettre 75 mL (1/3 tasse) de sucre dans une petite casserole. Ajouter l'eau et cuire, à feu vif, jusqu'à 110 °C (230 °F) au thermomètre à bonbons. Retirer du feu et verser le sirop sur les fraises. Ajouter le Cointreau et laisser mariner 30 minutes.

■ Étaler la crème fouettée sur le gâteau et garnir de fraises. Servir.

1 PORTION : 308 CALORIES 40 g GLUCIDES 5 g PROTÉINES
12 g LIPIDES 1,6 g FIBRES

COMPOTE À LA GELÉE DE POMME

(POUR 4 À 6 PERSONNES)

75 mL	sucre granulé	1/3 tasse
75 mL	gelée de pomme	1/3 tasse
15 mL	zeste de citron râpé	1 c. à s.
15 mL	zeste d'orange râpé	1 c. à s.
45 mL	rhum léger	3 c. à s.
5	pommes McIntosh, évidées, pelées et émincées	5
15 mL	cannelle	1 c. à s.
125 mL	raisins dorés secs	1/2 tasse

■ Mettre sucre, gelée, zestes et rhum dans une petite casserole. Cuire 4 minutes, à feu moyen.

■ Mettre les pommes dans une grande casserole. Ajouter le sirop de fruits et bien remuer. Ajouter cannelle et raisins; couvrir partiellement et cuire 18 minutes, à feu moyen.

■ Verser le mélange dans un mélangeur et réduire en purée.

■ Laisser refroidir et servir nature, avec yogourt ou crème glacée.

1 PORTION : 262 CALORIES 60 g GLUCIDES 1 g PROTÉINES
0 g LIPIDES 1,9 g FIBRES

A

B

C

D

E

F

G

H

J

L

M

O

R

S

V